TURING 图灵新知

"无"的故事

THE BOOK OF NOTHING

万 物 何 处 来

Vacuums, Voids, and the Latest Ideas About
the Origins of the Universe

[英] 约翰 · D. 巴罗（John D. Barrow）—— 著

何妙福　傅承启 —— 译

人民邮电出版社

北　京

图书在版编目（CIP）数据

"无"的故事：万物何处来 /（英）约翰·D. 巴罗
(John D. Barrow) 著；何妙福，傅承启译. -- 北京：
人民邮电出版社，2023.5
（图灵新知）
ISBN 978-7-115-61076-8

Ⅰ. ①无… Ⅱ. ①约… ②何… ③傅… Ⅲ. ①科学知
识－普及读物 Ⅳ. ①Z228

中国国家版本馆CIP数据核字(2023)第003629号

内 容 提 要

　　本书讲述了神秘莫测的"无"的故事，以妙趣横生的手笔再现了这一概念的思想历程：从古代文明中"零"的起源，到蒙昧时期对"虚无"的憎恶，从数学的"零"到哲学的"空"，从文学巨匠莎士比亚到科学奇才霍金……"无"始终是无法回避的话题。这本妙趣横生的奇书立足于数学、宇宙学、物理学和哲学，以通俗易懂的语言讲述了"无"的丰富内涵，将人类探索世间万物本质、认知宇宙起源和结构的历史沿革娓娓道来。

◆ 著　　　　[英] 约翰·D. 巴罗（John D. Barrow）
　　译　　　　何妙福　傅承启
　　责任编辑　戴　童
　　责任印制　胡　南
◆ 人民邮电出版社出版发行　　北京市丰台区成寿寺路11号
　　邮编　100164　　电子邮件　315@ptpress.com.cn
　　网址　https://www.ptpress.com.cn
　　涿州市京南印刷厂印刷
◆ 开本：720×960　1/16
　　印张：24　　　　　　　　2023年5月第1版
　　字数：310千字　　　　　2023年5月河北第1次印刷
　　著作权合同登记号　图字：01-2020-0434号

定价：119.80元
读者服务热线：(010) 84084456-6009　印装质量热线：(010) 81055316
反盗版热线：(010) 81055315
广告经营许可证：京东市监广登字20170147号

版 权 声 明

Copyright © John D. Barrow 2000

First published as *The Book of Nothing* by Jonathan Cape, an imprint of Vintage. Vintage is part of the Penguin Random House group of companies.

Simplified Chinese edition copyright © 2023 Posts & Telecom Press.

All rights reserved.

　　本书中文简体字版由 Jonathan Cape 授权人民邮电出版社有限公司独家出版。未经出版者书面许可，不得以任何方式复制或抄袭本书内容。

　　版权所有，侵权必究。

纪念丹尼斯·西阿玛（Dennis Sciama）

时常有年轻人带来一些工作让我评价，这些工作都完成得相当好，但没有名称。这使我很吃惊，因为对我来说，名称用来圈定范围，整个进展都由其操控。当然，我可能会在再次思考后改变它，但是此后最终浮现出来的东西就是颠三倒四的——一仆不能侍二主。

——辛格（John L. Synge），

《谈谈相对论》（*Talking About Relativity*）

序言

决定一本书的开头，犹如确定宇宙的起源一样复杂。

——麦克拉姆（Robert McCrum）

"因为它不存在"——这也许是撰写一本"无"（nothing）之书的充足理由，如果作者已经撰写了一本"万物"（everything）之书，那么尤其如此。然而，幸运的是，有比这更好的理由。如果我们察看一下那些特殊问题（它们曾是人类沿着最古老和最执着的探究之路前进的主要动力），就会发现"无"，它恰当地伪装成某种东西，从不远离事物的核心。

"无"有着各种各样的伪装，几千年来它一直是一个魅力经久不衰的论题。哲学家争取理解它，而神秘主义者梦想他们能想象它；科学家力求创造它；天文学家徒劳地寻求确定它的位置；逻辑学家对它望而生畏，神学家却渴望由它召唤出一切；数学家则达到了目的。与此同时，作家和爱开玩笑的人乐于竭其所能，激起对"无"的无谓的纷扰。沿着所有这些通向真理的小径，"无"作为某种意料不到的关键性事物而出现。基于它，许许多多的中心问题得到了仔细考虑。

在此，我们将集中描绘我们关于"无"的认识是如何影响知识增长的。我们将看到，古代西方人对逻辑学和分析哲学的沉溺，如何阻碍了他们发展到一个很有成效的图景："无"作为某种事物，可以是我们对所见事物所作解释的一部分。与此相反，东方哲学家则具有这样一些思维习惯："'无'是某种事物"的观念很容易把握，而且它在其衍生物中不仅仅是消极的。从这简单的第一步开始，随之而来的是一个对人类来说的巨大跃进：通用计数系统（counting system）得到发展，它可以向前和向上演进为现代数学的各个深奥领域。

科学上，在对实际真空（vacuum）的可能性、必要性和地位进行曲折争论的一千年当中，我们会看到对制造一个实际真空的某些追求。这些想法塑造了物理学和工程学中许多领域的未来发展方向，同时也使得哲学和神学上对真空——物质上的"无"——的可能性和必要性的争论发生了改变。对神学家来说，这些争论在某种程度上是"宇宙必须从一个既是物质上的也是精神上的'无'之中被创生出来"这一关键论点的继续。可是，对于大哲学家们来说，这些争论只不过是关于事物最终本质所提出的考虑欠周的问题的特例，它们正在逐渐声名扫地。

一开始，诸如"无"的意义这样的问题看上去很难，它们显得无法回答；其后，它们又显得毫无意义：关于"无"的问题并不是关于"任何事物"（anything）的问题。然而，对于科学家来说，真空的制造看起来具有物理上的可能性。人们可用真空做实验，并可将其用于制造机器：这是对它的实在性的一个严峻考验。不久，这种真空似乎不可接受了。出现了这样一幅图像：宇宙充满着一种无处不在的以太流体。不存在"空空间"（empty space）。万物通过以太运动，万物受到以太的作用。以太是万物漂游其中的海洋，这保证了宇宙的每一角落或缝隙都不是空的。

这种幽灵般的以太是持久不变的，需要一个爱因斯坦把它从宇宙中清除掉。但是，当一切可清除的东西都被清除掉以后，所剩下的仍超过他所意料。相对论和量子论相结合产生的洞察力揭示了惊人的新可能性，它们把现代天文学中最重大的未解决问题呈现在我们面前。最近几十年来，人们逐渐明白，原来真空甚至比爱因斯坦所能想象的更为不同寻常、流动性更大、空虚程度更低、不可捉摸程度更小。在各种自然力作用于其上的那些最小和最大的空间范围内，它的存在也同时被感知。仅当发现了真空微妙的量子效应时，我们才能理解，各种不同的自然力在由物质的最基本组成部分聚居着的沸腾的微观世界里是怎样统一起来的。

天文世界同样屈从于真空的性质。现代宇宙学依据真空的特殊性质构建了关于宇宙的过去、现在和将来的主要图像。唯有时间将告诉我们这种构建是否建筑在散沙之上。然而，我们也许不必等待很久。现今一系列引人注目的天文观测，似乎正在通过宇宙真空对宇宙膨胀的影响揭示宇宙真空。我们还指望其他实验能告诉我们，真空是否如我们所猜测的，在近150亿年前完成了某些有力的动作，把宇宙安置在一个特殊的过程之中，正是此过程导致宇宙成为现在的样子，并变成它最终将变成的那个样子。

我希望这个故事使你坚信，存在着远比所见到的多得多的"无"。如果我们要了解我们是怎样来到这里，怎样像现在这样思考的，那么对"无"的本质、特征，以及它既能突然变化又能缓慢变化的倾向有一个正确的理解是很重要的。

全书各章首页章数旁边的头像，是玛雅人美妙的头像变形数字的复制品。它们代表了一系列著名的男女神灵，曾在1500多年前被玛雅人广泛应用于记录日期和时间间隔。

我要感谢比恩（Rachel Bean）、博舍尔（Malcolm Boshier）、达布罗夫斯基（Mariusz Dąbrowski）、金格里奇（Owen Gingerich）、亨斯根

（Jörg Hensgen）、海因兹（Ed Hinds）、卡克（Subhash Kak）、林德（Andrei Linde）、洛根（Robert Logan）、马盖若（João Magueijo）、里斯（Martin Rees）、萨穆特（Paul Samet）、谢拉德（Paul Shellard）、苏尔金（Will Sulkin）、泰格马克（Max Tegmark）和维连金（Alex Vilenkin）在不同时期所给予的帮助和讨论。谨以本书纪念西阿玛（Dennis Sciama），假如没有他的早期指导，无论是本书还是我几十年间的一切其他著作，都不可能面世。

在本书写作过程中，我经历了一次搬家和三次办公室搬迁。在面对所有这些真空状态的变化时，我要感谢我的妻子伊丽莎白，她向我保证：有一点终究比无强。我也要感谢我的儿女戴维、罗杰和路易丝对整个写作计划所提出的无数疑问。

约翰·D. 巴罗
2000 年 5 月于剑桥

目录

无之论：
飞往"无"处

当我上楼梯时，

我遇见一个不在那里的人。

今天他又不在那里，

我希望，我希望他已离开。

——默恩斯（Hughes Mearns）

不存在之谜

你还未见过无。[1]

——乔尔森[①]（Al Jolson）

据说，"'无'是一个令人敬畏但基本上尚未被领会的概念，它受到具有神秘主义或存在主义倾向的作者的高度尊重，但其他大多数人以忧虑、极度厌恶和惊慌的心情看待它。"[2] 看来无人知晓如何处置它，而且它在不同的学科中令人困惑地具有各不相同的概念。[3] 在任何一部好的英文词典里，只要瞧一下 nothing（无）这个条目，你就会发现许多复杂的同义词：nil、none、nowt、nulliform、nullity[4]——每一个场合都有一种"无"。有各种各样的可以归零的"零"（nought）：从零点（zero point）到零时（zero hour），从阿拉伯数字 0（cipher）到空虚世界（nulliverse[5]）。还有空洞（vacuous）、被搬空的地方，以及各种形状和大小的虚空（void）等概念。在更为人性化的方面，有虚无主义者（nihilists[6]）、基督是神非人论者（nihilianists[7]）、无要紧事办理者（nihilarians[8]）、无所事事者（nihilagents[9]）、无信仰者（nothingarians[10]）、无宗教信仰者（nullifideans[11]）、无神论者（nullibists[12]）、无足轻重者（nonentities）和无名小卒（nobodies）。每一种身份似乎都有"无"的独有的体现。甚至报纸的财经专栏也告诉我，"零红利优先股"（zeros[13]）是一个日益诱人的收入来源。

某些"零"的说法非常隐晦、委婉。网球比赛实在不能用如

---

① 乔尔森，美国歌舞剧演员。（若无特殊说明，本书脚注均为译者注。）

"无" "没有" "零" 那样生硬的词记录没有得分。它使用了古老的术语 love 来表示零分, love 是毫无浪漫色彩地从 "蛋" 的法语单词 l'oeuf 演变而来的, 它描绘了数符 0 的形状——圆形。[14] 同样, 我们还能找到以 love 表示 "没有" 之意的用法, 例如, 说 "你是为了爱 (而不是为了金钱) 而比赛" [you are playing for love (rather than money)], 你就是真正的 "业余爱好者"; 或者说一个人不能 "为了爱或金钱" (for love or money) 而去做某事, 这就是说无论在什么情况下我们都不能做这件事。不仅是网球界, 其他体育运动中也有零的代称: 美国打保龄球的人使用 "鹅蛋" (goose egg) 示意一局中没有木柱被击倒。在英国有一个传统, 不同的体育运动坚持用各自独有的记法记录没有得分, 足球中用 nil, 板球中用 nought, 但在田径运动的计时中用 ow, 就像电话号码, 甚至像邦德 (James Bond) 的编号[①] 一样。可是当你坐下来面对你的打字机时, 0 不再是 O。

在第二次世界大战期间, zilch 成了零的一种通用表示, 并经由驻扎在英国的美国军事人员渗入了英国的英语。它最初被用作俚语, 指无名小卒。另一个类似的押头韵的词是 zip。一本通俗的连环漫画描绘了一只猫头鹰向一条短吻鳄鱼和一只幼兔讲授一种新型的数学, 称为 "后果" (aftermath), 其中, 零是唯一被准许的数字; 一切问题都有同样的解——零, 因此该学科就包含了对具有这个必然答案的新问题的探索。[15]

语言的另一奇妙之处是用名词 cipher 来描述无足轻重的人 [人们一度用 a cipher in his own household (一个在自己家里无足轻重的人) 来描述一位无能的丈夫兼父亲]。尽管 cipher 现在用于描述包括符号在内的代码或密码, 但其原意是算术中的符号 0。这里有一个有趣的字谜, 它利用了 cipher 作为代码和零的双重意义:

---

① 他的编号就是大家都知道的 007。

U 0 a 0, but I 0 thee,

O 0 no 0, but O 0 me.

O let not my 0 a mere 0 go,

But 0 my 0 I 0 thee so.

它解读为

You sigh for a cipher, but I sigh for thee.

O sigh for no cipher, but O sigh for me.

O let not my sigh for a mere cipher go,

But sigh for my sigh, for I sigh for thee so.

你惦念电码，而我惦念你。

唉！别为电码而叹息，但愿为我而叹息。

啊！不要让我对区区电码的渴望消逝，

但请你惦念我的这种渴望，因为我也这样惦念你。

cipher 的上述侮辱性用法的起源很简单：算术里的零符号就是那个在与任意数相加减时都不起作用的东西。它的一种美国化说法具有更为独特的风味，而且是从现代技术术语衍生出来的。空操作（null operation）是指无结果的操作。你的计算机在等你做出下一次击键动作时，经过了数百万次的空操作。它是一种不引起变化的计算机内部操作，并不执行计算或数据操作。对应地，说某人"是个零，是个真正的空操作"[①]（is a zero, a real null op），则无须作进一步阐明了。当然，随着负数（negative number）的出现，新笑话是可能产生的，例如有个人，他的个性是如此

———————————

① 意即"无用之人"。

地 negative（消极），以致当他走进宴会厅时，客人们就会环顾四周并互相询问："谁离开了？"又如，科学家回国被说成"增加了人才流失"。形容词 napoo 的意思是"完结了"或"空了"，它是法语 il n'y a plus（没剩下任何东西）的缩写。

并不是一切与"无"名义上有联系的词都是贬义的。有时它们具有特殊意义。当法国胡格诺派教徒为了躲避国王路易十四的迫害逃到苏格兰的时候，他们用 Nimmo 作为姓，以求隐匿自己的名字。这个词由拉丁语 ne mot 派生而来，其意为"无人"或"没名字"。

我们的数字书写系统使我们能够逐步建立长度不受限制的数的表示法：只要简单地在任意一个数的右端加上更多更多的 0 就行了，例如 11230000000000…。在 20 世纪 20 年代初的通货过度膨胀期间，德国货币急速贬值，竟然导致寄一封信需要贴几千亿马克①的邮票。经济学家加尔布雷思（John K. Galbraith）记录了这些具有一连串 0 的巨大数字所引起的心理冲击 [16]：

"零打击"（zero stroke，cipher stroke）是德国的内科医生为由目前奇异的货币数字引起的一种流行性神经疾病创造的名字。据报道，在各个阶级的男男女女中间有许多这种"零打击"病例，这些病人因努力计算几十亿的数目而筋疲力尽。其中不少人表面上看是正常的，除了有写无穷行零的欲望之外。

通货过度膨胀在全球范围持续着。确实，现在比历史上任何时代都存在着更多的零。为计算机运算而引入的二进制算术，与大量用于控制几乎每一件东西的计算机代码一道，使得机器充满着 0 和 1。过去你有 10%

---

①　原德国货币单位。——编者注

的概率遇到一个 0，现在则是 50% 了。但是，有些巨大数字现在几乎司空见惯了：人人都知道有几十亿、上百亿颗星星，国债也出现了类似的天文数字。不过，我们已经找到了一种隐匿 0 的方法：10^9 看上去并不像 1 000 000 000 那样糟。

"无"的同义词的确切数目本身就是"这些词试图捕获的那个概念难以捉摸"的明证。希腊、犹太–基督教、印度和东方的传统习俗全都以不同的方式面对这个概念，因此产生了不同的历史线索。我们会发现，纯粹为了填补某种空白而在每个场合中发展起来的"虚无"（nothingness）概念，此后展现了它自身的生命力，并且确实描述了一种具有极端重要性的事物。与当前论题最相关的例子便是物理学家关于无的概念——真空。它一开始是空空间（empty space）——虚空（void），在被圣奥古斯丁①（Saint Augustine）淡化为"几近于无"[17]（almost nothing）后继续存在，变成了不流动的以太（宇宙里的一切运动通过它进行），消失于爱因斯坦的手中，然后在 20 世纪关于自然界怎样运作的量子图景中再次出现。这种图景揭示了真空是一种复杂的结构，它能突然或逐渐地改变性质。这些变化能产生宇宙效应，也许曾对"赋予宇宙以许多特征"起过很大作用。它们也许使宇宙里的生命成为可能，并且有朝一日可能会使宇宙终结。

当我们在了解古代人在引入蕴含"无"这一概念的术语或表示零的数字时所遇到的困难时，很难站在他们的立场上。这个概念现在看来是平常之事。然而，数学家和哲学家不得不历经不同寻常的智力锻炼，以适应这个日常概念。艺术家则花费了更长的时间，来探索已出现的"无"这一概念。然而在现代，也正是艺术家，在继续以被认为震惊、诧异或有趣的各种方式探索"无"的佯谬。

---

① 圣奥古斯丁（354—430），古罗马基督教思想家。

冒险的无 ①

现在，美术是绘画还是着色？

——阿里·G ②（Ali G）

没什么比我们这个平凡时代对虚无的关注更接近至上的平凡。……实际上，虚无对奇异的装饰确实没什么用。[18]

——亚当斯（Robert M. Adams）

在 20 世纪 50 年代，美术家们开始探索从彩色画走向单色画，再到无色画的限制性过程。美国抽象派画家莱因哈德（Ad Reinhardt）制作了许多完全着红色或蓝色的油画以后，渐渐转向一系列 5 平方英尺（约 0.46 平方米）大小的全黑作品，它们于 1963 年在美国、伦敦和巴黎的一流美术馆中巡回展览。毫不奇怪，有些评论家谴责他是个骗子[19]，但另一些评论家赞赏他的黑色艺术（art noir）：按照美国艺术评论家克雷默（Hilton Kramer）所说，这是 "美学纯正性的终极表述"。[20]莱因哈德继续分别展览自己全红、全蓝和全黑的油画，并继续广泛地撰写自己的作品存在的理由。[21]对艺术纯粹主义者来说，要决定莱因哈德的全黑油画是否比劳申伯格（Robert Rauschenberg）的全白油画更完全地表现了 "无" 的真谛，这是一个挑战。就我个人来说，则更喜欢约翰斯（Jasper Johns）的画作《数字零》（*The Number Zero*）中富丽的色斑。[22]

---

① 本节标题英文原文为 Nothing ventured，与下节标题 Nothing gained 合在一起，就是英语中的一句谚语：Nothing ventured, nothing gained（不入虎穴，焉得虎子）。

② 阿里·G，英国喜剧演员。

形象化的零并不需要用彩色来显明地表示，或者以它的不出现来隐晦地示意。文艺复兴时期的美术家在 15 世纪为他们自己发现了形象化的零，它成了"容许有无穷多种表现形式的世界"的一种新的表现形式的中心。"灭点"（vanishing point）是在平坦的表面上创造三维场景的逼真画面的一种手段。画家用连接着观察者眼中所现物体的假想线条来欺骗观察者的眼睛。油画仅仅是在真实场景和观察者的眼睛之间插入的一个屏幕。在假想线条与这个屏幕相交之处，美术家打上了自己的标记。平行于此屏幕走向的线条用退缩到遥远的地平线的平行线来表示，而观察者所见的垂直于此屏幕的那些线条，则用汇聚到单独一点的众多线条构成的锥面来表示，这个点——灭点——产生了观察者的透视图。

音乐家们也跟随着吹笛人一路走向"无"之城（nothing-town）。约翰·凯奇（John Cage）的乐曲《4'33"》（它在某些音乐厅里被热烈地演奏着）由 4 分 33 秒不被打破的沉默组成，一位穿着晚礼服，纹丝不动地端坐在一架斯坦威钢琴前的钢琴凳上的技艺熟练的钢琴家正在演奏它。凯奇解释称，他的想法是创造使所有热运动停止的温度——绝对零度[23]——在音乐上的类似物。一个好想法！可是，除了不付钱的时候，你会去看它吗？加德纳（Matin Gardner）告诉我们："我没有听过《4'33"》，但是听过的朋友们告诉我，它是凯奇的最佳乐曲。"[24]

作家以同样的热情抓住这个主题。哈伯德①（Elbert Hubbard）装订精美的《沉默随笔》（*Essay on Silence*）仅仅含有空白页，英国足球运动员沙克尔顿（Len Shackleton）的自传里标题为"水平一般的教练对足球了解多少？"的一章也是如此。书名为《无字书》（*The Nothing Book*）的空

---

① 哈伯德（1856—1915），美国作家。

卷图书于 1974 年出版，并出现了几种版本，甚至顶住了另一部空页书的作者所提起的侵犯版权的诉讼。

写作的另一种风格是利用"无"作为一个支点，使彼此抵消的对立事物围着它转。果戈理[①]（Nikolai Gogol）的《死灵魂》（*Dead Souls*）开头描写了一位无明显特征的绅士抵达只称为 N 的城镇：

> 坐在他们的四轮马车里的这位绅士并不英俊，但也不特别丑陋；他既不胖也不瘦；他的年纪不能说是太大，但也不太年轻。

这种意义相反的描述风格（其中，定语和反义定语互相抵消而化为乌有）的一个典型例子，可以在诺森伯兰郡[②]一个女人的墓碑上找到。她的家属铭刻了如下字句：

> 她是温柔、高雅和慈爱的，然而她也是傲慢、暴躁和易怒的。她是一位钟情的妻子和亲切的母亲，然而她的丈夫和孩子难得看到她的脸庞不皱眉蹙额……[25]

当然，不要忘记那些商业奇才，他们能够从无中创造的财富比我们中的大多数人从任何事情上挣得的都多。"宝路（Polo），有个圈的薄荷糖"是英国一种糖果的知名广告语，而这种糖在美国却被叫作"救生圈"（Lifesavers）。40 多年成功的市场营销宣传了薄荷糖中的洞，而不是薄荷糖本身。似乎没有人注意到，他们买的环形糖果含有一个相当大的洞，不过这是不可能的。

---

① 果戈理（1809—1852），俄国小说家、剧作家。

② 英格兰北部的一个郡。

获得的无

无即真实。

——披头士乐队,《草莓地永存》(*Strawberry Fields Forever*)

有关"无"的摘录很多。它们无非是向我们显示对于"无"的沉思有相当的深度和广度。在接下来的几章里,我们将探索一些意想不到的思路。我们将看到,"无"在思想史里绝不是一个离奇的枝节问题,它从未远离核心情节。在后面将探索的每一个领域里,我们将发现它们都有一个涉及"无"的正确概念和恰当表示的中心论题。人类思想史上一些关键思想的哲学综述总是很重视"无限"之类的概念 [26],然而对"无"却不太在意。神学强烈地纠缠着"无"的复杂性,旨在确定我们是否由它创生出来,以及我们是否正在冒险回到它对上帝存在的漠视。宗教仪式能容易地通过人的死亡接触到"虚无"的实在性。死亡作为个体的消灭,是一种古老的、可达到的"无",它在艺术表现上具有传统的作用。它是一个终点站,一个遥远的地方,使人联想起一个终极视角或者一次最后的审判;而它冷酷的实在性可用来惊吓听众,使他们满足于接受现状,这是他们最终不可避免会有的想法。

我们的目的之一是纠正对"无"的忽视,并说明一个奇怪的情况:在一切伪装下的"无"被证实是人类许多探究中的一个关键概念,它的正确的概念化开辟了思考世界的新途径。我们将回顾数学中关于零的概念和符号的历史,由此开启对零的探索。在此,"无"原来同人们意料的完全一样。希腊人的逻辑学根本不让他们具有这种观念,而我们必须加以留意印度文化，我们发现印度思想家很乐意接受“‘无’可能是一种事物”的观念。然后，我们将追踪希腊人赶上来以后所发生的情况。他们同零的斗争集中在它表现为一个物理学上的零，即空空间、真空和虚空的零。努力弄懂这些概念的意义，将它们纳入一个与现实事物的日常经验相冲突的宇宙学框架，成了持续近两千年且越变越复杂的一场争论的起始点。中世纪的科学和神学不断地与真空的观念“搏斗”，试图解决有关它的物理实在性、逻辑可能性以及神学必要性等问题。

关于零的问题，正如关于无穷大的互补概念的问题一样，部分在于它似乎引起了悖论和混乱的自关联。这就是为什么这么多谨慎的思想家对它如此敬而远之。然而逻辑学家眼中的异端邪说，对作家来说却是天赐之物。无数作家通过反复地推翻在各种新伪装下的“无”的悖论和双关语，避免了它带来的麻烦，进而获得乐趣和进行冥思。虽然哲学家也许会因“胆敢把这样一个亵渎的概念当真”而被神学家批评，但是试图告诉其读者“‘无’实在重要”的幽默作家却能同默丘里（Freddie Mercury）一样容易地做到两全其美。如果其他人不赞同“无”，那么作家的双关语和悖论恰好提供了更多的“弹药”，可以暗中破坏“无”作为一个合理概念的前后一致性。但当它回到严谨的思想家中间，并流行起来时，作家的文字游戏不就是对“虚无”所表示的深奥难解的哲学概念做深入研究吗？

中世纪里，伴随着探求“无”和虚空的意义的联合行动，兴起了一门关于真空的重要实验学科。光玩弄辞藻的诡辩不足以判定真空是否能真正存在。另有一条途径去认识它。考虑一下你能制造真空时的情况。逐渐地，神学关于真空实在性的争论，就变得与许多专门为判定是否可能完全抽空一个空间区域而设计的简单实验紧密地联系在一起。这一条探究路线最终激励了托里拆利（Evangelista Torricelli）、伽利略、帕斯卡（Blaise Pascal）和玻意耳（Robert Boyle）等科学家用泵把空气从玻璃容器里抽去，他们用实例证明我们头顶上空气的压力和重量的实际存在。真空已成为实验科学的一部分。它还十分有用。

然而，物理学家仍怀疑是否可能有绝对的真空。宇宙曾被想象为一个包含以太物质的海洋，我们借助以太运动，可是无法对它施加任何辨别得出的影响。18 世纪和 19 世纪的科学抓住这种难以捉摸的流体，企图利用想象中的它的存在，来解释新近了解的电力和磁力这两种自然力。只有爱因斯坦敏锐的头脑和阿尔伯特·迈克尔逊（Albert Michelson）的实验本领才能排除掉它。他们一起消除了对宇宙的以太的需求及其存在依据。到 1905 年，宇宙的真空已再次成为可能。

事情不久就发生了变化。爱因斯坦创造的新的、惊人的引力理论使我们能够以足够的数学精度描述一个既无质量又无能量的空间。空的宇宙能够存在。

然而，某类东西在这个非常小的世界里被略去了。量子革命向我们表明为什么把真空看作一只空箱子的陈旧想法是站不住脚的。之后，真空只不过是指箱子里一切能清除的东西都被清除后的状态。这种状态绝不是空无一物的。它仅仅是可以得到的最低能量状态。任何小扰动或干涉都会增加它的能量。

逐渐地，量子虚无这种诱人的新图景被实验探测证实了。19 世纪末，科学家制造的人造虚空的倍增，以真空管、灯泡和 X 射线的形式为各种各样有用的、现今为人熟知的新产品铺平了道路。现在，空空间本身开始受到探测了。物理学家发现，他们关于真空的充满戒备之心的定义，即一切能清除的东西被清除后的状态，并不像听起来那么愚蠢。总是有东西遗留下来：真空的能量渗透进宇宙的每一根纤维。这种无所不在的、不能清除的真空能量已被检测到，人们从而证实了它具有明确的物理存在性。只是在比较近的时间里，人们才开始意识到它在事物的宇宙图案中的真正重要性。我们将看到世界可能具有许多不同的真空状态。在某些情况下，从一种真空状态转换到另一种真空状态是有可能的，且会产生惊人后果。值得注意的是，在我们的宇宙膨胀的初始时刻，要避免这样一种转变看来是很困难的。然而更值得注意的是，这种转变能产生很多有益的结果，向我们表明为什么宇宙具有许多奇特的性质；不然，这些性质对我们来说将是不可思议的。

最后，我们将碰到两个关于"无"的宇宙学之谜。第一个是古老的，是由无中创生的问题——宇宙有开端吗？如果有，它从哪里产生出来？这种想法的宗教起源是什么？它的科学现状是什么？第二个是现代的。它使真空的所有现代表现、对引力的描述和量子真空中能量的不可避免性一致起来。爱因斯坦向我们证明：宇宙也许包含一种神秘形式的真空能量。目前为止，天文观测仅能证明：如果这种能量作为宇宙中到处蔓延的一种影响是存在的，如果它不会支配宇宙间其他的一切，那么它的强度必定小得令人吃惊。物理学家弄不懂它的影响怎么会始终如此之小。明显的结论则是，它根本不存在。自然界必定有我们尚未发现的简单定律，它使真空复原并使这种真空能量等于零。可惜，这样的希望可能是渺茫的。有两组天文学家曾使用地球上性能最强大的望远镜，还有具有无可比拟的光学性能的哈勃空间望远镜，收集有关宇宙的真空能量实际存在的、有说服力的证据。它的效应是显著的。它正在加速宇宙的膨胀。而且如果它真实存在，那么它将决定宇宙的未来进程，并决定其终结。我们从哪儿开始讲更好呢？

第 1 章

零：整个的故事

我们对并不存在的事物的了解能多于确实存在的事物，这不是不可思议吗？[1]

——阿尔弗雷德·雷尼（Alfréld Renyi）

约整数总是错误的。[2]

——塞缪尔·约翰逊（Samuel Johnson）

零的起源

零的不可思议之处在于，它甚至摆脱了希腊人。[3]

——洛根（Robert Logan）

当我们回过头来瞧一下我们起初在学校里学的计数系统时，会发现零似乎是最容易掌握的一个数。我们用它记载什么都没留下时所出现的情况，就像 6−6 的结果，而任何数被零乘，结果为零，就像 5×0＝0。当我们写数时，也用它标记一个空位输入，比如把一百零一写作 101。

这些是如此简单的事情，比长除法、勾股定理或代数简单得多，因此容易设想，零必然是由某人——无论是谁——以一个计数系统发展起来的算术的一个基本部分，而几何和代数之类较难的概念仅由最高级的文明才能想出。但这是十分错误的。古希腊人发展了逻辑学和几何学（它们形成了一切现代数学的基础），却从未引入零的符号。他们对它的整个概念深表怀疑。只有 3 个文明使用了零，其中每一个文明都远离后来进化为所谓西方世界的文明，且每一个文明都以很不相同的方法估计零的作用和意义。那么，为什么在西方，零符号的出现是如此困难？这个困难与"无"有什么关系呢？

临近 1999 年年末时，各种报纸上越来越多的新闻稿专注于由"千年虫"（Millennium Bug）引起的即将发生的厄运。人们集体丧失睡眠、金钱和自信心的原因就是符号"零"，或者更确切地说，是两个零。在最初编写控制我们的交通和金融系统的计算机程序之际，计算机的存储空间是很少的——它在当时要比现在昂贵得多。[4] 因此，节省存储空间便是节约钱。故当为计算机所做的一切注明日期的时候，计算机不是存储（比如）1965，而是只存储后两位数字，即 65。那时，没有人往前想到 2000 年那么远，届时计算机将面临如何搞清楚被截断的"日期"00 的意义的问题。然而，如果说有一件事物是计算机实际上并不喜欢的，那便是模棱两可。对计算机来说，00 意味着什么？对我们来说，它显然是 2000 年的缩写，可是计算机确实不知道它并不是 1900 年或 1800 年的缩写。因此，你也许会突然间被告知你的 00 年到期的信用卡已过期了 99 年。你出生在 1905 年，是吗？那计算机可能不久就会寄出一份新的小学入学申请表给你。然而，结果证明，事情并不像悲观者所预言的那样糟糕。[5]

计数就像朗读，是在学校的最初日子里强加于我们的那些科目之一。人人学习同样的课程——可这种情况是花了几千年的时间才形成的。人类的语言数以千计，它们相互之间的差别经常作为民族特征和影响力的生动象征，然而计数已经成了一种真正的全人类通用的东西。从一颗邻近星球来的现代旅行者在对我们的语言及其书写体过多表示惊讶之余，很可能也会对我们的计算系统的完全一致性感到惊喜。各处的数字系统看起来都相同：有 10 个数字——1、2、3、4、5、6、7、8、9 和 0——并有一个简单的系统使谁都能表示想要的任一数量，这是一种由符号组成的通用语言。在不同语言中，描述数字的文字可能是不同的，但其书写符号却保持一样。数字是人类最重大的共享经验。

我们的计数系统最明显的限定性特征便是它使用了一个基数 10。我们以十进制计数。10 个 1 成为 10，10 个 10 成为 100，以此类推。基数的这种选择由许多文明做出，而它的起源显然近在眼前，那就是我们的 10 根手指，这是最早的计数工具。有时在较先进的文明里，这个基数与另一个基数 20（手指加脚趾）混合使用，而欠先进的计数系统也许使用 2

或 5 作为基数。⁶ 例外是如此罕见，值得提一下。在美国，有人发现一个印第安人的计数系统是以 8 为基数的。初看起来，它似乎非常奇特，直到人们理解了他们也是手指计数者——只不过他们是计算手指之间的缝隙，而不是 10 根手指。

并不是非得成为一位数学史家，才能了解在过去不同的时代里曾使用过其他数字系统，我们不难发觉在某些方面不同于十进制形式的计数系统的痕迹。我们用 60 进制测量时间：1 分钟为 60 秒，1 小时为 60 分钟；在角度的测量中也沿用了这种方式，如量角器或航海家的罗盘。在别的地方还有 20 进制计数的痕迹⁷："3 个 20 岁加 10 岁"（three-score years and ten）即 70 岁，是人生所期望的寿命。在法语中，80 和 90 所对应的词是 quatre-vingts 和 quatre-vingt-dix，即 4 个 20 和 4 个 20 加 10。在商业界，有人常常以罗（gross）或打（dozen）为单位订货^①，这是过去在某地曾使用以 12 为基数的计数系统的证据。

虽然四处可见人们使用 0, 1, …, 9 这 10 个数字，但另一个数字书写系统也仍明显地存在于我们周围。罗马数字常常能在某些场合找到，比如当西方人想要强调某个东西属于一个王朝时，如亨利八世（Henry Ⅷ），或者是某些传统场合，如在市中心广场的钟面上的数字。然而，罗马数字颇不同于我们在算术中使用的那些数字，它没有零符号，而且存储在这些符号里的信息也不相同。对于 111，我们把它理解为一百加十加一，即一百一十一。然而对凯撒（Julius Caesar）而言，符号 Ⅲ 意指一加一加一，即三。这两个缺少的要素——零符号和当读一个符号所表示的数值时，其位置的含义——正是在人类有效计数系统的发展中处于核心地位的特征。

---

① 1 罗等于 12 打，1 打等于 12 个。

埃及：对"无"的需求

约瑟积蓄五谷甚多，如同海边的沙，无法计算，因为谷不可胜数。

——《圣经·创世记》第41章

　　最古老的发达计数系统是早在公元前 3000 年，在古埃及和居住在南巴比伦（现伊拉克）的苏美尔人所使用的那些计数系统。最早的埃及象形文字 [8] 系统反复使用一套表示一、十、百、千、万、十万和百万的符号。这些符号如图 1-1 所示。表示数字一到九的埃及符号是很简单的，它们通过重复适当数目的一竖，即"|"记号表示。"|"表示一，所以三就用"|||"表示。十的较大倍数的符号则更形象化："十"用一个倒置的 U，"百"用一根盘绳，"千"用一朵莲花，"万"用一根倾斜的手指，"十万"用一只青蛙或带尾的蝌蚪 [①]，"百万"用一个两只手臂向天高举的人表示。

1	10	100	1000	10 000	100 000	1 000 000

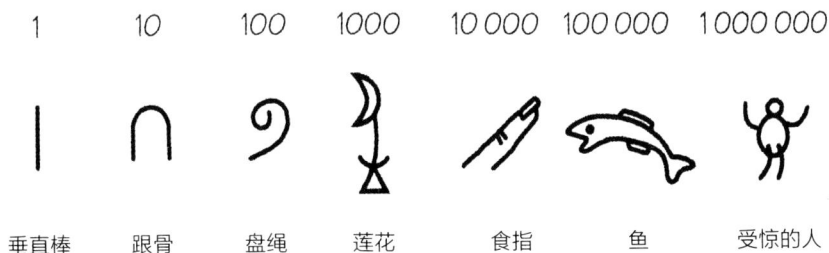

垂直棒	跟骨	盘绳	莲花	食指	鱼	受惊的人

图 1-1　埃及的象形数字

---

① 此说法与图 1-1 不统一，原文如此。

除了表示一的符号以外，这些符号似乎与它们所表示的数目没有明显的关联。某些关联很可能是语言上的，是从所画物体以及原先用来描写这些数目的字的相似发音派生出来的。只有标记"万"的倾斜手指能追溯到手指计数系统，其余符号的来源只能靠猜测：或许在春天，当青蛙卵孵化时，尼罗河里的蝌蚪非常之多，因而它们象征了一个巨大的数；或许"百万"被视为一个可怕的大数，所以用天上星星的个数来象征。

如果这些符号在记载中必须从右向左读或从左向右读，则它们的书写是不同的。象形文字的书写次序通常是从右向左，因此在古埃及，数 3 225 578 应如图 1-2 所示。

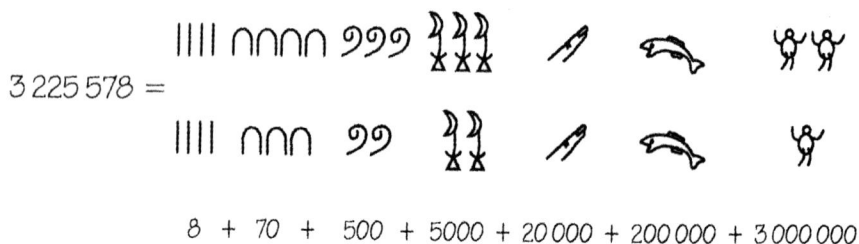

$$3\,225\,578 = $$

$$8 + 70 + 500 + 5000 + 20\,000 + 200\,000 + 3\,000\,000$$

图 1-2 我们的数"三百二十二万五千五百七十八"的象形符号表示

这些数字最古老的例子之一出现在一根战棒的手柄上，这根棒属于生活在公元前 3000 年～公元前 2900 年的纳尔默（Narmer）王。战棒柄上所刻的这些数字是为了庆祝他在一场战役中夺取的战利品，计有 400 000 头公牛、1 422 000 头山羊和 120 000 名俘虏。表示这些数量的符号在图 1-3 的右下方，就在一头公牛、一头山羊和一个坐着的人物的图像的正下方。

图 1-3　公元前 3000 年 ~ 公元前 2900 年，铭刻在纳尔默王的战棒柄上的象形符号 [9]

　　因为用不同的符号表示一、十和百，所以符号的书写次序是不重要的。以下象形符号

$$\cap\cap|||$$

不论向前还是向后书写，标记的都是完全相同的数量。一方面，这些符号完全可以任何方式展示，并不会改变它们所表示的数值。另一方面，书写数字的式样的严格规则被交付给了古埃及的石匠：这些表示数字的象形符号要从大到小自右向左出现在象征正被计数的物体的图像正下方的一条直线上（如图 1-3 中所示）。然而，有一种倾向是把相似的符号聚集在一起，写在两三行上，以帮助读者迅速地读出总数，如图 1-4 所示。

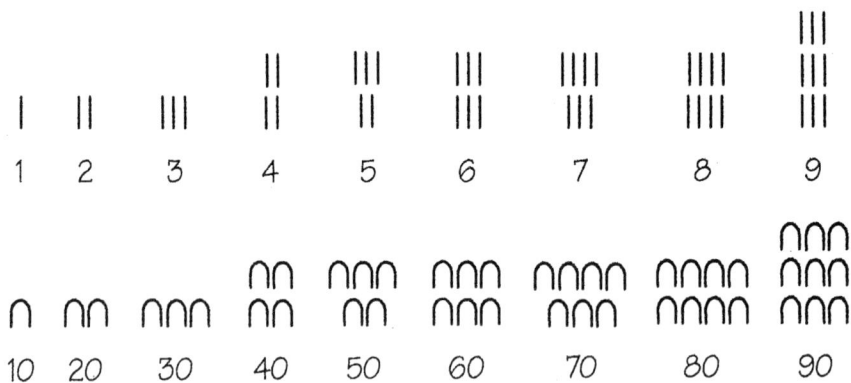

图 1-4 把数字符号聚集起来以帮助读者读数

因此我们看到，古埃及计数符号的相对位置没有携带任何数值信息，所以不需要一个表示零的符号。当这些数字符号能安放在任何位置而并不改变它们所表示的总数时，就不存在一个空"隙"的可能性，于是标记它也就没有意义了。当没有东西要计数时，对零的需要就产生了——可是在那种情况下，根本就不写什么符号。古埃及的计数系统是十进制系统（共同的单位是 10）的一个早期例子，其中表示数字的符号不携带位置信息。在这样一个系统里没有零符号的位置。

巴比伦：写在墙上的手迹

当时，忽然出现人的手指，在与灯台相对的宫墙上写字。……所写的文字是，弥尼，弥尼，提客勒，乌法珥新。讲解是这样：弥尼，就是神已经数算你国的年日到此完毕；提客勒，就是你被称在天平里，显出你的亏欠；毗勒斯（与乌法珥新同义），就是你的国分裂。[10]

——《圣经·但以理书》第 5 章

最早的苏美尔计数系统也在大约公元前 3000 年使用，它比古埃及人的计数系统复杂，并且似乎是独立发展起来的。后来苏美尔人的计数系统为巴比伦人所采用，因此这两个文明通常被视为同一种文化发展的不同部分。他们的书写和计数系统首先源自行政管理和经济上的需求。他们保存了交易、贮藏和工资的各种详细记录和账目，常常会在刻写板的一面写下一张详细的价目表，在反面写下总数。

早期苏美尔人的计数系统不完全是十进制的。它有效地使用基数 10 标记数量，但也引入 60 作为第二个基数。[11]

正是从这个古老的计数系统，我们继承了 60 秒为 1 分钟和 60 分钟为 1 小时的计时方式。把 10 小时 10 分 10 秒用秒数表示出来——这一道换算题展示了如何去阐明一个以 60 为基数的计数系统。我们这样得到总秒数：$(10 \times 60 \times 60) + (10 \times 60) + 10 = 36\,000 + 600 + 10 = 36\,610$。

苏美尔人有了表示数量 1、60、60×60、$60 \times 60 \times 60$ 等的数字。他们也有了表示 2、3、4、5、6、7、8、9 和 10，以及小于 60 且为 10 的

倍数的数字。他们用了一个独特的字表示 20（与表示 2 和 10 的字无关），可是表示 30 的是一个复合词，其意为"3 个 10"，表示 40 的复合词的意思是"2 个 20"，而表示 50 的，其意为"40 加 10"。于是，表示基数 10 和基数 20 的单元被交替使用，以便很容易地从 1 计数到 60。

古埃及人把他们的符号用锤和凿子雕刻在石头上，或者用芦秆画在莎草纸上，而苏美尔人的记录却是通过在湿黏土制成的刻写板上做记号保存下来的。石头在苏美尔并不常见，纸莎草或木材等其他媒介物则会迅速枯萎或腐烂，倒是黏土容易得到。用形状像粗细不等的铅笔的两种芦秆或象牙制笔在湿黏土上铭刻，便做成了记录。它们那圆形、无尖锋的末端能刻出凹口或圆形，而尖端则能画出线条。尖端用于书写，而钝端用于表现数字。这些原始的符号如图 1-5 所示，被称为曲线符号。

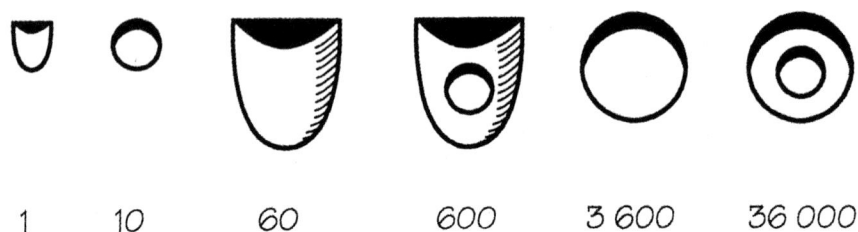

图 1-5　黏土制刻写板上所刻的表示苏美尔数字的各种形状，令人印象深刻

数字符号[12] 通常出现在被计数的事物的图像上方，这是一个在古埃及不存在的新特点。表示 600 的符号是把表示 60 的大凹口与表示 10 的小圆结合起来。同样，表示 36 000 的符号是把表示 3600 的大圆与表示 10 的小圆结合起来。这种节省的方案创造了一个乘法记号。要记住的符号更少，而且表示大数的符号具有一种内部逻辑，所以人们能用较小的数生成较大的数而不需要发明新符号。然而，要注意的是：每次想要读

一个大数时，都必须做一点儿心算。这个系统是"加"性的，当符号被刻写在黏土制的刻写板上时，它们的位置没有意义。犹如在古埃及的情形一样，类似的符号聚集在一起只是为了保持体例和易于计算而已。早期的体例是把符号成对聚集。例如，十进制数 4980 被分解为：

$$4980 = 3600 + 1380$$
$$= 3600 + 600 + 600 + 60 + 60 + 60$$

于是它应写为图 1-6 所示，因为刻写板是从右到左和从上向下读的。

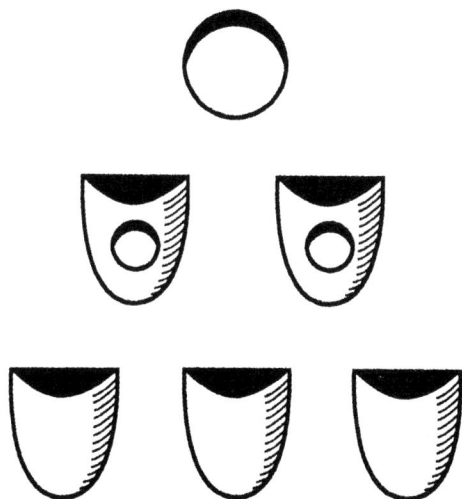

图 1-6　公元前 2700 年以前早期苏美尔人对数 4980 的表示

　　这个计数系统所具有的一个冗长乏味的特点是，为了表示不恰好是 60 的倍数的大数，必须使用大量的符号。为了克服这个问题，书写者通过引入一个起着如今的减号作用的"翼形"符号，发展了一个速记的减法符号，于是他们可用 3 个符号把 59 这样的一个数写为 60−1

（图 1-7[①]），以取代用别的方法原本所需要的 14 个符号。[13]

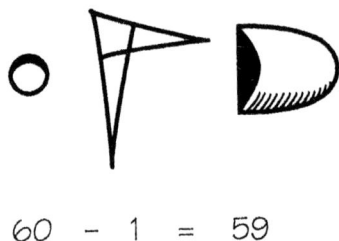

$$60 - 1 = 59$$

图 1-7　数 59 写成 60 减 1

到了公元前 2600 年，在苏美尔，数字符号的书写方面发生了重大变化。这是因为出现了新技术——新的书写工具。人们引入了一种楔形尖笔，它能画出较窄的线条和不同大小的楔形。这些被称为"楔形"[14]（cuneiform）符号，它只使用了两个记号：一个垂直的楔表示 1，一个 V 形记号表示 10（图 1-8）。

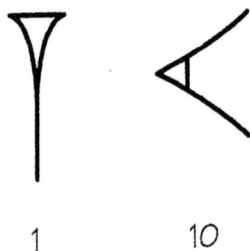

1　　　　　10

图 1-8　用书写者的尖笔两端所刻写的表示 1 和 10 两个数的楔形笔迹

符号的联合又一次可用于由较小的数逐步建立大数。当表示 60 和 10

---

① 此图有误，左边的符号代表 10，应为代表 1 的小凹口符号。

的两个符号靠在一起时，它们表示两个数值的乘积（600）；而当它们分开时，它们表示相加（70）。然而，必须小心，以保证这样的符号毗连不会引起混淆。由于每个记号是很不同的，所以苏美尔人的符号组合法避免了这个问题。

另一个问题是，表示 1 和表示 60 的两个符号之间的区别。它们的形状是完全相同的楔形，起先只是简单地把表示 60 的楔形刻写得大一些以区别它们，后来则把表示 60 的楔形同表示小于 9 的数的那些楔形写得分开一些。数 63 的写法如图 1-9 所示。

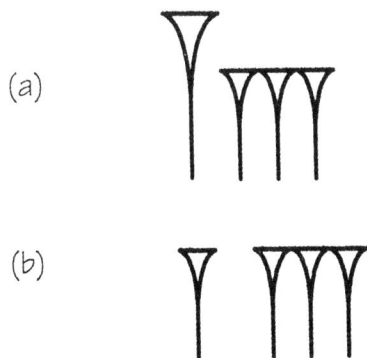

图 1-9　书写数 63 的两种方法：(a) 用一个较大的符号表示 60，用较小的符号表示 3；(b) 在表示 60 的符号和表示 3 的符号之间留下间隔

在古代的世界各处可发现许多其他的计数系统，它们使用与这些一样的一般原理。阿兹特克人①（公元 1200 年）曾有一个以 20 为基数的加法计数系统，它具有表示 1、20、400（＝20×20）以及 8000（＝20×20×20）的符号。希腊人（公元前 500 年）则使用一个以 10 为基数的计数系统，它具有表示 1、10、100、1000、10000 的不同符号，还有另外一个表示

---

① 墨西哥的原始居民。

5 的符号，用来对它们作补充，他们把这个符号加到其他的符号上，生成表示 50、500、5000 等的新符号（图 1-10）。

图 1-10　希腊数字，最初出现在公元前 500 年前后，使用符号的组合来生成大数。作为一个例子，我们写出了数 6668

如果想要做涉及乘法或除法的计算，那么所有这些数字书写系统用起来都是麻烦和费力的。符号并不能为你做任何工作，它完全就像数字的速记。下一步的改进在于引入一个位置或位值系统（positional or place value system），在该系统中符号的位置确定了它们的数值，而这一步最终引发了创造一个零符号的需求。人们这下只需使用更少的符号，因为相同符号在不同的位置或在不同的上下文里使用时，能具有不同的含义。

一个位置计数系统首先出现在公元前 2000 年前后的巴比伦。它只不过在楔形符号和以 60 为基数的旧加法计数系统的基础上，扩充了位置信息。由于旧系统使读者能更容易地看出数字的相对大小，所以这个位置计数系统更多地被数学家和天文学家使用，而不是用于日常的记账。许多书写者因此必须对这两种系统都加以练习。然而，新系统用于记载王室的法令，所以它必然要被巴比伦的广大民众所理解。这样，例如 10 292，在我们的符号中应表示为 [2; 51; 32]，即 $(2 \times 60 \times 60) + (51 \times 60) + 32$，以楔形符号书写时，如图 1-11 所示。

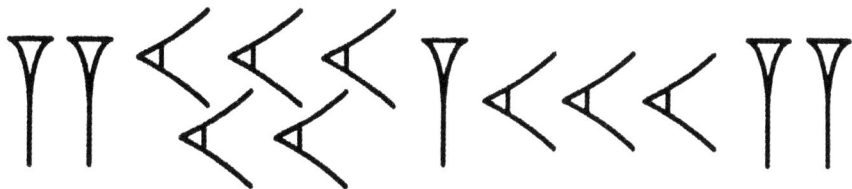

图 1-11　以楔形符号书写的数 10 292

这正如我们把数 123 表示为 $(1 \times 10 \times 10) + (2 \times 10) + 3$，按照我们的记数符号读出的便是这些表示基值的数乘以各自的 10 的幂所得的数。我们在量度时间上仍沿用巴比伦计数系统，7 小时 5 分 6 秒就是 $(7 \times 60 \times 60) + (5 \times 60) + 6 = 25\ 506$ 秒。

最早的像我们现在所用的十进制位置计数系统直到公元前 200 年前后才出现，当时中国人在其以 10 为基数的数符系统里引入了位值系统。他们的棒状数字符号 ① 及位置符号的一个例子如图 1-12 所示。

---

① 在中国被称为"算筹"。

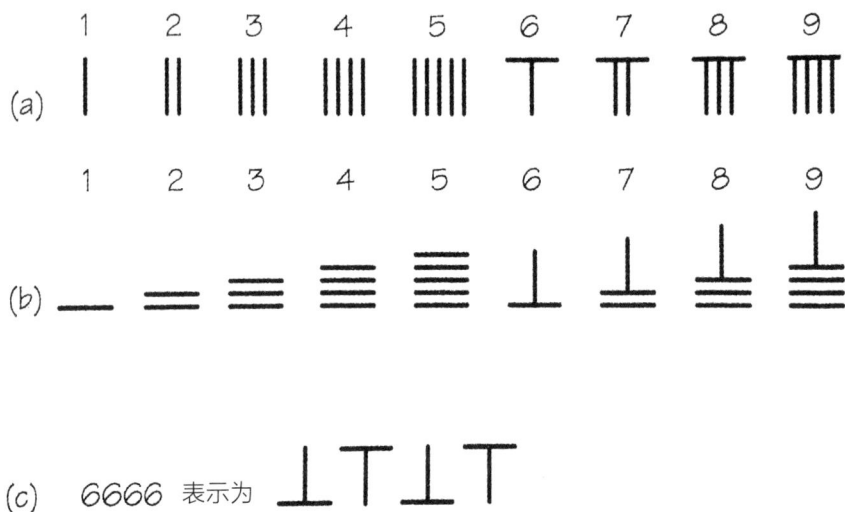

图 1-12 (a) 为中国的棒状数字符号。它们是竹制或骨制的计算棒。当这些符号用于十位或千位时，它们被旋转了，即如 (b) 所示，因此数 6666 便如 (c) 所示

无输入问题和巴比伦的零

没有足够多的小数字来满足由它们产生的众多需求。[15]

——盖伊（Richard K. Guy）

这些进展并不是没有问题。巴比伦的计数系统实际上是一个位值系统和加法计数系统的混合物，因为标记 60 的各个幂的数符仍以加法形式表示。如果 60 的一个阶和下一个阶之间没有留下足够间隔，就会产生模

棱两可的情形。例如，表示 610[=[10; 10]=(10×60)+10] 的符号容易错读成表示 10+10 的符号，见图 1-13。

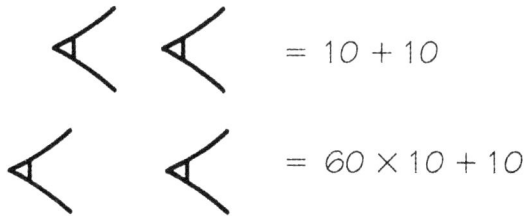

$$= 10 + 10$$

$$= 60 \times 10 + 10$$

图 1-13　表示 610 和 20 的巴比伦形式容易混淆

这通常以明显地分开 60 的不同阶来处置。最终，分隔符的引入使这些间隔变得明确。它由两个楔形符号组成，其中一个在另一个之上，如图 1-14 所示。

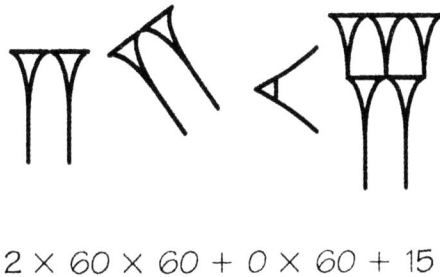

$$2 \times 60 \times 60 + 0 \times 60 + 15$$

图 1-14　巴比伦人首先引入一个分隔符来标记数字表示式中的间隔。它们形如两个重叠的楔形，倾斜摆放。此例在一块记录天文观测的刻写板上找到，其日期在公元前 3 世纪末和公元前 2 世纪初之间

如果在一个数位上根本没有输入字符，那么解释起来会更困难。留间隔会显得更复杂且不易说明。请想象一下，假如我们的计数系统没有零符号而仅依据小心地留间隔来区别 72（七十二）和 7 2（七百零二）。由于要与不同书写式样做斗争，所以如果人们必须区分 7 2（七千零二）以及 72 和 7 2，便会有许多令人烦恼的问题产生。需要留的间隔越多，判断就变得越困难。[16] 这便是为什么位置计数系统最终需要创造一个零符号，用位置表示法来表示数中的一个空隙。巴比伦人的商业系统越是复杂，这样做的迫切性就越大。差不多有 1500 年，巴比伦人在自己的 10 或 60 的不同幂次的记录中不使用符号表示"没有输入"，而只是留下一个间隔。成功的发展需要他们正确体会自己正在处理的天文学和数学问题的数量级，以便能容易地发觉结果与预期答案的大差异。

巴比伦人解决无输入问题的办法是使用旧分隔标识符号的一个变种来标记"在某一特定位置上没有输入"。这出现在公元前 4 世纪的文字中，但由于缺乏更早的文献，而某些确实存在的文献可能是更早原著的复制品，所以这种方法也许再早一个世纪便已存在了。使用巴比伦的零符号的一个典型例子如图 1-15 所示，其中，数 $3612 = 1 \times (60 \times 60) + (0 \times 60) + (1 \times 10) + 2$。

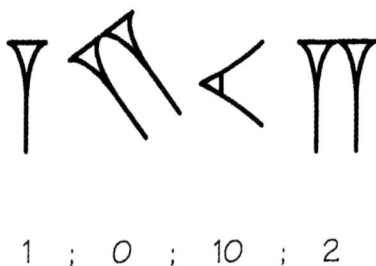

1 ; 0 ; 10 ; 2

图 1-15　使用巴比伦的零符号的一个例子。公元前二三世纪，人们在书写数 3612=(1×60×60)+(0×60)+(1×10)+2 时使用了零符号

巴比伦天文学家[17] 还在一个字符串的末端大量使用零符号，而且我们找到了把 60 写成如图 1-16 所示，以将它与 1 区别开来的一些例子。

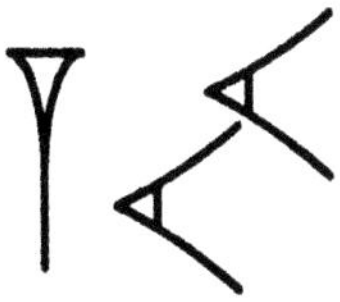

$$= (1 \times 60) + 0 = 60$$

图 1-16　如这里所示，一个天文记录中数 60 还被用于数字串的末端

　　我们开始了解巴比伦的零如何以类似于我们的计数方式起作用。犹如位置符号，它一开始被巴比伦数学家用于速记，因此它也被巴比伦天文学家广泛使用。而且，正是由于巴比伦天文学的极端重要性和持久性，他们的计数系统在许多个世纪以后仍保持了很大的影响力。

　　这便是巴比伦文明发展的顶点：人类文化中第一个表示零的符号。回想起来，对他们的计数系统来说，这是一个如此直截了当的附加物，因而令人迷惑不解的是，巴比伦人为什么要花费超过 15 个世纪才从一种位置记数法的关键一步过渡到具有一个显式零符号的计数系统？

　　然而，不应把巴比伦的零与我们的零完全等同起来。对把重叠楔形符号铭刻在黏土制刻写板上的书写者来说，这些符号在账目记载中只不过意味着一个"间隔"而已。没有一点点涉及巴比伦"无"的意思。他们的零符号从来不作为 6－6 之类的算术题的答案。它也从来不用于表示一次什么都没留下的运算的终点。这样的终点总是用文字说明。我们也没有发现巴比伦的零本身同形而上学的"虚无"概念纠缠在一起。数字里完全没有抽象地夹杂着任何神秘的东西。[18] 他们是非常好的会计。

玛雅的零

我无话可说，

但又在说无，

而那是诗。[19]

——约翰·凯奇

位置计数系统的第三次发展发生在存在于约公元 500 年直到 925 年的引人注目的玛雅文化里。反常的是，尽管玛雅人在建筑、雕刻、艺术、道路建设、写作、数值计算、历法体系以及预测天文学方面取得了巨大成就，但他们却从未发明车轮，从未发现金属或玻璃，没有可测量小于 1 天的时间间隔的钟，也从未使用过驮载的牲畜。石器时代的经验与非凡的先进算术技术结合在了一起。为什么他们的文化如此突然地终结了？答案至今仍是个谜。遗留下来的只是在现今墨西哥、伯利兹、洪都拉斯和危地马拉的丛林和草原中被废弃的城市。人们曾提出过各种各样的灾难，以解释全体居民的离去，也曾把一切归咎于瘟疫、内战或地震。一个更为可靠的见解则是由于他们的土壤在持久地精耕细作和过度使用之后所引起的农业资源枯竭。

玛雅计数系统建立在以 20 为基数的基础之上，且其数字由点（每一点表示 1）和棒（每条棒表示 5）组合而成。前 19 个数字用点和线以简单的加法形式组成，这很可能是从一个更早的手指和脚趾计数系统派生出来的。[20] 用点（有时为一个小圆）的符号表示 1 的现象在古代中美洲整个地区都能发现，而且很可能与当时使用可可豆作为货币单位有联系。与在巴比伦文化里一样，日常计算和数学家、天文学家的较高深计算有区别（图 1-17）。

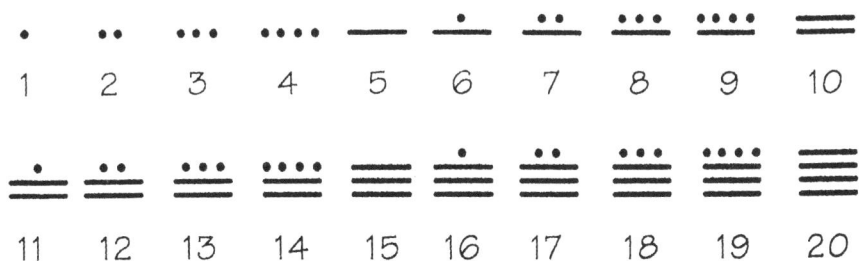

图 1-17　神职人员和天文学家所使用的玛雅计数系统里从 1 到 20 的数

当书写大于 20 的数时，人们就创造了一个由符号组成的塔：其底层表示 1 的倍数，第二层是 20 的倍数。然而，第三层并不解释成 20×20 的倍数。它包含着 360 的倍数！但此后，这种模式不断继续下去。因此，往上一层记 7200（$=20 \times 360$），再上一层记 144 000（$=20 \times 7200$），并且随后接续的每一层是前一层的 20 倍。数字是从上往下读的。数 4032[$=(11 \times 360)+(3 \times 20)+12$] 的写法如图 1-18 所示。

图 1-18　数 4032 的玛雅表示法

因此我们看到玛雅人拥有一个位置或位值系统，而且他们把一个表示零的符号加在其上,以表示数字塔的某一层无输入。他们所使用的符号是很奇妙的。它像一枚贝壳,甚至像一只眼睛,以许多稍微不同的形态出现,而且似乎传达了填空的想法,反映了它在表示数字中的审美作用。某些零的形状如图 1-19 所示。

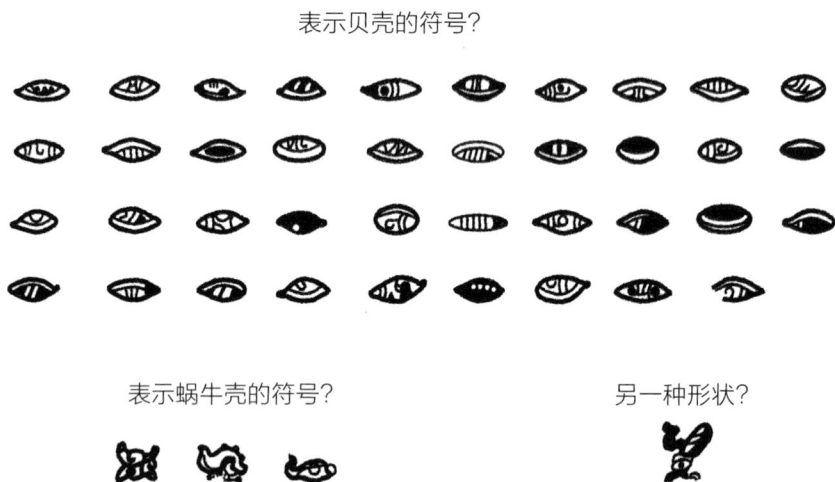

表示贝壳的符号?

表示蜗牛壳的符号?　　　　　　　　　　　另一种形状?

图 1-19　表示玛雅人的零的各种不同符号形态。[9] 它们看上去好像蜗牛和海洋生物的壳或人的眼睛

于是数 $400=(1\times 360)+(2\times 20)+0$ 应写成如图 1-20 所示。

$$
\left.
\begin{array}{l}
1 \times 360 \\
+ \\
2 \times 20 \\
+ \\
0
\end{array}
\right\} = 400
$$

图 1-20　400 的玛雅表示法

玛雅人不但在数符串的中间位置使用他们的零符号，而且在最后位置上也使用，正如我们所做的一样。

玛雅计数系统里奇妙的步骤在于第三层以 360 而不是 400 表示，后者本是一个纯粹以 20 为基数的计数系统的特征。这意味着在一个非常重要的方面，玛雅人的零符号不同于我们的。要是我们把一个零符号加到任何数的右端，那么就是把这个数值乘上了 10——我们的计数系统的基数，因此 170＝17×10。要是一个具有任意基数的计数系统，其每个级位与前一个级位以基数的一次幂相关联，而无论这个基数的数值是多少，那么把一个零加到数符串，则始终会产生该数被基数值相乘的效应。玛雅计数系统缺乏这种优良特性，因为其数符塔各层的基数并不完全相同。它阻碍了玛雅人充分地利用他们的计数系统。

玛雅人之所以没有引入一个均匀一致的数符层序列，是由于他们的计数系统还有别的功能。它有一个特殊作用，即记录他们精心制定的周期循环的历法。他们有 3 种历法：第一种以 260 天的宗教周期为基础，叫作卓尔金（tzolkin），它分成 20 个 13 天的周期；第二种历法是一个 365 天的民用"年"，叫作太阳历（haab），它分成 18 个 20 天的周期再加上一个 5 天的过渡期；第三种历法则以 360 天一个周期为基础，这个周期叫作顿（tun），它分成 18 个 20 天的周期。20 顿等于 1 卡顿（katun，ka 是表示 20 的词）；20 卡顿等于 1 白克顿（baktun，bak 是表示 20×20 的词）；1 乌纳尔（uinal）等于 20 天。[21] 这些周期用特殊的象形文字表示。于是表示一个时间周期的完整图像便是把表示时间间隔的这些符号与那些表示是它们的多少倍的符号组合在一起。图 1-21 中的象形文字应从左到右和从上向下读，它记载了下列时间：9 白克顿、14 卡顿、12 顿、4 乌纳尔和 17 金（kin，即天）。

图 1-21　表示一段时间的玛雅象形文字。每一个时间单位——白克顿、卡顿、乌纳尔和天——用一个特殊的图像表示，通常是具有明确特征或装束的头像。在每个图像的旁边是一个数，由点和棒组成，表明应取多少个这些单位。有时表示的是较小的数，只需两点或两根棒，此时便另加别的装饰品以使所占空间保持匀称。在此，从左到右和从上向下读，我们得到 9 白克顿 14 卡顿 12 顿 4 乌纳尔 17 金的表示图。它总计给出 3892 顿 97 金，即 1 401 217 金（天）

在这些象形文字里，零用许多奇异的图像表示[22]，其中一些如图 1-22 所示。

图 1-22　在玛雅的圆柱和雕像上发现的表示零的各种象形文字

在这一方案里，零符号对记载日期而言并不是必需的。玛雅的零的新奇性在于，它的引进只是出于审美的原因。假如没有零的图像，表示日期的象形文字就会有空白的斑点，因而看上去便不匀称了。精心制作的零的图像填充了空隙，从而创造了一种引人注目的表现日期的手法。它强化了所表示的那些数的宗教意义。

印度的零

印度的零代表虚空或不存在，但也代表空间、天空、天穹、空气和以太，以及无、不考虑的量、无意义的元素。[23]

——伊弗拉[①]（Georges Ifrah）

巴比伦和玛雅文明的毁灭阻碍了他们独立发明的零符号未来的表示式样。这个荣誉授予了零的第三位发明者，他书写一切数的方式至今仍在通用。

早在公元前 3000 年，居住在印度河河谷地区的印度人已具有相当发达的文化。大批具有供水系统以及各种装饰物的城镇建立起来了。印章、书写体系和计算的形迹体现了一个高度发展的社会。书写和计算在整个印度次大陆延续了一千年。丰富多彩的手书体和数字系统在中印度各处和使用婆罗门数字的东南亚邻近地区都可找到。这种记号首次出现在公元前 350 年前后，尽管只有数字 1、2、4 和 6 的样本仍保留在石碑上。

---

① 伊弗拉，法国数学教师，自学成才的数学史家。

公元前一二世纪的抄本显示了它们看上去像什么样子[24]。请看图 1-23。

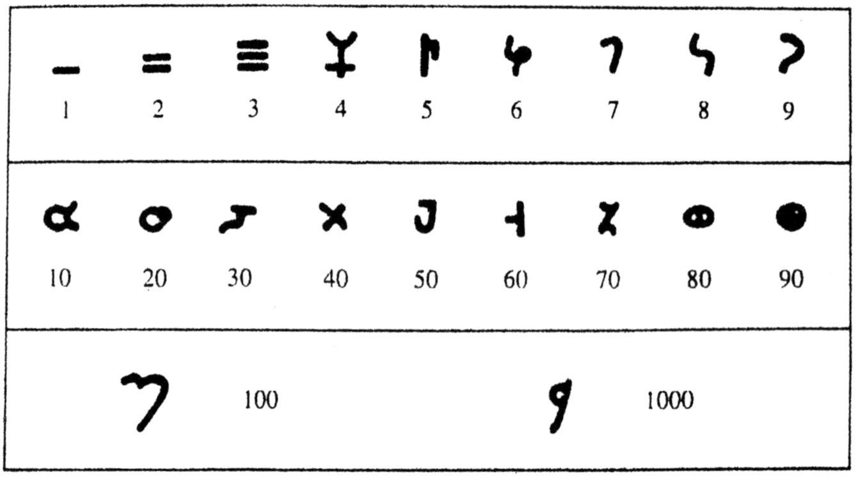

图 1-23　表示数 1 到 9 的印度早期符号

婆罗门数字的形态在某种程度上仍是个谜。表示从 4 到 9 的数的符号与它们所表示的数量并无任何明显的联系，然而它们可能是从已消失的字母表派生而来的，也可能是从不复存在的附有清晰说明的较早数字系统进化而来。

婆罗门计数系统在公元 6 世纪转化为一个以 10 为基数的位置记数法，即十进制。它利用了原有的表示数 1 到 9 的不同数字以及表示大数和 10 的较高次幂的数字的简明符号。使用它的最早的书写事例可追溯到公元 595 年，它出现在桑赫达的一张铜板契约上。[25]

这个卓越的计数系统很可能从使用以石子或种子展示数的计数板中得到了启发。如果谁想要用石子展示一个数，如 102，那么要放置 1 粒石子在百位列中，接着在十位列中留一间隔且在个位列中放置 2 粒石子。

现已知道，创造一个逻辑清晰的记数法用以处理很大的数的进一步动力，来自于受到了巴比伦早期天文记录和符号影响的印度天文学家的研究工作。由婆罗门数字产生的最通用的位置记数法便是使用如图 1-24 所示的纳加里手写体的那种。

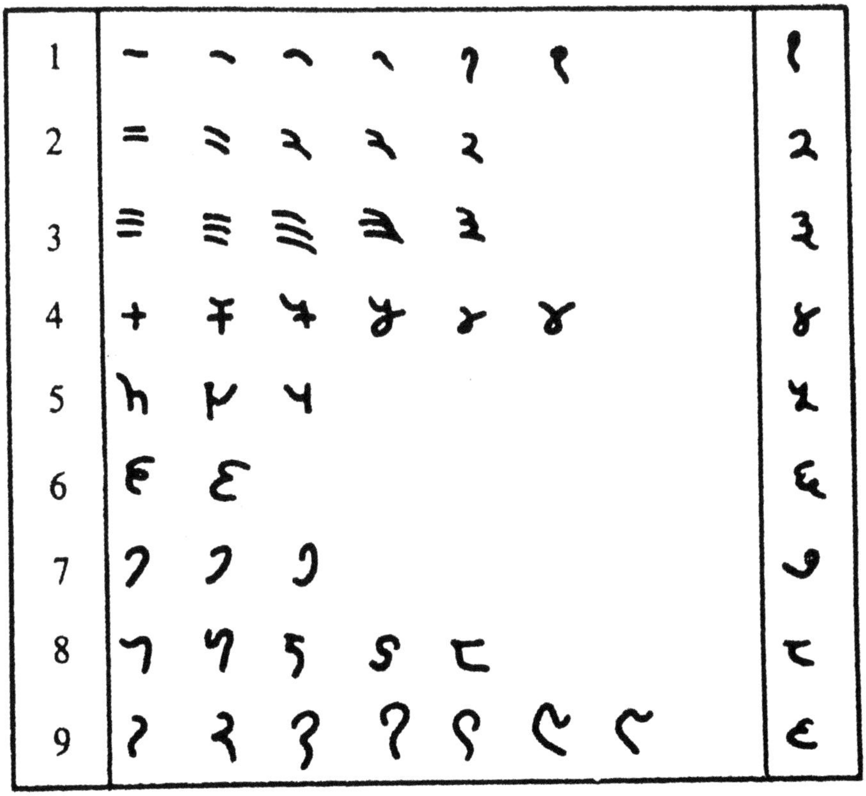

图 1-24   纳加里数字的演变。注意其中许多数字同我们现今使用的数字是多么相像！

印度人发展的位置计数系统有一个独特之处，它使用了很久以前便存在的相同数字。在其他文化里，一个位置记数法的创造需要改变表示这些数本身的符号。已知印度人的位置计数系统最早使用时间是在公元 594 年。

　　正如我们从巴比伦人和玛雅人那里所了解到的，一旦引进一个位置计数系统，那么一个零符号跟着出现便只是时间问题了。印度的零的最早应用是在公元 458 年，当时它出现在一本幸存的耆那教论宇宙学著作中，但间接的证据表明，早在公元前 200 年它谅必已被使用了。最初，它似乎用一个点而不是一个小圆来表示。6 世纪的一首诗歌《瓦萨瓦达泰》(*Vâsavadattâ*) 谈及了使用点的原因 [26]:

　　星星向外发光……就像零点……散布在天空中。

　　后来，熟悉的圆形符号 0 取代了点，而且向东传播到了中国。它被用于表示一个十进制数的任何位置（百位、十位、个位）上没有输入，而且由于印度的十进制计数系统是规则的，即它的每一数位是前一个数位的 10 倍，因此零还充当了一个算子。这样，把零加到一位数字串的末端就起着乘上 10 的作用，正如现在它为我们所做的一样。这个原则的一个奇妙的应用可在比哈里拉尔 (Bihârîlâl) 所写的一首梵文诗 [27] 里找到，在这首诗里，诗人以一种数学方式谈及一位美丽女人的前额上的点 [①][28] 来表示对她的赞美:

　　在她的前额上的点
　　使她的美丽增加 10 倍，
　　犹如一个零点 (sunya-bindu)
　　使一个数增加 10 倍。

　　虽然印度人的零最初是以与巴比伦人和玛雅人同样的方式被引进的，用来表示一个空缺的数字，但是它迅速担当了另一个数字的身份。而且，和其他零的发明者大不相同，印度的计算者很容易地把它定义为

①　称为 tilaka，是印度人用化妆油点在前额上的圆点。

任意数减去其自身所得的结果。在公元 628 年，印度天文学家婆罗门笈多（Brahmagupta）就是以这种方式定义零的，他还阐明了用它作加、减、乘，以及最惊人的除的代数运算规则。例如，当零（sunya）加到一个数或者从一个数上减去时，该数保持不变；而一个数乘上零时，则变成零。值得注意的是，他还定义无穷大作为任意一个非零数被零除后所得的数，并且建立了一套乘除正负数的一般规则体系。

关于为什么印度的零符号呈圆形，曾有过一些有趣的推测。[29] 毕竟，我们在玛雅人和巴比伦人的手稿里看到它表现为某种非常不同的形式。卡克（Subhash Kak）曾提出，它由表示 10 的婆罗门符号发展而来。它像一个简单的鱼形或比例符号 ∝。此后，在一二世纪，它好像一个圆附加一个 1，如图 1-25 所示。因此，它暗示着表示 10 的符号可能分解为表示 1 的符号——单独一条竖线——和剩下的圆，它的数值为零。

图 1-25　表示 10 的鱼形符号可能分离成一个圆和表示 1 的一条线，留下圆作为零的符号

印度的零符号的一个迷人特点在于它表示的概念很丰富。巴比伦人习惯于一维地看待零符号，仅仅把它看作会计记录中表示一个空隙的符号，然而印度人却把它看作一个具有虚无和虚空含义的较广泛的哲学范畴的一部分。在此列出一些表示零的印度文字。[30] 它们的数目本身就表明在印度的哲学里"无"这个概念的丰富程度，并且从中可看出，"不存在"的各个方面的含义需要清楚地标明。[31]

字	梵语的含义
Abhra	空气
Akâsha	以太
Ambara	空气
Ananta	无限的空间
Antariksha	空气
Bindu	一个点
Gagana	苍穹
Jaladharapatha	航海
Kha	空间
Nabha	天空、空气
Nabhas	天空、空气
Pûrna	圆满的
Randhra	洞穴
Shûnya/sunya	空洞
Vindu	点
Vishnupada	毗湿奴[①]的脚
Vyant	天空
Vyoman	天空或空间

"宾杜"（Bindu）用来描绘最无意义的几何体——单独一点，即一个圆缩小到其中心而不再具有有限空间。照字义，它仅表示一个点，但它象征着宇宙在物化成我们所感受的外在实体世界之前的本质。它代表一个尚未被创造的宇宙，从中可创生一切事物。这种创造性的潜力可利用一个简单类比揭示出来。因为，通过运动，单独一点能形成线条，通过

———————————

① 印度教三大神之一，保护神。

线条的运动能形成平面，通过平面的运动又能形成我们周围的整个三维空间。"宾杜"便是"无"，由此一切事物都能涌现。

这种从"无"中生有的概念导致了在一套玄想图里使用"宾杜"。在密教哲学（Tantra）的传统中，坐禅者必须从默想整个空间开始，此后再逐步从一种形状到另一种形状，最终让许多线条在一焦点处作中心收敛。也可遵循相反的默想路线，即从一点开始而向外运动，直到包含一切事物，如图 1-26 所示，这样，称为斯里扬特拉（Sriyantra）的复杂几何结构图被创作出来，用于把坐禅默想者的心和眼集中于连接其中心点到未知世界的收敛和发散的路径之上。

从印度关于零的概念化中，我们了解到它所透露出来的信息便是，"空"（sunya）包含如此丰富的概念。其字面上的意义是"空的"或"虚空"，但它也包含了"空间""真空""无意义"和"不存在"，以及"无价值"和"没有"等概念。它具有一个复杂性的网络，不可预言的联想会从中浮现，而不必经受严密的逻辑分析以肯定它们在形式逻辑结构之内的一致性。在这个意义上，印度人在不拘泥于字义的自由联想方面所取得的进展看来几乎接近现代人。其核心是一个特定的数字和符号功能，它在执行这个功能时并不企图抑制该概念在其他各个方面被使用和扩充。这也正是我们期望在现代文学艺术里找到的。一个形象或一个思想在某一特定学科里可能以一种明确定义的形式和意义存在，然而以不同的目的和想象力工作着的艺术家们仍在不断地对它进行推敲或再创作。

图 1-26　斯里扬特拉，即在密教传统的各部分里用作默想指南的一种几何结构图。已知最早的这种图例在公元 7 世纪出现，但较简单的图案则可追溯到公元前 12 世纪。它由三角形、多边形、圆和线条互相嵌套的复杂图案组成，它们收敛于一个中心点（即宾杜）之上，它或者是默想的终点，或者是默想的起点，由它向内还是向外依这些花纹的运动而定。在 9 个中心三角形里，4 个向上的顶点表示"阳性的"宇宙能，而 5 个向下的顶点表示"阴性的"宇宙能。建构这些和其他一些吠陀的敬神指南图，要求具有相当多的几何知识 [32]

印度人对虚无的概念

的确，因为虚空和凄凉的荒野属于零，所以造物主的精神和荣光属于全能的上帝。[33]

——莱布尼茨（Gottfried Leibniz）

印度人引入零符号在很大程度上归功于他们提供了种种关于虚无和虚空的概念。印度文化早已拥有普遍使用的关于"无"的各种不同概念。创造一个数字以表示无数量或会计账本里的一个间隔，是在不需要重组任何更大的世界观的各个部分的情况下，所能采取的一个步骤。对比之下，希伯来人则把虚空看作上帝用行动和命令所创造的世界的一种状态。它具有许许多多不受欢迎的含义。它指一种令人畏缩的状态。它指贫穷和缺少收益——意指离开上帝且未获他的恩赐。它又指诅咒。类似地，对希腊人来说，它是一个重要的哲学悖论。希腊人对逻辑的重视导致他们在对待"无"的问题上陷入它似乎又是"有"的尴尬境地。

这些不可思议的概念在印度的宗教传统中更加无拘无束。他们的各种宗教都平等对待"不存在"和"存在"的概念。就像许多其他东方宗教一样，印度文化把"无"看作人人也许由那里而来，并且人人也许又将回到那里的一种状态——诚然，这些轮回可能发生许多次，无始又无终。西方宗教传统试图避开"虚无"，而在坐禅默想中使用点符号表示零则表明，"不存在"的状态如何成了佛教徒和印度教徒所积极寻求的一种东西，以实现涅槃：与宇宙同一。

印度人对"无"的不同层次的概念形成了一个统一的整体。它综合了数学家的零符号。图 1-27 中展示了伊弗拉汇集的一个内涵网络。[34] 注意，这个内涵网络是如何与我们前面给出的那些表示零的词所表达的概念相联系的。在这个相互联系着的内涵网络之中，我们开始看到现今"无"的多重含义的某些来源。

图 1-27 中顶层的那些词里包含与天空和未知世界有关的词，它们以"宾杜"相连接，这反映"宾杜"代表了潜在的宇宙。当我们沿这棵树往下移动时，便遇到表示各种各样性质的"不存在"（absence）的一批不同的专门术语：不存在的（non-being）、未形成的（not formed）、未生成的（not produced）、未创生的（not created），以及带有"可忽略的"（negligible）、"无意义的"（insignificant）和"没有价值"（no value）等含义的另一批专有术语。

这两条不同的思路结合后形成了抽象零的概念，结果，至少从公元 5 世纪起，"无"的概念开始反映古代印度各种关于"无"的概念的方方面面，从普通的空器皿到神秘主义者的各种"不存在"（non-being）状态。

希腊的传统与远东的完全不同。自泰勒斯[①]（Thales）学派起，希腊人就把逻辑放在人类思维的顶端。他们对把"不存在"作为会受逻辑发展支配的"某种事物"（something）持怀疑态度，这由巴门尼德[②]（Parmenides）有影响力的反对真空概念的辩论作为例证。他坚持认为他的所有前辈，比如赫拉克利特[③]（Heraclitus），都错误地采纳了万物皆由相同的基本物质组成的观点，而与此同时谈论空空间。他坚持认为你只能谈论"什么是"：什么是并非不能想到的，什么是不能被认为不可能存在的。

① 泰勒斯（约公元前 624—约前 547），古希腊哲学家。
② 巴门尼德（约公元前 515—约前 445），古希腊哲学家。
③ 赫拉克利特（约公元前 540—约前 475），古希腊哲学家。

天空、苍穹、空气、空间

以太

虚空

点

真空的概念

位置技术系统以及
零作为空空间的诞生

不多
可忽略的
微不足道的
无意义的
没有
几乎没有价值
非数值
无数值
空
无用
无价值

未创生的
未生成的
非物质
不存在的
未形成的
未想到的
不出现
不在
虚无
非实体

零表示为虚
空、以太、空
间、天空、苍
穹、空气、点
等，它们被视
为数字符号

用一点或一个
小圆表示这个
概念，它们本
身是表示天空
和天穹的通用
符号

抽象零的概念

空的

不存在

无意义

虚无

无

无用

在印度，由于这些概念只有极细微的区别，所以它们至少自公元 5 世纪
以来便已全部统一起来

数字零的数学概念

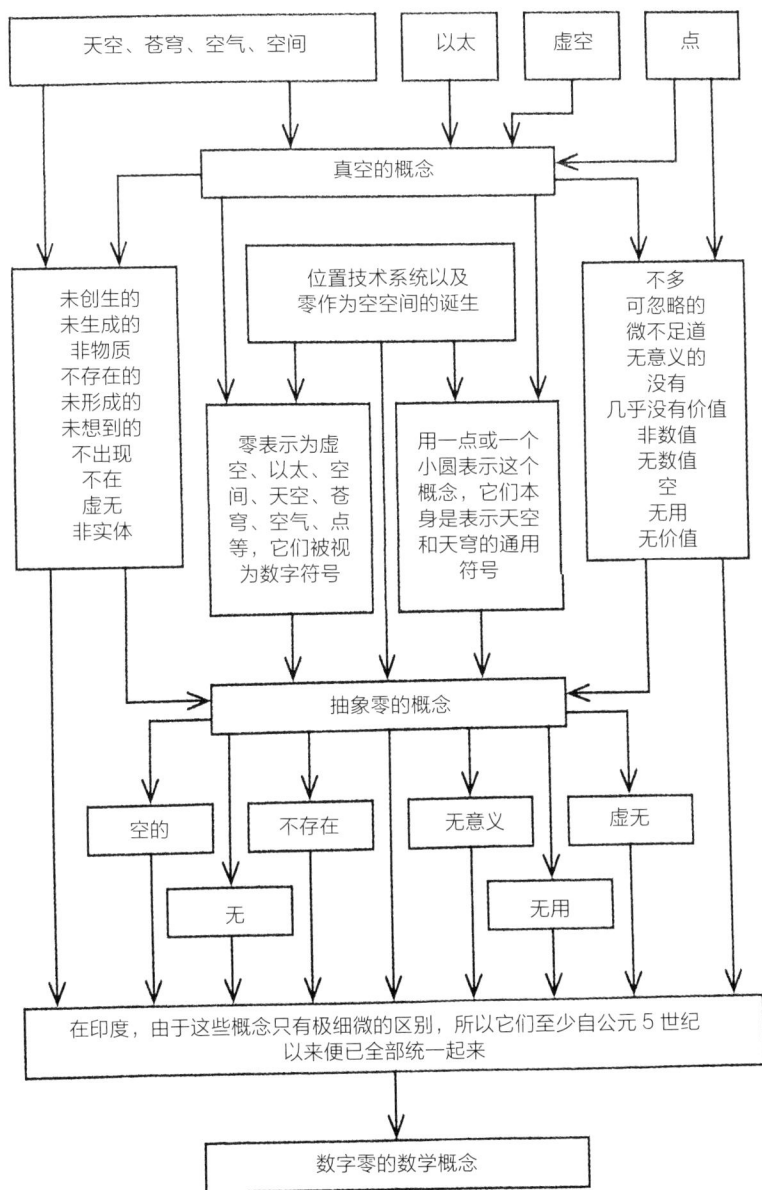

图 1-27　与早期印度思想里"虚无"的各种概念和内涵系统图，它发展到顶峰而
成为数学上的零

巴门尼德相信，根据这个"明显"的陈述，可得出许多结论，其中包括"空空间不可能存在"定理。然而更意料不到的是进一步的结论：无论时间、运动还是变化都不可能存在。巴门尼德仅仅相信：不管何时，一个人想或说，他必须想到或谈及某事物，因此必定已经存在真正的事物供谈及或想到。这意味着，它们必定一直存在而且永远不可能改变。柏拉图①（Plato）告诉特埃特图斯②（Theaetetus）：

> 伟大的巴门尼德……同时以散文和韵文不断重复：
> 永远别让这种思想流行，它是不存在的，
> 但要使你的头脑避开这条探索之路。[35]

伴随着这些想法出现了各种各样的问题。巴门尼德怎么能说，任何事物都不是怎样的，或者某事物不可能是怎样的呢？不过，他强调必须谈及"某事物"的遗教，实际上使讨论诸如"真空""无"甚至数学上的零这类概念变得非常困难。从我们事后"居高临下"的观点来看，这种障碍显得有些奇怪，可是，虽然在印度引入零并不会改变任何哲学立场，在希腊却不可能。

---

① 柏拉图（公元前 427—前 347），古希腊哲学家。
② 特埃特图斯（公元前 414—约前 369），古希腊哲学家。

流动的零

　　使用一组 10 个符号 (每个符号具有一个位值和一个绝对值) 表示每一个可能的数的巧妙方法源自印度。这个想法现今看来是如此简单, 以至于人们已意识不到它的意义和极端重要性……当有人想到它超越了古代两位最伟大的人物阿基米德①（Archimedes）和阿波罗尼乌斯②（Apollonius）时, 此项发明的重要性才更容易得到承认。[36]

　　　　　　　　　　　　——拉普拉斯（Pierre Simon de Laplace, 1814）

　　印度的计数系统很可能是人类所创造的最成功的智力新发明[37], 它曾被普遍采用, 甚至在不使用腓尼基③字母表的社会里, 也被发现了, 它是我们所拥有的最接近于一种通用语言的东西。印度的计数系统同其他任何计数系统相互交流的结果, 总是前者被采用, 至少, 其用处很大的一些特点被引入当地的计数方案。在 8 世纪, 当中国人遇见印度的计数系统时, 他们采用了印度的圆形零符号和有 9 个数的完全位值记数法。印度的计数系统由曾经游遍亚洲的旅行学者本·以斯拉（Ben Ezra, 1092—1167）引入希伯来文化。他在自己有影响力的《数之书》[38]（Book of Number）里描述了印度的计数系统, 并在一个位值记数法中使用希伯来语字母表中头 9 个字母表示从 1 到 9 的印度数字, 但保留了印度的小圆以表示零, 按希伯来语里表示 "轮子" 的词 galgal 称呼它。[39]奇怪的是, 本·以斯拉独力把旧希伯来数字系统改变成了一个具有位值记数法和零

---

① 阿基米德（公元前 287—前 212）, 古希腊学者。
② 阿波罗尼乌斯（公元前 3 世纪—前 2 世纪）, 古希腊诗人。
③ 叙利亚沿岸的古国。

符号的系统，可是似乎无人对他卓越的新发明感兴趣，也没有人采用并发展它。

印度的零符号经由阿拉伯文化的渠道传到欧洲，主要通过西班牙。[40]
阿拉伯人与印度人有着密切的贸易关系，后者向前者展示了印度式计算的效率。渐渐地，阿拉伯人把印度的零加入到自己复杂的数学和哲学体系之中。他们的大数学家花剌子模[①][Al-Khwarizmi，我们使用"算法"（algorithm）这个术语以纪念他]记述印度的计算技术[41]：

当（在做减法后）没有什么剩下时，他们画一个小圆，因此数位不再是空的。这个小圆必须占据位置，因为不然的话，将会出现几个空位，从而有可能错把第二个空位当作第一个。

阿拉伯人并未始创他们自己的数字系统。即使在数学著作里，他们也逐字写出数字，伴以其他数字系统（譬如希腊的数字系统）里的类似计算方法。[42]

巴格达于 8 世纪建立以后，成为一个大文化中心，许多来自印度和希腊的数学著作在此翻译。公元 773 年，巴格达的哈里发收到了一本已有 150 年历史的印度天文学经典，其书名为《婆罗门明晰的历数书》（*Brahmasphutasiddhanta*），其中使用于印度数字和带有零的位值记数法。47 年后，花剌子模撰写了自己的算术名著，阐明此新记数法及其在计算中带来的方便。他引入了在写大数时把数字三个三个地组合起来，并且用逗点分开的习惯做法，至今有些地方仍在使用它，例如 1 456 386 写作 1,456,386；除非数字表示的是年代，例如是 2000 年，而非 2,000 年。他的书被翻译成拉丁文且自 12 世纪起在欧洲众所周知。

---

① 花剌子模（780—约 850），发表《印度计数算法》，使西欧熟悉了十进制。

使用文字或希腊字母形式表示数一直持续到 10 世纪，此后我们看到数字发展的两个方向，即“东方”和“西方”的阿拉伯数字。这两个数字系统的一个有趣特点在于它们都采用印度的符号表示数 1, …, 9，然而对零却不是。东方提出了位值记数法的一种简单形式以规避它。如果一个数字表示十位数，那么在其上面加一点（例如，5 的上面加一点表示50），如果它表示百位数，那么在其上面加两点，以此类推。于是西方写成 324 的三百二十四却会以

$$\ddot{3}\dot{2}4$$

出现。而 320 便写成 $\ddot{3}\dot{2}$，302 写成 $\ddot{3}2$。此后，东方阿拉伯人引入小圆表示零，使他们的记数法完全与印度人的习惯相一致。

印度-阿拉伯数字系统在欧洲的引进和传播，传统上归功于一位法国人——欧里亚克的热尔贝（Gerbert of Aurillac，945—1003）的影响。他在长期居住于西班牙期间，熟悉了阿拉伯的科学和数学，而且在法国以及后来在欧洲的其他地方，他在指导神学教育方面极有影响力。他出身卑微，但在一个修道院里受过良好教育。作为拉文纳男修道院院长和兰斯大主教，他在教廷一直承袭高位，直至于 999 年当选为教皇，史称西尔维斯特二世（Pope Sylvester Ⅱ）。热尔贝是在西班牙之外使用印度-阿拉伯数字系统的首位欧洲人，并是他所处时代里最重要的数学家之一，他撰写了几何学、天文学和计算方法的论著——真是一位独一无二的数学教皇。

逐渐，印度-阿拉伯数字系统的优点愈发吸引人，因而到 13 世纪，它已被广泛使用在贸易和商业上。然而，尽管它很高效，却仍遭遇反对

意见。1299 年，佛罗伦萨通过一项法律禁止使用它。其理由是担心欺诈行为。它的竞争者——罗马数字系统，并不是一个位值系统，而且不包含零。在印刷术发明之前的日子里，一切财务记录都是手写的，因而必须采取特别措施以防止不择手段的商人非法改动数字。当一个罗马数字 I 出现在一个数（例如 II）的末端时，它应写为 IJ 以标志右边的符号是此数的末端。这能防止它被变成 III（可惜的是，不能防止变成 XIII），这类似于我们在一张私人支票上的付款数额后面写"整"（only）字的习惯。遗憾的是，印度–阿拉伯数字系统显得很容易导致此类欺诈行为。不像罗马数字系统，在印度–阿拉伯数字系统里加一个数字到任一数的末端将产生另一个更大的数（在罗马数字系统里，大多数这样的添加并不会产生一个有意义的数来）。然而更糟的是，零符号本身容易被艺术加工成一个 6 或 9。这些问题让人们固有的惰性和守旧性更加严重，延迟了在北欧大多数商贾中大规模采用印度–阿拉伯的数字系统，直到进入 16 世纪。[43]

表示零的词的演化

据说所有的剑桥学者把零叫作 aught，而所有的牛津学者把它叫作 nought。[44]

——埃奇沃思（Edgworth）

我们已看到数字"零"最初是由印度语 sunya（其意为虚空或空）一词衍生而来的，而此词来自表示空的记号的梵文名称 sunya-bindu（意为一个空点）。这些进展产生在 6 ~ 8 世纪。到 9 世纪，阿拉伯世界对印度数学的同化作用导致了把 sunya 直译成阿拉伯文中的 as-sifr，它的含义也是"空"，即"什么也没有"。我们仍能见到它的残余痕迹，因为这个词是英文中表示零的词 cipher 的来源。它的原意是"无"，或者如果侮辱性地用在人身上，它便意为一个无价值的人——一个无名小卒，例如在《李尔王》①（*King Lear*）中，弄臣向李尔王说[45]：

> 现在你是一个 0，没有一点价值。此时我比你好一些。我是个小丑，而你完全是个废物。

达到这层意思的历程很有意思。阿拉伯词 sifr 起先在 13 世纪以两种形式直译成中世纪的拉丁文：cifra 或 zefirum，并直译成希腊文 τζιφρα，字母 τ 由此作为零的缩写。可是这两个拉丁词获得了十分不同的含义。zefirum[在 13 世纪，比萨的莱奥纳多[46]（Leonardo）曾把它写成 cefirum] 一词保持它原来的含义：零。在 14 世纪的意大利语里，这种形式改变为 zefiro、zefro 或 zevero，最终在威尼斯方言中缩短成 zero，在英语和法语中仍使用它。类似的删减是把货币名称从 libra 简化为 livra，再到 lira（里拉）。

对比起来，cifra 一词却获得了更普遍的含义：它可用来表示 10 个数 0, 1, 2, …, 9 中的任一个。由它产生出法语的 chiffre 和英语的 cipher。在法语里如同在英语里一样，它的含义存在着两重性。最初，chiffre 意指零，可是它像 cipher 一样，意义扩展到指任意一个数字。零和"无"的概念的融合导致了 null 一词既可用来表示"无"又可用来表示圆形的零符号。这意味着一个"表示无的数"，即拉丁文里的 nulla figura。霍利

---

① 莎士比亚的戏剧之一。

伍德的约翰[①]（John of Hollywood）于 1256 年在他的《阿拉伯数字系统》（*Algorismus*）一书里谈及提供零符号的第 10 个数字：

第 10 个（数字）叫作 theca、circulus 或 figura nihili，因为它表示"无"。然而，当把它放入合适的位置时，它便赋予其他数字以数值。[47]

15 世纪的一本供商人用的法文算术书里告诉我们：

至于数字 [chiffre]，只有 10 个，其中 9 个有数值而第 10 个无数值 [rien]，它仅赋值给其他数字，叫作零 [zero] 或 [chiffre]。[48]

有趣的是，这两位注释者都写到了 10 个符号，其中包括零在内。我们可想象用手指计数的文明如何可能创制出这样一个计数系统，其中 10 根手指用来表示 0 到 9 的数量而不是 1 到 10。然而，把那第一根手指与"无"联系起来将需要概念上的巨大飞跃。不用说，没有一个手指计数者这样做，可是我们并不知道他们怎么用一只不显露手指的手来直观地传达"他们什么也没有留下"这一简单的信息。[49]

在德语中，表示非零数和零的词之间的混淆状态消失了，他们把非零数叫作 Figuren，而把 cifra 或 Ziffer 用于表示零。[50] 英文词 figure 如同现在一样，是数字的一个同义词，因而 being good with figures（善于计算）成了对具有像计算机那种能力的人的一种惯用夸奖。[51]

有时会遇到用术语 theca 和 circulus（小圆）作为零的同义字。两者都指代零符号的圆形。在中世纪，theca 是打在犯人的前额或面颊上的圆形烙印。

---

① 即萨克罗博斯科（Johannes de Sacrobosco），13 世纪英国数学家、天文学家。

最后的说明

位置是毫无意义的，甚至空间也是这样，除非在它的中心，坐落着一个数字。[52]

——狄拉克（Paul Dirac）

目前为止，我们已了解到关于我们怎样继承现在非常熟悉的数学上零符号的一些历史。零是数这种通用语言的组成部分。虽然现今在我们看来这是显然的，但是只有极少数的古代文明意识到它的必需性，而那些意识到这一点的古代文明中，大多需要它的发明人给予一点推动。按照一个数字在表中所处的位置赋予其不同值，这种系统是人类至今最伟大的发现之一。一旦有这样的发现，就需要发明一个符号以标记表中一个没有赋值的空位。巴比伦和印度文明首先有了这些意义深远的发现，而且他们的发明由于在数学、哲学和科学上微妙的重要性而通过阿拉伯文明传播到欧洲和整个世界。奇怪的是，古希腊人虽然具有非凡的智力成就，却没有这些基本的发现。确实，我们已了解到，他们对世界的探索方法，以及使用逻辑阐明世界的运作，是创造零概念的巨大障碍。他们要求自己的各种概念具有逻辑上的自洽性，因此不能赞同把"无"看作某种"有"的思想。他们缺少一条能使零概念紧密结合进一个实用计数系统的奥妙思路。印度计数系统更有效，并且显然更有效，这个事实足以证明它的传播是有道理的。印度人喜爱把"无"这个哲学概念本身作为一个想要得到的事物，而不仅仅表示别的一切事物都不存在。这使零符号增加了许多其他含义，并保留在现今我们使用的表示"无"的各个词里。"无"以一小步开始，然而它在人类的思维、记载和计算的效用上引起了巨大的飞跃。它在商业、航行、工程和科学上的有用性和有效性保证它一经掌握，便成了一个不会被丢弃的符号。因为，正如拿破仑[①]（Napoleon Bonaparte）指出的："数学之先进与成熟最终是和国家的兴旺相联系的。"

零就像阿拉伯故事里的妖魔，一旦把它释放出来就无法约束它，更不必说消灭它了。一旦出现了词语以代表零符号所表示的概念，它便开始自由地拥有自己的生命，而不受数学上甚至逻辑上的非难的束缚。从最容易定义和控制的地方下手，将其合理化，就这方面来看，数学家曾起了重大的作用。随后的数个世纪里，它会在别的地方带着不同的伪装出现，甚至产生更深刻的后果和具有更不可思议的形式。

---

① 拿破仑（1769—1821），即拿破仑一世，法国皇帝，1804—1815 年在位。

第 2 章

无事生非

在我们身边发现的许多重大事物之中，"无"的存在是最重大的。[1]

——达·芬奇（Leonardo da Vinci）

"无"真是重要。

——奎因（Queen）

欢迎来到"无穷大"旅馆

　　……图书馆包含……"一切"：未来的详细经历、大天使们的自传、图书馆可靠的目录、许许多多错误的目录、真实目录的勘误表、巴西利德斯的诺斯替教派福音书、此福音书的评注、此福音书的评注的评注、一个人去世的真实情况、每本书的各种文字的译本、所有书里对每本书的审改。[2]

——博尔赫斯（Jorge Luis Borges）

　　"无"并非一钱不值，它只是免费的。[3]

——克里斯托弗森（Kris Kristofferson）

和福斯特（Fred Foster）

　　欧洲人对由"无"产生的谜的思想发展，就是掌控一个进退两难的局面的故事。500 年以前，假如你是当时的一位哲学家，你谅必已掌握了"无"的含糊的抽象概念，并说服你的同辈相信"无"终究可能是某种东西——相当重要地，是很值得研究的某种东西。然而假如你是一位职业科学家，一名"自然哲学家"，你会面对更深奥的悖论，即是否存在一个物理学上的"无"：一个绝对真空的空空间。一切之中最糟的是，不管是哲学家还是科学家，他们都冒着遭到当时宗教现状严重反对的风险，让自己的思想误入这种潜在的异端领域。"无"是个终极问题，现在我们也许可把它称为一个"人生意义问题"：它的回答有可能使整个思想体系的基础发生动摇，并已被小心处置，以经受住新概念的扰乱。任何一种具有关于世界起源（世界由此出现）的教义的神学都必须对"无"有个见解。随便哪个回答都不完全像它看上去的那样简单。对"世界在起源之前是什么"的问题答之以"什么也没有",就会引起麻烦了。

我们不会立即想到"无"也许是一种不可能的状态。但有一段时间,对许多人来说不这样想是困难的。柏拉图的有影响力的哲学教导我们,我们周围的事物只是一堆完美的理想形式的不完美表现。这些理想形式便是设计蓝图,一切具体的事物都从中获得其特性。这些形式是永恒、不灭和不变的。把物质世界里的一切具体事物消除后,柏拉图主义者会认为这些永恒的形式仍存在。它们的现代说法是"上帝的意志"。[4] 假如我们设想"虚无"是这些形式之一,那么就不可能想象它的某种不完美的表现形式,后者仍应拥有"虚无"之名。即使仅包含一个东西的真空也根本不是真空。

思考"无"的任何一个人所面临的问题,与思考"无穷大"的人所面临的那些问题没有什么两样。由于我们稳稳地被限制站在以零和无穷大表示的两个极端之间,因此它们都是问题。一开始它们看上去有内在联系。任意数被零除便得无穷大。任意数被无穷大除便得零。但是,这种情况并不像初看时那样具有对称性。对一位数学家来说,零的概念是直截了当、毫无争议的:我们可以看到它的具体示例,比如在一种日用品恰好用完的时候。零服从加法和乘法的简单规则,[5] 然而无穷大却完全是另一回事。在过去,数学界的舆论中有某些思潮曾认为,数学应该只允许讨论能以一步一步的方式计数的有限数量的事物。更惯常的观点则认为,形式上的无穷大在数学上是没有什么问题的,但必须非常小心地处置它们。它们并不服从适用于有限量的普通算术定律。从一个无穷大里减去一个无穷大,仍能留下一个无穷大。例如,所有整数组成的数列

{1，2，3，4，5，…} 中含有无穷个奇数 {1，3，5，7，…} 和无穷个偶数 {2，4，6，8，…}。[6] 从无穷个整数中移除无穷个奇数后，剩下的是无穷个偶数。

希尔伯特旅馆的故事美妙地描述了无穷大问题。[7] 在一家平常的旅馆里只有有限间客房。如果它们全都被占用了，那么谁也无法在这家旅馆里住宿，除非把已有的客人中的一位从他所住的房间里赶走。但对于一家无穷大的旅馆来说，情况就不一样了。假定有一个人来到了拥有无穷多间客房（编号为 1，2，3，4，…）的"无穷大旅馆"的住宿登记处——没有问题：旅馆经理请求住在 1 号房间的客人搬到 2 号房间，再请求原住在 2 号房间的客人搬到 3 号房间，以此类推，一直继续下去。于是 1 号房间就被腾空，供这位不速之客住，而每人仍有一间客房住。

你对于这样的服务感到很满意，因此下一次你到市镇来时重返这家"无穷大旅馆"，不过这次是同你的无穷多位朋友一起。这家有名的旅馆再次客满，但经理仍一样平静。他把 1 号房间里的客人移至 2 号房间，把原住 2 号房间的客人移至 4 号房间，3 号房间里的客人移至 6 号房间，一直继续下去，这就让所有编号为奇数的房间空着。于是有无穷多间空房间可供你和你的无穷多位同伴住宿。不用说，客房的服务速度稍慢一点。

零和无穷大之间的差异在涉及这些"数"的物理实在化时显得极其明显。零是没有问题的——我的车没有轮子——可是无人知道无穷大是否能实际地表现出来。大多数科学家认为不能：在计算中出现无穷大，只不过标志着所应用的理论已达到其有效性的极限，必须用一个新的改进版本取代它，在这个新理论里应该用一个有限的可测量代替数学上的无穷大。在可控的场合下，如液体的流动，我们可观察其中预计要出现虚假无穷大的实际情况，由于看到实际的无穷大没有产生，因此我们能肯定这种情况的更精确的数学模型会"驱赶"被预言的无穷大。然而，存在异乎寻常的情况，如宇宙膨胀的表观开端，我们可以通过观测使自己相信，宇宙中的一切实际上是有限的。这儿所考虑的情形在许多方面是如此之奇异，以至于弄不明白为什么不能出现一个实在的无穷大。然而，宇宙学家对这种情形的大部分研究试图找到一种优越的理论，在这种理论里，宇宙的任一种起源都不伴随着实在的无穷大。

零和无穷大之间另一个不同之处在于它们对人所产生的心理作用。在现代，人们几乎一点也不怕零——除非你的银行存款余额经常为零——可是许多人发觉无穷大的概念是令人敬畏、心惊肉跳甚至恐惧的，正如帕斯卡的著名声明："无限空间的沉静使我恐惧。"这种情绪也不限于 17 世纪。著名犹太哲学家布伯（Martin Buber，他死于 1965 年）提及对无穷大的纯粹思考如何导致他打算自杀：

> 一种我无法想象的必要性侵袭着我：我必须再三努力想象空间的边界或其无边性、有始有终的时间抑或无始或无终的时间，而两者都是同样不可能的、同样无望的……在不可抗拒的逼迫之下，我从一个摇摆到另一个，时常如此临近疯狂，以致我严肃地考虑用自杀来逃避它。[8]

存在主义哲学家由"一切存在都源于人的存在"这一有利立场出发，曾努力从"存在"同"不存在"的对比之中提取某种观念。此类工作中最著名的便是萨特[①]（Jean-Paul Sartre）的著作《存在与虚无》（*Being and Nothingness*），书中包含对"虚无"的内涵和意义的曲折而反复的思索。该书有代表性的内容摘录如下：

[①]　萨特（1905—1980），法国作家、哲学家，存在主义的主要代表人物之一。

　　虚无纠缠着存在。这意味着存在根本不需要通过虚无而被设想，人们能透彻地考察存在的概念，却从中找不到一点虚无的痕迹。但是相反，不存在的虚无，只可能有一个借来的存在，它只是从存在中获得其存在；它的存在的虚无只是处在存在的范围中，而存在的完全消失并不是非存在统治的降临，相反，是虚无的同时消失。非存在只存在于存在的表面。[9]

　　于此，萨特是在与黑格尔（Hegel）所主张的观点——"存在"与"虚无"完全是同等而相反的——进行争论。萨特根本不相信它们在逻辑上能同时产生。它们也完全不像黑格尔主张的那样都是"空洞的抽象概念，且一个同另一个一样空洞"，这是因为使它们不对称的关键特征是"空虚是指某事物的空虚"。[10]它们是十分不同的。

有天赋的希腊人

　　艾丽斯说："我在路上没有看到人。"

　　国王以一种焦急的口吻说："我只希望我有一双这样的眼睛，它们能够看到'无人'（Nobody）！而且也在这个距离内！当然，这便是凭借此灯光我所能看到真人的距离！"

——卡罗尔^①（Lewis Carroll）

　　自从古代希腊人尽力解决这些问题以来，对"无"的思索也像对"无

---

① 卡罗尔（1832—1898），英国数学家、小说家，代表作《艾丽斯梦游仙境》。

穷大"的思索一样受到悖论的困扰。像巴门尼德和芝诺 ①（Zeno）这样的哲学家收集整理了这些悖论，去攻击"无"和"无穷大"概念的自洽性。

对巴门尼德来说，宇宙必定是个统一体。它是有限的，但充满一切空间。对称性要求它在形状上必须是球形的。真空是不可能的，因为它引起"不存在"且与宇宙充满一切空间的假设相矛盾。巴门尼德走得很远，以防止他的宇宙同其他任何地方的真空之间发生任何关系。他主张事物不能从"无"中出现或消失于"无"之中；他质疑这样一种从"无"创生为什么理应发生在某一特定时刻而不是较早。此后从"无"创生的观点的支持者，如辛普利修斯（Simplicius），在回答这个疑问时提出，可能存在一个事件的有序系列，其中事物的各种形式一个接一个地出现。参考这个逻辑序列，我们能断定任一特殊事物出现的年代。

欧洲的基督教力图把两幅神性活动图景结合在一起。一幅是希腊的上帝图像，上帝作为一名建筑师从先在的永恒物质中建造世界。另一幅是关于上帝的犹太传说，上帝作为世界的创造者且世界的一切性质都由"无"中产生。希腊的传说坚持这样的信念：最初一直存在某种东西，世界由此定型。它以这种方式避免了必须同"虚无"的概念打交道，从而也避免了必须同"虚无"所带来的所有哲学问题打交道。希腊哲学家在"空虚"的概念面前退缩了。"混沌"（chaos）这个词本义为"无"，它向我们展示的是与将"无"视为已存在的某物这一观念相伴的无序状态。

巴门尼德及其追随者芝诺等哲学家试图用种种巧妙的论证捍卫他们对"存在"的静止不变性质的信仰。芝诺关于运动的许多悖论是希腊思想中的精华，而且它们从未遭受到其他希腊思想家的反驳，但完全被忽视了。希腊的传统集中在并不变化的元素上：几何学中的点、直线、圆、

---

① 埃利亚的芝诺（约公元前 490—约前 436），古希腊哲学家，巴门尼德的弟子。

曲线和角；算术中的数、比例、和以及积。涉及无限时是令人紧张不安的，而零和无穷大的对立又贴上了标签，提醒对两者都要"当心"。每一方都在思维崩溃的边缘晃来晃去。亚里士多德（Aristotle）把它们两个都视作因果的逻辑结构中两个疏松的挂环。"无"没有动机和效果，没有原因和结果。如果人们想要把一切概念都纳入单一的、和谐的逻辑结构，那么便呈现出一种真正的狼狈处境，正如罗特曼（Brian Rotman）的尖刻评论：

> 对于致力于把世界分类、整理和分解成不能再缩减的最终范畴、客体、事件和属性的亚里士多德来说，从原因和结果中孤立并从感官所能明显感知的事物中分离出来的"存在"的天然结构中，有一片不能分类的空虚、一个无属性的空穴，这一前景谅必已使自己呈现为一种危险的疾病，一种上帝也会拒绝的疯狂，这留给他的只是一个根深蒂固的恐怖真空。[11]

希腊哲学和心理学在其无变化的、"存在"的、不可分割的宇宙中找不到"无"的实在性所要求的那种空隙。因此，"无"就是无法存在。不能从"无"中生有。亚里士多德定义"虚空"为不可能有物体的地方。这一步本该让他迈向许多不同方面的哲学研究，转向东方去深思印度思想家如此热爱的"不存在"和"虚无"概念。然而，他得出"虚空不可能存在"的结论。永恒的事物占据每一个地方。不可能有完全空虚、无存在物的状态。

尽管对"无"有反感，但人们确实偶尔会发现一些自相矛盾的文字游戏，这些文字游戏在17世纪的英国作家中逐渐盛行。最令人惊奇的便是荷马（Homer）在《奥德赛》（The Odyssey）中塑造的尤利西斯（Ulysses）和独眼巨人波利菲摩斯（Polyphemos）之间的冲突。[12]尤利西斯给这个独眼巨人供应大量的酒，削弱他的防卫能力。当独眼巨人问及尤利西斯的名字时，后者答道："我的名字是'无人'（Noman[13]）；我的父母一直这么叫我。"然而独眼巨人发誓要吞吃他，于是尤利西斯抓住机会，用火中取出的一根燃烧着的木杆戳瞎了独眼巨人的眼睛。独眼巨人尖声喊叫着向邻居求援："'无人'用欺诈手段杀我！'无人'用暴力杀我！"可是没有人来援助，仅仅是回答道："如果无人（no man）在攻击你，那么你必定病了；如果朱庇特①（Jove）要人生病，那就实在没有办法了。"尤利西斯及其部下从失明的独眼巨人旁溜走，他们用绵羊毛作伪装顺利逃脱，但当他们扬帆航行到远处时，独眼巨人诅咒他们绝不会活着回到家。

奇怪的是，这部古代的传奇畅销书却没有激励任何其他希腊哲学家关注"无"的悖论。这些悖论很快就使芝诺在一种令人难以忘记的方案中提出了对无穷大的处理方法，正如在图 2-1 中所概述的。

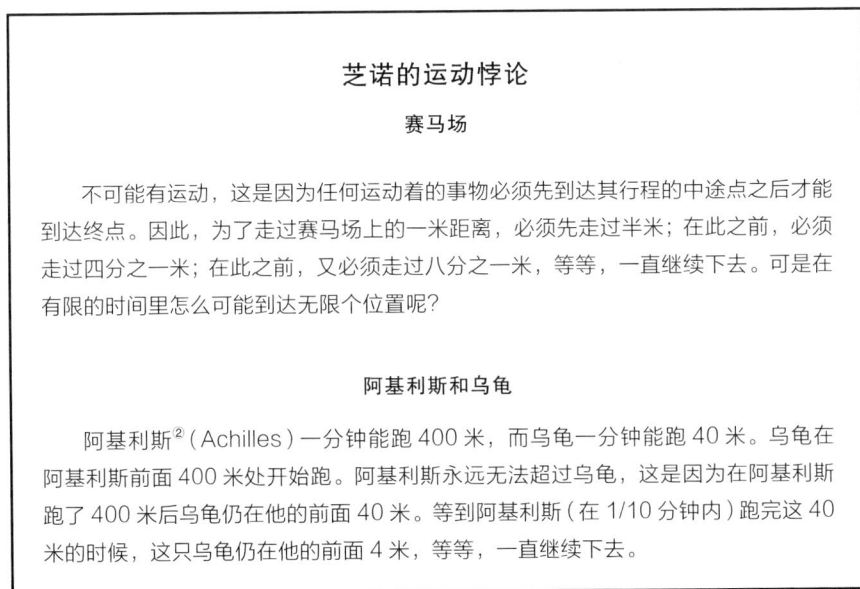

芝诺的运动悖论

赛马场

不可能有运动，这是因为任何运动着的事物必须先到达其行程的中途点之后才能到达终点。因此，为了走过赛马场上的一米距离，必须先走过半米；在此之前，必须走过四分之一米；在此之前，又必须走过八分之一米，等等，一直继续下去。可是在有限的时间里怎么可能到达无限个位置呢？

阿基利斯和乌龟

阿基利斯②（Achilles）一分钟能跑 400 米，而乌龟一分钟能跑 40 米。乌龟在阿基利斯前面 400 米处开始跑。阿基利斯永远无法超过乌龟，这是因为在阿基利斯跑了 400 米后乌龟仍在他的前面 40 米。等到阿基利斯（在 1/10 分钟内）跑完这 40 米的时候，这只乌龟仍在他的前面 4 米，等等，一直继续下去。

图 2-1　芝诺的运动悖论

---

① 即 Jupiter，罗马神话里的主神。

② 希腊神话人物，勇猛无比，除他的脚踵外全身刀枪不入。

希腊哲学在"虚无"的概念于公元前五六世纪一开始出现时就否认它。泰勒斯及其米利都学派首先主张"有"绝不会起源于"无",也不会消失于"无"。他用这种直觉否认宇宙会从"无"中出现的可能性。"无"是一个难以理解的概念,而生活在信奉基督教的西方国家的人们之所以已能愉快地对待它,只是因为两千年的宗教传统。巴门尼德是希腊哲学家中第一个认真对待"不存在",且尽力弄懂其意义的人。泰勒斯把注意力集中在"存在"的属性上,完全忽视了"不存在"概念。巴门尼德坚持"不存在"并不存在,但他对这些概念的研究从未考虑到空空间或没有物质的区域的实际问题:实际地寻找一个也许有可能是空的空间。西西里的恩培多克勒①(Empedocles)在思辨的自然哲学上采取了更为详细的步骤。后来他以跳进西西里岛埃特纳活火山带而灰暗地结束了一生,或许这最终意味着他相信了自己对神学的幻想。

恩培多克勒想象物质含有由一种神秘的轻介质——称为"以太"——组成的许多小孔。设想出世界的这第五种成分是为了在试图解释许多形式的物质的颗粒状结构时避免引入空空间的概念。在根本没有任何物质形迹的地方,恩培多克勒会坚持认为总是有一些这种以太物质,它比一切已知物质(可能除空气以外)要轻,充满着极细微的小孔,从而防止我们对不断在形成的完全真空产生恐惧。值得赞扬的是,他不满足于让以太仅仅是真空的破坏者;他还设想了源自物体内小孔的辐射,于是物体间能以各种不同的方式相互影响。在某些方面,这种直觉具有相当现代的意味。恩培多克勒并不具有"不同物体之间力的作用是瞬时的"概念(牛顿在此后两千年左右才使用此概念),或者说,当磁铁把一个铁片拉向它时,吸引作用需花一定的有限时间才发生:

---

① 恩培多克勒(公元前495—约前435),古希腊哲学家、诗人。

　　为何磁铁吸引铁？恩培多克勒说铁被拉向磁铁是由于两者都发出辐射且磁铁里的小孔大小对应于铁的辐射……因此，只要铁的辐射接近磁铁的小孔并在形状上与它们吻合，铁就在辐射之后被拖拉，从而被吸引。[14]

　　这便是以太信仰的开端，我们将看到它以不同形式一直持续到 20 世纪初为止。它最初的目的只不过是避免不得不容许在物质宇宙中存在空空间，以及使实际空间和物质的图像与"存在"的哲学概念和"不存在"的不可理解性一致起来。

　　恩培多克勒不仅仅是一位哲学家，他还在研究人类的呼吸和空气的本质的过程中做出了一项重要的实验性发现。他解释了他所观察到的盛水用的穿孔容器的某些现象[15]，示于图 2-2 中。

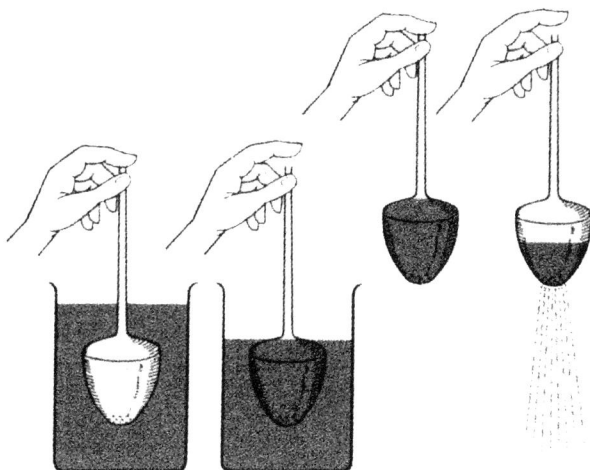

图 2-2　古老的盛水器实验。把穿孔的容器浸没于水中，然后用一个手指盖住它的管口。把此容器往上从水中移出，装盛在容器中的水不会流出；但当从管的上端移开手指时，水便从孔中流逸。"对这种现象做出解释"作为一项向科学家和哲学家提出的挑战一直延续了 2000 多年

他注意到，如果盛水器在空气排出之前就被浸没于水中，那么水不可能流到它的里面[16]：

正如一个女孩玩发亮的黄铜制的盛水器——在她用手捂住管口之后，把此容器沉入银光闪闪、形状可变的水中，此时大量的空气由内向外压在许多孔上，使水无法进入容器中，直到她打开压缩的（气）流为止。此后在空气流出的同时，等量的水会流入。

关于地球大气层里的空气所施加的压力，他几乎就要推断出什么东西来了。两千年后，托里拆利才对这种类似装置的行为做出了正确解释。

阿那克萨哥拉①（Anaxagoras）和恩培多克勒一样，生活在公元前5世纪中叶，起先在爱奥尼亚②，后来在雅典工作。像恩培多克勒一样，他也否认空空间的存在且坚信世界"本原"（essence）的守恒性。这个守恒原理意味着事物不能由"无"中出现，也不能消失于其中。这种思想类似于现代的能量守恒概念。阿那克萨哥拉把"创生"看作在原始混沌状态中引入有序性，而不是看作世界从"无"中诞生。他还使用此守恒原理去理解事物如何从一种物质转化为另一种物质；例如，我们吃的水果和其他形式的食物怎样能转变成肌肤和骨骼。他相信必定有某种东西在所有这些变化中转移，相信一切形式的物质里存在"种子"，它们只能转移而既不能创造也不能消灭。"因为在万物之中都具有万物的一部分。"人们甚至会把这些种子看作近代化学中的分子。然而这些要素被认为是无限可分的，因此空间能连续不断地充满着物质。无须恩培多克勒的小孔，也没有空空间的存在余地。

---

① 阿那克萨哥拉（约公元前500—约前428），古希腊哲学家。
② 小亚细亚西岸中部及其附近爱琴海岛屿古称，曾为古希腊工商业和文化中心之一。

阿那克萨哥拉和恩培多克勒一样对盛水器很着迷，并重复了这个实验，把它扩大到内装压缩空气的皮酒囊，用以证明当皮囊伸长时空气给出了一个阻力。由此，他得出结论：空气与空空间并不是一回事，我们没有观测上的论据证明空空间的存在。他是一位敏锐的思想家，是认识到我们对世界的观察受到了我们的感官所存在的弱点制约的第一位哲学家。我们确定一个事物是否真正不同于另一个事物的能力（他最喜爱的例子是辨别非常相近的颜色浓淡）只是我们的感官的反映，而且由于"感性知觉的缺陷，我们不能判断其真实性"。我们的感官在从它们不能完全认识的更深刻的实在事物中抽取部分信息。他的这些思想被继他之后的希腊原子论者用作他们的世界图像的基本特征。

原子论者坚持一切物质均由极微小的不可分粒子——原子（希腊文 atomos 的意思是没有成分）——组成，它们是永恒的、不可分的和不可改变的。原子穿过空空间运动，它们处处不同的聚集度造就了密度的变化和不同形式的物质的特殊性质。这幅强有力的世界图景简洁而普适，因此十分吸引人。它首先由米利都的留基伯[①]（Leucippus of Miletus）于公元前 5 世纪中叶提出，然后由他的学生德谟克利特[②]（Democritus）进一步发展，最终由萨摩斯的伊壁鸠鲁（Epicurus of Samos，公元前 341—前 270）提升为一套完整的哲学体系，从此以后，它变得众所周知。虽然如此，现今它最难忘的明确表达只能在公元前 60 年前后罗马诗人卢克莱修[③]（Lucretius）为纪念伊壁鸠鲁原子论所创作的著名散文诗《物性论》（De Rerum Natura）里找到。

---

① 留基伯（约公元前 500—约前 440），古希腊哲学家，原子论的创始人之一。
② 德谟克利特（约公元前 460—约前 370），古希腊哲学家，与留基伯并称为原子论的创始人。
③ 卢克莱修（约公元前 99—约前 55），古罗马诗人、哲学家。

留基伯因引入"物质是由完全相同的基本单元构成的"概念，并认真对待确实存在原子在其中运动的所谓"空空间"的思想，因而做出了双重贡献。绝对真空第一次被严格地作为自然哲学的一个公理性部分使用。由于世界被划分为原子和它们在其中运动的虚空，所以要使任何运动或变化成为可能，必须要有真空。留基伯提醒我们[17]：

> 除非存在一个自身独立存在的虚空，否则"事物"无法运动——且因为无法使事物保持分离，所以事物也不可能有"许多"。

原子会在稠密度、形状和位置上不相同，但它们不能从"无"中出现或消失其中。原子的这种不变性排除了它们包含真空区域的可能性，它们必定是坚实的，在大小上是有限的。也许值得注意的是，留基伯曾作为一名弟子在埃利亚哲学学派待过一段时间，芝诺曾在那里工作过，他关于无限的悖论也在那里得到过许多研究。芝诺已表明：如果考虑一个无限平分事物的过程，某些稀奇古怪的悖论就会出现。例如，他关于运动的悖论之一引我们沉思，（比如）走到一米远处的房门这件事会如何发生。我们必须先走过半米，于是必须先走过四分之一米，于是又必须先走过八分之一米，等等，以至无穷。由于我们必须走过无穷多个距离，所以看来我们将永远无法到达门口！可以任意缩小的事物引发的棘手问题，或许才让留基伯认识到，构成物质的原子单位尽可能小，才能避免此类悖论，这一点很重要。也有物理学上的原因。伊壁鸠鲁认为允许物质无限可分将导致它的本性不可逆地破坏，最终"不存在"，抑或产生物质的集合体——它们太易碎而不能持久。因为它勾画出了数学实在和物理实在之间的鲜明区别，所以这是具有深远影响的一步：对于前者，任何数量的无限等分都是可能的；而对于后者，则不是。你不得不选择将哪个数学结构应用到物质的实体上。

按照伊壁鸠鲁所说 [18]，原子也必有最大可能的体积以解释为何它们不能用肉眼看见。德谟克利特在这一点上保持沉默 [19]，但他同意所有其他原子论者的观点：宇宙中的原子数目如它的大小和寿命一样是无限的。因此，他们的宇宙概念类似于一个无限大体积的真空，其中充满运动着的、坚实的、不可分的且具有不同大小和形状的粒子。[20] 卢克莱修富有诗意地描述这些难以察觉的原子的随机运动如何能产生看上去是稳固和不变的日常物体 [21]：

　　虽然所有的原子都在运动，但是它们整体看上去处于完全不运动的状态……这是因为原子全都不在我们的感官范围之内。由于它们本身是肉眼看不见的，它们的运动我们也必然观察不到。确实，即使是看得见的物体，位于远处时，它们的运动也辨识不清。在小山坡上时常有披毛如絮的绵羊在吃丰泽的青草时缓慢地向上爬行，它们忽左忽右，为闪耀着清凉露水的青草所引诱，而吃饱的小羊则快活地蹦蹦跳跳或抵角嬉戏。然而，当我们从远处凝视时，我们只看到一个模糊的斑点——在绿色山坡上的一个静止不动的白斑。

在原子论者的被虚空隔离的原子图景和毕达哥拉斯 ① (Pythagoras) 对数的描绘两者之间可作一个奇妙的对比。毕达哥拉斯及其追随者相信，万物皆可用数表示，且这些数本身具有内涵，它们不仅仅是表示事物间关系的方式。如果两个完全不同的事物共同具有一个元素"三"或"五"，那么它们就由于一种基本的和谐密切地相关。像原子论者一样，毕达哥拉斯学派要求存在虚空以保持事物的本性。对于原子论者来说，它正是分开原子并容许它们运动的空空间。对于毕达哥拉斯学派来说，万物皆数：虚空存在于数与数之间。亚里士多德转述了毕达哥拉斯学派

---

①　毕达哥拉斯（公元前 580 到前 570 之间—约前 500），古希腊哲学家、数学家。

的主张 [22]:

存在虚空……正是虚空使事物千差万别，虚空成为类似于事物间的分隔物或间隙的东西。这首先对于数是正确的，因为虚空使它们各不相同。

原子论者并不是对真空具有强有力见解的仅有的古代哲学家。从公元前 3 世纪起，关于事物的本质出现了一个完全不同的理论。这种理论称为斯多葛学派，其第一批拥护者选择在雅典商业中心北侧的一个画廊 [古希腊叫作斯多亚（stoa）] 中聚会讲学，因而该学派得名 stoic（斯多葛）。该学派创始人是季蒂昂的芝诺（Zeno of Cition，不要与提出悖论的芝诺相混淆！）、西利西亚的索利的克里西伯（Chrysippus of Soli）以及叙利亚的阿帕梅亚的波塞多尼奥斯（Poseidonius of Apamea）。

与原子论者的信条完全相反，斯多葛学派相信一切事物都是连续体，由充盈于万物之中的精神——火和空气的一种弹性混合物——"元气"（pneuma）结合在一起。在世界的各个组成部分之内和之间都不可能存在空空间，但这并不意味着根本不可能存在任何空空间。十分不同的是，斯多葛学派的宇宙是由弥漫着"元气"的物质组成的一个有限的连续的岛屿，但坐落在一个无限的空空间之中。[23] 虚空是未知的世界，而"元气"与组成世界的成分结合在一起以免它们向外扩散到无形的虚空之中。

现在，斯多葛学派的观念是令我们感兴趣的，这是因为"元气"是"空间充满着无所不在的流体 [即以太（它能接受作用并对其他物质的作用起反应）]"这个持续了很长时间的概念的前身。斯多葛学派把他们的"以太"想象成一种介质，通过它可传播声或其他力的作用，正如在某一位置扰动水表面时，我们能看见波浪在水面上向外扩散而在别处产生作用，使附近漂浮的树叶上下振荡。

令人诧异的是，无论是原子论者的观点还是斯多葛学派的观点，在此后的 1500 多年间并无影响力。而占统治地位的自然界图景则是亚里士多德的世界观，它源于希腊文明并将其本身与犹太-基督教的世界观紧密结合在一起。亚里士多德解释自然现象的方法以寻求运动和变化的目的为主。虽然这种目的论的观点有助于理解自然界里的行为，也有助于研究人类心理学，但它对物理学和天文学问题的研究来说是一个真正的障碍。亚里士多德的"自然"图景是极其有影响力的，而他关于真空的观点在文艺复兴之前一直作为公认的观点而流行。[24] 他舍弃了真空存在的可能性，真空既不像原子论者主张的那样存在于世界中，也不像斯多葛学派相信的那样存在于世界之外。亚里士多德的宇宙在体积上是有限的，它包含了已存在的万物，它是充满着物质的连续体，空间由它所包含的物体确定。然而不同于斯多葛学派所提出的动态以太，亚里士多德的连续以太是静态且被动的，永远静止不动。

伊斯兰艺术

> 谦逊者依靠沉默的力量把灵魂聚集到单独的一点上。一个真正谦逊的人没有被别人知晓或赞赏的欲望，只希望把自己塑造成自己的样子，逐渐变成不存在，似乎他从未出生一样。等到他完全把自己隐藏在自己的里面时，他就完全与上帝同在。[25]
>
> ——尼尼微的艾萨克（Isaac of Ninevah，公元 600 年）

如果与古希腊或此后的西方具象派艺术相比，伊斯兰艺术中的精致拼花工艺和镶嵌装饰看起来像数学艺术的一种古老形式：计算机出现之前的计算机艺术。这些艺术品的古代创作者巧妙地使用了分形和近代砖瓦图案结构，我们可将之描述为一种禁止表现有生命事物的传统。图案非常充分地显露他们的宗教观点：唯独造物主是无限的，唯独造物主是完美的。然而通过创作显然是无限图案的有限部分，就有可能以一种谦恭而令人激动的方式捕捉到造物主的一点点形迹。图案的部分特征足以加强（与造物主的无限性对比）人类的脆弱性和有限性。

伊斯兰艺术以创作出可无限重复的规则图案把思维引向无限。荷兰艺术家埃舍尔（Maurits Escher）以及受他启发的数学艺术设计者的作品，早已让我们熟悉了这些图案。1898 年出生在荷兰吕伐登的埃舍尔作为一名风景画家开始其艺术生涯，他画地中海沿岸的小城镇和乡村。可是他的艺术风格在 1936 年夏改变了，他参观了西班牙格拉纳达的阿尔汗布拉宫，看到了这些难以置信的图案（图 2-3）。

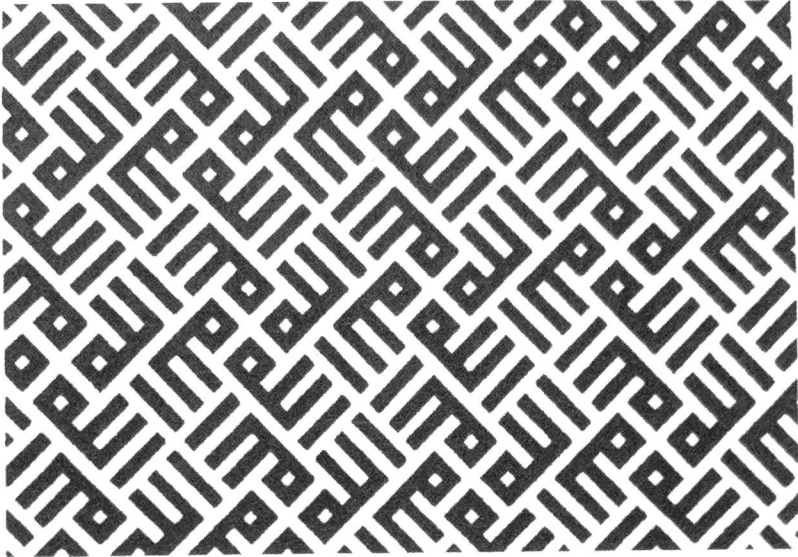

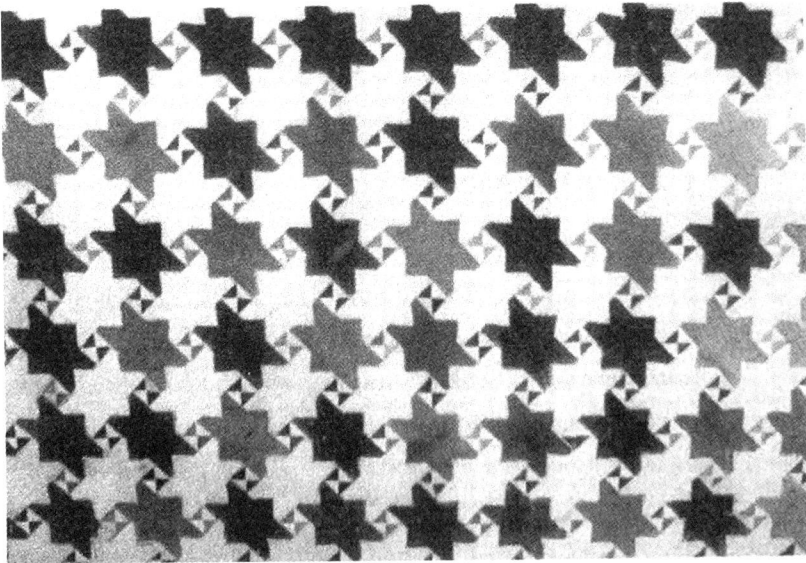

图 2-3　伊斯兰装饰图案：源自阿塞拜疆的巴德拉（上）和西班牙格拉纳达的阿尔汗布拉宫（下）

埃舍尔对他所看到的精致图案以及这座 14 世纪摩尔人宫殿的建造者所具有的难以置信的几何精确概念感到震惊。他花了许多日子研究这些错综复杂的图案及其出现的周期性，并由此发展了自己独有的综合表现对称性和不可能性的风格。与阿尔汗布拉宫里的图案不同，埃舍尔用生物——鱼、鸟、带翅膀的马和人——的图像使他的图案富有生气。他说，这种借助于可辨认的图像来表示抽象的方法，是他对这些图案"永远兴趣盎然"的原因。

在伊斯兰艺术中，我们可看到人们是怎样赞美希腊人所恐惧的无穷大的，他们使它成了自己的艺术创造的神秘工具。尽管并未完全进入中心舞台，但它从未远离舞台的两侧。对零和无的处理似乎是很有信心的。伊斯兰艺术家把空隙仅仅视作待填充的虚空，而不是把"无"视作哲学上的困惑，像清扫地毯下面的灰尘一样肃清它，一个空处也不留下。艺术家用各种精致图案来填充带状饰品和表面。[26] 这种主张似乎是世界上各种人类文化所共有的，不管人类学者往哪里瞧，他们总能找到精巧的装饰品。我们就是不喜欢空空间。犹如玛雅人需要用一个表示无的形象填充他们以象形文字表达的数学图表，人类的思想一直在渴望用图案和别的什么填满一切空隙。杰出的艺术史家贡布里希（Ernst Gombrich）把这种装饰冲动称作空白恐惧症（horror vacui）。它激发了大量历久不衰的艺术手法，有时联结各个不同部分，有时填充空间，塑造出越来越复杂的网络。

圣奥古斯丁

奇迹是可以解释的，它的解释便是奇迹。

——蒂姆·鲁滨逊（Tim Robinson）[①]

在中世纪和文艺复兴时代的思想里，关于"无"的悖论变得与基督教神学的教义和传说交织在一起。这些教义是建立在犹太传统之上的，这一传统避开了"无"，因为"无"是上帝的对立面。上帝的明确行动是由"无"中创造世界。还能有什么更有力的证据表明"无"是某种不受欢迎的事物呢？它是一种没有上帝的状态，一种上帝已采取行动把它清除的状态。"无"是被湮没的地方，上帝的反对者和敌人被遣送到那里。任何想产生一个虚无状态，即空空间的欲望，就等于企图尝试唯独上帝能做的事，抑或等于把自己从上帝的统治区域中清除出去。上帝独自从"无"中创造万物，这是基督教信仰的一条基本教义。认真地谈论虚空或空空间则属于无神论，因为这默认了宇宙具有上帝并不存在的地方。

在力图把希腊人对虚空的恐惧和基督教关于从"无"中创生的教义综合起来的思想家中，希波的圣奥古斯丁（Saint Augustine of Hippo，354—430）是最富有革新精神的一位，图 2-4 中展示了他的画像。他对"创生应意味着什么"具有较广博和深邃的见解。需要更多一点什么：不止纯粹是先在的原始物质变形进入了一个有序的宇宙，不止远古时代某个时刻宇宙揭开帷幕。更确切地说，必须找到世界连续不断地存在的根

[①]　蒂姆·鲁滨逊，美国作家、编剧。

据，必须对时间和空间本身做出解释。对他来说，创生完全是"使之形成"，因此虚无是紧挨着上帝所维持的状态的先期状态。这使其属性变得更消极，不再仅是在现今宇宙中不存在而已，它意味着远离上帝。

图 2-4　圣奥古斯丁

奥古斯丁把"无"与魔王等同起来：它表示完全脱离上帝、丧失一切属于上帝的东西、罪恶的最终状态、与上帝的恩典和存在完全对立。

"无"代表最大的邪恶，是他相信并不存在的"某种事物"。这种提法使奥古斯丁陷入危险，因为通过把"无"引进上帝的领地，他承认了上帝在创造世界之前缺少了什么。他规避了这个困难，并且凭借上帝创造世界时也创造了时间的主张，规避了关于时间开端的其他问题。对于时间的最初瞬间来说，没有"以前"，因而在上帝需要改变不满意的事态时，没有时间。

这些片断的神学把戏不能完全令人信服，因而数世纪后阿奎那[①]（Thomas Aquinas）创立了更充满否定性的神学，其中上帝的特征只能用否定的方式谈论：上帝是没有大小的、没有时间性的、不可改变的，等等。阿奎那把世界的创生视作"无"在上帝的一次创造性转变行动中的湮灭，以此支持亚里士多德学派对"无"的厌恶。然而，尽管有了这种小心翼翼的界定，在 10 世纪到 13 世纪期间，教会对"无"及其数学表示仍显得谨慎。教会努力把"无"局限于算术符号的范围之内，在那里零被归属为算盘上一个无害的占位者，而没有已被印度人接受，但被希腊哲学和基督教神学的结合体所厌恶的哲学含义。

神学著作具有两条思路：一条是描述涌现出创生的虚无的本质；另一条强调虚无以及一切暂时事物的短暂性。两者都旨在反驳二元论的异端邪说，即世界是由先在物质而不是由"无"中创生出来。第一条思路为重要的神学论述所独占，而第二条思路体现了形而上学的空想家在试图证明，在事物的宇宙框架中所观察到的尘世的虚无。[27]

重要的是，虽然基督教的教义包含了从无中创生（creatio ex nihilo）的概念，但它并不包含创生由"无"引起的思想。创生的动机[28]来自上帝，而不是虚空的某种潜在性质。上帝始终存在，只是宇宙正好缺少一

---

① 阿奎那（约 1225—1274），意大利基督教神学家、诗人。

个实质的动机以开创它的结构。阿奎那认为，如果有绝对的"无"——根本没有宇宙、没有上帝、没有神——那么没有任何东西能出现。假如要产生一个造物，它本身便必须存在，以赋予它一种实在性，阿奎那声称这是荒谬的。所以如果绝对的"无"在过去曾经存在，那么现在就什么都不存在了。[29]

中世纪的迷津

可是，如果有一个上虚空和一个下虚空，一个内虚空和一个外虚空，那么一心一意要逃出虚空的人必须具有某种可以想象的灵活性。[30]

——亚当斯

中世纪是很容易被略过的，似乎它曾是黑暗和欺骗的时代，是科学思想史中的"接待室"，等待着哥白尼、伽利略和牛顿的到来。然而为了理解空间和真空的科学概念为什么会以这样的方式和时间发展，有必要了解一下，从亚里士多德思想占统治地位到18世纪初牛顿和莱布尼茨之间的争论为止，人类对于"无"这一概念的思考是如何发展的。各种肤色的学者为协调诸如空间、无穷大和真空的本质这些论题奋斗了五百多年。他们要把所有这些概念同上帝的本性和能力联系起来，所以这任务变得更为艰巨。亚里士多德的哲学与基督教信仰相结合创建了一个复杂的哲学思想网，它在神学上的一致性比单纯将实验事实同化更重要；这不是因为这些事实被视作几乎毫无关联，而是因为它们的意义往往是含糊的，可以通过与其总体世界观相一致的不同方式，体现于世界模型之中。

亚里士多德以逻辑上前后矛盾为根据[31]摒弃了单独的真空能存在的想法，造成在中世纪初，人们几乎普遍相信自然界憎恶任何真空状态的创造或持续。几乎所有学者都相信在我们所体验和看到的宇宙空间内不可能创造一个真空，即所谓的宇宙内虚空（intracosmic void）。当转而考虑在有限的、球形的亚里士多德式宇宙之外存在一个无限的宇宙外虚空（extracosmic void）的可能性时，情况便变得更复杂了。这种思想在 14 世纪开始得到信任，并在此后的三百多年里逐渐被非常广泛地接受。

中世纪哲学家继承了亚里士多德强烈反对真空的见解。为了不在自己关于真空不存在的主张中留下任何漏洞，亚里士多德小心地定义了真空。他把真空描述为在其内部物体可能存在，尽管实际上不是这样。亚里士多德试图表明，如果承认真空的概念，便会使宇宙瘫痪。由于在真空里的每一处和每一个方向上必定是相同的，在真空里就没有理由以这样或那样的方式运动，因此运动是不可能的。既无"上"又无"下"，因而对事物来说无法进行它们的"自然"运动。无论如何，如果运动确实发生了，它便会永远地继续下去，因为没有介质会对运动产生阻力。[32]永久运动是归谬法的结果。对一个运动物体来说，在这种完全均匀的虚空里无论停止在什么地方都毫无意义：为什么它应停止在这个地方而不是另一个地方呢？

在 13 世纪和 14 世纪里，学者们把很大一部分注意力放在这种理念上：自然界并不喜爱真空的出现，故总是采取行动以便消除它或阻止它的发生。像往常一样，仍然有不同的意见。有些人——严格的亚里士多德学派——坚持认为制造即使只存在一刹那的完全真空也是不可能的。其他人则赞成容许真空短暂存在，只要发生的事件必然克服它并以空气或别的物质迅速再充满它。他们并不相信能存在稳定的真空。

　　罗杰·培根①（Roger Bacon）等一些学者对自然界有一条否定性的定律感到不快。"禁止真空"之类的法则不可能是最基本的，它必定是关于自然界运行的一条更深层的肯定性原则的结果。否定性原则是非常有力的否决或禁止，然而它们容许太多并未见到的情况发生。作为一个具体例子，关于恩培多克勒的盛水器（或漏壶）的运作有许多争议。培根认为禁止真空的形成不足以解释所见到的现象。通过容器壁的向内塌落完全也能避免容器壁内形成真空。为什么自然界选择紧紧抓住水而没有让容器壁的内凹？是什么原则决定的？

　　另一个使中世纪学者备受压力的极佳难题是卢克莱修首先注意到的一个简单例子。[33] 它是关于分开两个光滑平面，比如两块平板玻璃或金属薄板的问题，如图 2-5 所示。如果它们开始时完全接触，然后突然被拉开，那么当它们在分开之际必定短暂地形成真空：两薄板之间必定有一个从什么也没有的状态到其间有空气的状态的变化。对这个问题，卢克莱修的古老说法是[34]：

　　如果两物体由彼此表面广泛接触的状态突然弹开，那么介于两物体之间的一切空间在被空气占据以前必定是虚空。不管空气冲入各处有多快，留下的整个空间不可能即刻被填满。空气必须一点一点地占据，直到它占满整个空间为止。

　　这种研究问题的方法使我们清楚看到了人们的创造性以及中世纪对这些问题的严肃关注。[35] 正如我们将看到的，神学的赌注高得惊人。

―――――――――

① 培根（1214—1294），英国科学家、哲学家。

图 2-5　两平行薄板滑过它们的接触面

经院哲学家力图证明，培根和其他人重新发现的这个古老的难题并不容许产生真空，哪怕是昙花一现。有人声称如果两块薄板彼此滑过并保持完全平行，原则上板面之间确实可形成真空，但实际上这种情况从未发生过。板面之间会产生微小的角度，于是空气进入并一点一点地充满两表面间的空隙。培根反复讨论此问题，认为如果两个互相平行的光滑平面处于完全接触状态，它们便不能被分开（曾对此做过试验的人认为这是事实），除非它们最初是倾斜的。自然界对真空的产生施加了阻力。

培根的英国同胞伯利（Walter Burley）识破弦机，指出表面之间的倾斜根本不会产生原则上的差别。暂时的真空仍会形成，只不过其持续的时间短于当两块薄板分开时彼此平行的情形罢了。更深入地探索之后，他指出完全平行的表面并不存在；但这不重要，即使真正的表面也总是显示出极微小的起伏，接触点局限于偶尔的突出处，要论证一个暂时的真空必会形成，只需单独一个接触点。此接触点一消除，真空便必定在瞬间产生。

这种推理方向的一位著名反对者是帕尔马的布拉修（Blasius of Parma），一名研究运动和流体流动的学者。一方面，他认为两块薄板以平行运动分开而不形成真空是可能的，只要空气的粒子在恰当的时间内以恰当的速率运动，虚空间一经形成就立刻被充满。[36] 另一方面，他采用了一个使人联想起芝诺的十分有趣的观点：真空绝不会形成，是由于它的存在没有最初时刻——如果你认为有，那么平分它，然后再平分，以至无穷。布拉修否定了薄板分开的最初时刻的逻辑可能性，试图排除原本会使真空（即使是最短暂地）出现的薄板表面瞬时分开的可能性。

尽管这些意见具有独创性，然而解决这个两难推论的、被最广泛接受的方法却与亚里士多德当年处理一个十分相似问题的方法相近。亚里士多德曾认为总会有一些空气陷于相接触的两个表面之间，正如在水中相接触的两个表面的界面总是湿的一样。大多数人曾把此视作表面接触问题的结论性和简明的解答，直到培根提出一个异议。他说，忘记这两个固体的表面吧！它们仅仅是总使一些空气被陷于两表面之间，而令真空难以形成的一种装置。假定改为只有一个固体表面，考察它与周围的水的界面。没有什么东西位于固体表面与水之间，于是无论它们何时分开，瞬时的真空必定形成！[37]

伯利以声称，在液体和固体的界面处仍有一薄层空气作为回应。当你着手把它们分开之际，空气迅速扩展并充满任何潜在的空虚空间（void space）。然而如果空气尽可能稀薄，并且没有进一步扩展的余地，那将怎样呢？伯利以回应，在此情况下，固体表面和水面应不可分开。使它们分开的唯一办法将是把其中一个弯曲，这样就产生了倾斜面，他和培根两人都相信这是分开物体而不产生真空的唯一方法。

尽管伯利借助一个特殊的物理过程来避免真空的出现，他仍感到需要比这个过程更有力的来自不可控的自然事件的保障。假如有一块重石头落向地面，其表面和地面中间的所有空气被驱赶出它们最先相撞点处，那将怎样呢？那里将有一个瞬时真空吗？为了阻止所有的空气被驱赶，他求助于一种天力[38]，它防止空气"受到石头的影响，因为石头被至高无上的力量牵制住了，它竭力试图阻止真空的出现"。如果自然过程不足以解除形成一个实在的真空这一威胁，那么就需要依靠这种超自然力量的宇宙力来监督阻挡"无"从有中创生。在颇有争议的盛水器的例子里，可援引这种神圣的力量来解释为什么水表现得"不合乎自然规律"：水并不往下落，容器壁也没有内凹，以此阻止真空的形成。此类解释使人联想起《正是那样的故事》（*Just So Stories*），这不怎么具有说服力。遗憾的是，这种神圣力量在控制真空形成时令人烦恼地前后不一。其他人很快便指出，在别的场合里，宇宙力的确选择使容器壁变形以阻止真空的出现，比如当水结成冰时所发生的。

　　与这些关于自然界阻止宇宙内虚空创生的各种途径的详细辩论同时存在的，还有持续数世纪的关于宇宙外虚空——物质宇宙外的真空——是否存在的争论。亚里士多德曾短暂地思考过这个概念，但他把它连同存在多个世界的整个思想一起舍弃了。他把真空定义为在其中"有物体存在是可能的，然而不是真实的"，这便会导致这样一个结论：由于宇宙的"外面"没有物体存在的可能性，因此没有真空。如我们看到的，在这个方面，他同斯多葛学派认为存在着无穷多个宇宙外虚空的观点正好相反。

　　宇宙外虚空给中世纪哲学家带来了更多的两难推论。它被想象为由"想象中的"空间所组成，即甚至物体不存在时也能想象它存在的空间。我们能想象各种各样似乎永远继续着（就像数的一览表一样）的事物，而这些事物可想象为"生存"在这个无限的想象空间中。[39] 尽管它不可能含有普通的事物，但它的一个性质被证明在这些概念的随后发展中起到了决定性作用。它完全被上帝的存在所充满，它既是上帝无限广大的表征，也是上帝实现并维持无所不在的方式。当涉及确认它的性质时，这明显缩小了选择余地。如果试图使宇宙外虚空变得有限或赋予它维度，就是在冒险得出关于上帝本质的一个异端结论。为了让上帝保持无所不在而又不可分割,上帝必须整个处于宇宙外虚空的无限空间中每一个单独的点上:这个空间"是一个无限的球面,它的中心处处皆是,它的周界则哪儿也不是"。[40]

这些早期争论的关键时刻出现于 1277 年,在著名的"巴黎宣告"(Paris condemnations)中,唐皮耶(Etienne Tempier)主教力求重申上帝拥有做其选择的任何事的权力的教义。在唐皮耶干预之前,神学家中间有一个广泛流传的信仰,即亚里士多德的哲学表明上帝以各种不同方式受到约束。例如,上帝不能使 2+2=5;上帝不可能创造多个世界;此外,不可避免地还有一个禁令,即上帝不能叫事物运动——这会产生局部的真空。通过否定这些对上帝权力的约束,唐皮耶主教为宇宙外真空留下了余地。因为如果有许多世界存在,那么介于它们之间的是什么呢?如果上帝居然选择使我们的整个世界沿直线运动,那么在它以前的地方留下了什么呢?"真空"就是提词者在舞台两侧低声道出的答案。然而如果你没有听到这个答案,那么在向这位主教提醒上帝不能创造真空时就得小心。1277 年之后,真空变成可容许的了,这是因为任何试图把它排除出哲学范畴的努力都等同于限制上帝的权力。

中世纪存在的另一个重大问题是:真空在创造世界以前是否已存在?亚里士多德曾否认世界(或别的任何事物)可从"无"中创生的可能性。亚里士多德关于一个永恒的、自存的宇宙的原始方案有个缺陷,它同基督教教义发生了冲突,因此,更具吸引力的选择方案是世界从已存在的、什么都不包含的虚空中创造出来。然而这并不意味着它本身就完全没有问题了。它要求存在某种表面上看来与上帝无关且永恒的事物。正是这种立场引起了诸如"上帝在创造世界之前在做什么?"这样的问题,并产生了奥古斯丁的回答：像时间和空间这样的实体是同宇宙一起被创造出来的，所以没有"以前"。

到了 16 世纪，潮流已开始改变。卢克莱修著作被遗失的著作原文重新被发现，以及对希罗①（Hero）所做的古老的压力实验进行的解释，引起了对亚里士多德教条的冲击。人们对容许真空形成的恐惧消除了，对存在一个无限空虚空间的态度也有了转变，这将改变上帝与这个空间的关系，从而最终导致关于空间和真空的本质在科学上和神学上的争论的完全分离。

在 16 世纪和 17 世纪初，那些开始赞成斯多葛学派宇宙学——有限的宇宙被一个无限扩展的虚空包围着——的人对于周围的虚空所具有的许多属性完全取得一致意见：它是处处相同的、不变的、连续的且不可分的，并且不给予运动以阻力。但新出现的问题便是，在上帝与这个无限空虚空间的关系上不一致性日益显著。著名的原子论者如伽桑狄②（Pierre Gassendi）否认这个无限虚空与上帝的特质有任何关系。哲学家莫尔③（Henry More）提供了第三条途径，他在把空间视作上帝的一种属性的同时，也把上帝视作一个无限扩展的"存在"。莫尔的观点令人感兴趣，主要因为它似乎影响了牛顿对空间的观点。牛顿将上帝视作无处不在的三维存在和自然界数学定律的幕后支持者。的确，他为上帝存在引入了一种目的论（design argument）的新论据，他求助于自然界定律的偶然结构，而不是将其结果作为幕后伟大设计师存在的论据。[41]牛顿坚信斯多葛学派关于一个有限世界被一个无限空虚空间所包围的图像。他能想象空空间，但不能想象空间本身的不存在。因此空间是完全独立于物

① 希罗，公元 3 世纪的希腊科学家。

② 伽桑狄（1592—1655），法国哲学家、物理学家和天文学家。

③ 莫尔（1614—1687），英国哲学家。

质和运动的某种事物。它是宇宙的活动场所，物质能在其中存在、运动和受引力作用。牛顿写道[42]：

> 我们不把世界看作上帝的躯体，也不把它的不同部分看作上帝的各个部分。上帝是一个始终如一的"存在"，他没有器官、肢体或各个不同的部分……他存在于各种事物本身之中。并且由于空间是无限可分割的，物质不必在各处出现，这也使上帝能够创造具有不同大小和形状、不同空间比例，或许还有不同密度和作用力的物质粒子，从而改变自然界的定律，在宇宙的各个部分形成各种类型的世界。至少我看不出在其中有什么矛盾。

对牛顿来说，宇宙外虚空完全是真实的，根本不是虚构的。在为出版社准备自己的著作《光学》（*Opticks*）的 1706 年版本时，他曾考虑在他的"询问"表——有关物质世界的一系列影响深远的问题和推测——中加入最后一个问题[43]：

> 空无一物的空间被什么充满着？

牛顿关于宇宙外虚空的实在性及其与上帝的关系的这些观点被其支持者塞缪尔·克拉克（Samuel Clarke）在与莱布尼茨的一场著名辩论中明确表达出来。莱布尼茨从根本上不同意牛顿的观点。他否认无限虚空的存在并反对牛顿把它与上帝的无限广博等同起来的思想。他了解要维持上帝和空间之间的关系是多么困难，并反对任何这样的尝试。最终，莱布尼茨把上帝与空间分开的观点在哲学家和神学家中间流行开来了，纵然科学家们保留了牛顿的无穷大空虚空间。

牛顿的上帝不再处于物质世界以外的虚空之中。经院哲学家的重大思想——上帝与空间的本质及其无限广博有着千丝万缕的联系——存在了很长时间，足以影响牛顿关于世界以及支配它的运动和引力定律的重大概念，可是到了 18 世纪末，空间问题的神学面貌遭到了质疑。解释上帝在空间中无所不在的提法已失去可靠性，在理解人们所看到的事物时它起不到更多的作用。因此，全能之神可被移去，而不会有反响波及神学领域。逐渐地，正是上帝的超然存在而不是他的无所不在，成了神学家讨论上帝的中心话题。一旦这种转换完成，上帝在被天文学家当作具有物质和运动的有限世界之背景的无限虚空中就不再需要位置了。它是一个最终容许进行数学推导而并不需要神学信仰的舞台。对科学家来说，探索真空最终显得安全了。

作者和读者

我们的冬季帐篷现打折出售。[44]

——埃文河畔的斯特拉福德野营用具店广告

不是每一个人都如此严肃地讲话。为了避免被指责亵渎神祇、玩弄有魔力的空空间概念，作家和哲学家以更富趣味性的深思熟虑来掩饰他们的想法。他们构作和追索悖论和俏皮的双关语，这种方式总是可以被解释为暗中破坏了空空间概念的一致性（不论其真正的意图如何）。会使争论结束的悖论总能被阐释为一种归谬法。美国评论家科利（Rosalie Colie）以如下的意见总结了她对在 15 世纪和 16 世纪风靡一时的有关

"无"的诗篇和悖论的研究：

　　这些悖论的作者参与了一种既虔敬又不敬、既神圣又亵渎神圣的行动，这是由于形式上的悖论惯常被看作低下的、拙劣的模仿，同时它又被视为效仿了神的创生行动。然而，有谁能真正控告悖论家亵渎神祇呢？因为他的论题就是无，所以不能说，他把上帝的特权变成他自己的这一行为是对神不敬——因为众所周知，无来自于无。他确实也未引导人们做危险的推测，因为他用来欺骗人们的最多也只是——无。而且最重要的是……如果悖论家说谎，那么由于他说的谎是关于无的，所以他并未说谎。[45]

　　在"全或无"的悖论中能找到两种常见倾向，而且作家和剧作家对"无"的双重理解表现出兴趣。诗人也以《无之祈求》（*The Prayse of Nothing*）之类的作品参与了这种游戏[46]：

> 无是最先的，也应是最后的，
> 因为没有什么能永远保持下去，
> 而且从未有过什么逃避了死亡，
> 就是活得最长的人也不能。
> 无是如此不朽，无能够做到，
> 人类始终在躲开十字架，
> 当世界逝去，无仍能生存，
> 因为一切必将化为无。

在《论字母O》（*On the Letter O*）中则是：

> 然而O足够了，我害了我的读者。
> 我的O是圆的，而我把它拉长了。[47]

帕斯拉（Jean Passerat）的《无》（*Nihil*）告诉我们：

无比宝石和金子更贵重；无比刚玉更精致，无比王族血统更高贵；无在战争中是神圣的；无比苏格拉底（Socrates）的智慧更绝妙——事实上，无就是苏格拉底的智慧，这他自己也承认。无是伟大的芝诺的推测主题；无比天堂更高；无能超越世界的围墙；无比地狱更低，也比美德更荣耀。[48]

等等，等等等等。

这些文字游戏不久便使人们的耳朵有点生厌。作者们的目的是以谈论"无"（nothing）凭空生成许多诗句或台词[①]。有一个时期，这种风格是在哲学上毫无意义的时髦诗体。数个悖论的并列再三发生。有个圆的图案，它一方面表示零，另一方面表示包罗万象。有个蛋，其形状像 0（零），却有望成为新生命的生成器。它孕育着创造力，恰如数学家的零等待着其他数字的加入以产生大数。英国伊丽莎白一世时代的喜剧中有一个流行的笑话，尽管其中的许多幽默我们已难以体会。幸运的是，这种风格有一个为人熟知和欣赏的著名例子。它之所以非常有趣，是因为它显示，有关"无"的悖论和双关语吸引了最伟大的舞文弄墨者之一。

---

① 在上面这些引文中，"无"也可理解为"没有什么"。

莎士比亚戏剧中的虚无

这难道不算什么事①吗？

唔，那么世界以及世界中的一切也都不算什么事了；

我的妻子也不算什么事。

要是这不算什么事，

这些算不得什么事的事根本就不存在。[49]

——莎士比亚（William Shakespeare），

《冬天的故事》（*The Winter's Tale*）

　　莎士比亚深深爱上了有关"无"的一切语言和逻辑上的悖论。为了加重其作品的分量，他紧紧围绕它们，用当时对它们的双重理解给他的标志性的多层次作品增添又一个方面的内涵。喜剧《无事生非》（*Much Ado About Nothing*）是个极好的巧妙的例子[50]，利用这种巧妙性，文字游戏才能玩得起来，而其他人要很费力才能使文字变生动。此剧的剧本于1600年第一次印刷出版，并很可能写作于此前两年间，其剧名直接说明在莎士比亚时代流行的"无"的意义的模棱两可所具有的广泛吸引力。[51]在此剧的第四幕中，一对未来的情人贝特丽丝和培尼迪克利用"无"的两种意思作为巧妙的烟幕，以致每位旁听者都能以肯定或否定的方式选择对"无"的解释：

　　培尼迪克：在这世上确实没有什么像您那样使我热爱。这不是很奇怪吗？

---

① "不算什么事"的原文为"nothing"。

贝特丽丝：就像我所不知道的事情一样奇怪。我也可以说没有什么像您那样使我热爱。可是别相信我；而我也没有说谎。我什么也不承认，什么也不否认①。52

莎士比亚也利用了"无"的其他方面。在悲剧《哈姆雷特》和《麦克白》中，我们找到了与人的经历紧密结合的"无"在哲学上和心理学上的悖论。麦克白再三地碰到"无"的悖论和无神的恐惧：他绝望于

把虚无的幻影认为真实的了。53

哈姆雷特探索"无"怎么会有自相矛盾的意义和内涵。他与麦克白大不相同，后者抱怨说：

……人生是一个傻子所讲的故事，充满着喧嚣吵嚷，却找不到一点意义②。54

而这位丹麦王子在死亡中寻求慰藉，并对"无"反复思索。他们对生和死意味着什么持完全相反的立场，因为

麦克白发现死亡就是湮没，而哈姆雷特却发现并非如此。麦克白发现，如果死亡是湮没，人生便毫无意义。哈姆雷特却发现，如果人不怕死亡，就能拥有，甚至辉煌地拥有人生以及人生的一切艰难的职责。终于，借由"甚至连他自己的死亡也能肯定人生"，哈姆雷特自己弄明白了"生"和"死"之间的关系。55

哈姆雷特甚至在同奥菲莉娅的如下对话中充分利用了与"无"和女

---

① 此对话中"没有什么"和"什么也不"的原文都是"nothing"。

② 原文为"Signifying nothing"。

性的柔弱有关的双重理解[56]：

> 哈姆雷特：小姐，我可睡在你的怀里吗？
>
> 奥菲莉娅：不，殿下。
>
> 哈姆雷特：我的意思是说，我可把我的头枕在你的膝上吗？
>
> 奥菲莉娅：嗯，殿下。
>
> 哈姆雷特：你以为我在转着下流的念头吗？
>
> 奥菲莉娅：我没有想到[①]，殿下。
>
> 哈姆雷特：睡在姑娘的两腿之间，想起来倒是很有趣的。
>
> 奥菲莉娅：什么，殿下？
>
> 哈姆雷特：没有什么[②]。

在《李尔王》中，莎士比亚以源于"无"的一切，来谈论李尔王的垮台。此剧反复出现关于定量化、计数和缩减的话题。李尔王的两个女儿对他说尽热爱和尊敬的虚伪陈词，借此分得其王国部分领土；可是，他的第三个女儿考狄莉娅不愿玩这种自私的游戏，也不想仅仅保持沉默。她冲撞其父的一段对话中引入了"无"的典型双关[57]：

> 李尔王：……你有些什么话可换到比你的两个姐姐分得的更富饶的第三块土地？说吧！
>
> 考狄莉娅：父亲，我没有话说[③]。
>
> 李尔王：没有？
>
> 考狄莉娅：没有。

---

① 原文为"I think nothing"。

② 原文为"Nothing"。

③ 原文为"Nothing"。

李尔王：没有只能换到没有①。重新说过。

从这不祥的开端起，一切都归结为"无"。考狄莉娅被绞死。李尔王的弄臣问他："你不能从没有意思的问题中探求出一点意思来吗?"②而李尔王则重复他对考狄莉娅的训诫："什么话，不，孩子。垃圾里是淘不出金子来的③。"可是，弄臣在回答中却把李尔王贬斥为"无"：

你却变成一个孤零零的圆圈圈儿了。现今你还比不上我；我是个傻瓜，可你简直不是东西④。

李尔王的另外两个女儿高纳丽尔和里根以更实际的方式把李尔王变成孤零零的圆圈圈儿——要求他减少近侍的数量，一半一半地减少，直到只留下一个近侍，然后里根问道："为何需要一个近侍?"李尔王证明莎士比亚[58]抓住了"无"、形而上学的虚空以及一点一点地减少一个人之所有的最终结果(要是把买卖算术引入人类的情爱、忠诚和责任的范畴中)的双重含义。于是万事并不总是合乎情理的。这离疯狂不远了。事情只会这样。

莎士比亚探索"无"的一切含义：从表示简明的零、无数字、虚空的空无一物和万物的不存在，到整体(whole)与表示零、圆、蛋、地狱、湮没以及巫师环圈的洞孔(hole)之间的对比。他的探索大致可分为两方面：追索"无"的消极面和追索"无"的积极面。在消极面上，他集中探讨了不存在，关注了否定、冷漠和沉默。这些常常导致不好的后果，并揭示一些无意义的极坏结果。相比之下，"无"的积极面着重强调

①　原文为"Nothing will come of nothing"。

②　原文为"Can you make use of nothing ?"。

③　原文为"Nothing can be made out of nothing"。

④　"可你简直不是东西"的原文为"thou art nothing"。

"无"生成"有"的能力。正如零位于一个不断增长的数列的开端那样，"无"以及卵细胞的生育力象征着果实累累和增殖，象征着从无中产生的有的不断增长。确实，莎士比亚自己的作品所展示的正是这种多方面意义的扩展。[59]

不要以为关于无（nihil）的悖论的文字游戏是过去的事。虽然现代作家玩这些文字游戏并不常见，但有心去查仍能找到例子。以下是让－保罗·萨特在试图传送有关"无"（negation）的起源的信息：

虚无不存在，虚无"被存在"；虚无不自我虚无化，虚无"被虚无化"。……一个完全肯定性的存在在其自身之外维持并且创造一个超越的存在或虚无，这是不可思议的，因为在使存在能超越自身走向非存在的存在中什么也不会有。使虚无来到世界上的存在应该在其存在中使虚无"虚无化"，即使如此，如果它不在自己的存在中相关于它的存在而使虚无"虚无化"，它还是冒着把虚无确立为一种位于内在性的核心中的超越物的风险的。使虚无来到世界上的"存在"是这样一种存在，在它的存在中，其"存在"的虚无成为问题：使虚无来到世界上的存在应该是它自己的虚无……[60]

他写了超过 600 页。

失落的悖论

对卖热狗的人，有什么点餐秘诀？

给我来一个加各样料的热狗。

——库什纳（Laurence Kushner）

到 17 世纪末，文学上对"无"的悖论的强烈爱好到头了。[61] 它不再是文学和哲学上富有想象力的主要探索源泉。作家仅仅看出一丝希望，便把注意力转移到探索其他新思想上。哲学家开始怀疑这些文字游戏，而它们日益被视为仅供消遣的字谜。它们不再被视为通向深入事物本质之真相的一条途径。对观测和实验的日益强调，把"无"的悖论归结为语言学上的一股逆流，自此以后文字游戏销声匿迹，直到 20 世纪初，它们才再度出现。看法上的巨大变化展示在伽利略的《关于两种世界体系的对话》[62]（*Dialogue Concerning Two World Systems*）中，其中讨论了把对"格言"的冥思苦想作为比研究"事物"更优越的一条到达真理的途径对待的危险性。辛普利西奥 ①（Simplicio）告诫道，利用语言学上的悖论，"每个人都知道谁都能证明他想要的任何东西"。伽利略把"悖论"与含糊的、无法检验的文字游戏等同起来，它在科学的发展中没有地位，而科学是以可检验的因果链的逻辑为象征的。例如，由埃庇米尼得斯（Epimenides）首先提出，后来被圣保罗（St. Paul）重述的著名"说谎者悖论"——"所有克里特岛的人都是说谎者，他们自己的一位诗人曾这样说"——就被谴责为"简直是诡辩……骗人的论点……因此，在这样的诡辩中，人们会一直在绕圈子而永远得不出任何结论"。

---

① 伽利略的上述著作里参与对话的人之一，代表伽利略本人。

伽利略最重视世上的数学知识。他认识到，我们对大多数事物的认识必然是不全面的。我们至多只能知道自然界向我们揭示的一切，可是在数学领域，我们接近了在事物核心的一部分绝对真理。因为

人类的才智确实能完全了解某些命题，因此这些命题所具有的绝对必然性同自然界本身所具有的一样多。只有数学属于此类，即几何和算术，在其中，神圣智慧知道一切命题，因此当然知道无限多的命题。然而这些命题中只有少数，我们人类的才智确实能了解。我相信在客观必然性方面，人类的认知等同于神。[63]

此段著名的文字表明数学和几何学是多么支持如下的信念：人类有可能明了事物的某些绝对真理。由于欧几里得几何被认为是正确的——是对现实的精确描述——它提供了重要论据，证明人类的思维至少能在一个领域里深入到终极真理的本质。并且，如果在数学领域如此，那么在神学中为什么不能也如此呢？悖论不是这个领域的终极实在的组成部分。令人啼笑皆非的是，在20世纪，哥德尔（Kurt Gödel）以一种惊人的方式改变了人们头脑里的这些信念。哥德尔证明，应用运算的规则和符号可构成的算术命题，有些是无法用这些规则证明其真伪的。伽利略喜爱的通往真理的绝好途径总是会产生无法检验的陈述。值得注意的是，哥德尔在建立这个关于数学局限性的非同一般的真理时，利用了伽利略所摒弃的语言学悖论之一，并把它变换成关于数学的命题。然而远在哥德尔的工作之前，数学的绝对真理的基础已被动摇。19世纪的数学家已证明，欧几里得古典几何学仅仅是许多几何学中的一种。有无穷多种可能的几何学，每一种几何学遵循自己独特的一套自洽的公理，而不同于欧几里得几何学的。这些新几何学描述画在曲面上的线和图，而不是在欧几里得所假定的平面上。这些系统没有一个比其他任何系统"更正确"，它们

每一个都是逻辑上自洽的、不同的公理系统，它们中没有一个特别声称自己是在事物核心外的绝对真理的一部分。此后，这种"相对主义"甚至波及逻辑学本身，亚里士多德的朴素逻辑学被揭示为无穷多种可能的推理系统中的一种。

伽利略把悖论的困境与由猜想和反驳所铺平的科学的可靠途径区分开来。这是一件重要的事，它把科学推进到实验研究的现代纪元，人们不再向亚里士多德等权威求助以解答重要的问题。[64] 人类的自信心被重新唤醒：比古代人干得好是可能的。要做到这一点，人们没必要具有更多灵感。人类所需的是一个优良的方法：看清和领会。如果问题是会不会有卫星绕木星这颗行星旋转，不要靠关于此事态的适当性或卫星所处天然位置的哲学论据去寻找答案，只要通过望远镜瞧一瞧便能确定。

在本章里，我们追踪了"无"在拥有十分不同目的的哲学家和作家手中的命运。中世纪的学者继承了希腊人关于世界的图景以及远东的数学体系，两者的结构中都有其独特的关于虚无的设想。讨论"无"在哲学上和神学上的含义，单纯因为数学接受了这个概念而变得愈加重要。在此领域中，这个概念被证实是无争议且有用的。它什么也没有取代，只不过作为标记盈和亏、盛和衰之间的分界的一个符号存在。它是一个带有如实肯定的信息的符号。账册上收支平衡，没有什么东西遗漏，一切债务偿还了，这些便是零符号传遍商业界的信息。在数的世界之外，有不少更为重大的问题。无与具有最重要意义的神学问题纠缠在一起。世界是从它那里创造出来的吗？假如是的，那么它为何不能是某种事物？只要我们不过于深究这种想法，就能满足于根本不存在任何事物这种说法。然而希腊人对事物的本质提出了一种有影响力的观点，它使无的整个概念变得完全无法理解。柏拉图对事物的解释是把它们视作隐藏在外表之后的永恒形式的表现。即使没有事物，也没有那些永恒形式的表现，但蓝图本身必定始终存在。如果它们不存在，那么将无法形成表观世界。永恒形式是把潜在可能性变为现实的源泉。"无"不属于上述两者之中任一个。

在努力弄懂真空的意义及其现实可能性的过程中，我们曾看到在中世纪人们做实验的愿望，既有求助于日常经验的思想实验，也有格外精心设计的、要求仔细观测和解释的一系列行动。这种把世界运行作为可靠知识来源的诉求并非从伽利略才开始，然而正是由于他，它才开始成为走向隐藏在日常事物背后的真理的唯一可信赖的向导。但这并非因为其他向导难以清楚、可靠地解释而不被信赖。培根和伯利等中世纪哲学家开始了一种探究传统，并开始探索伽利略及其同时代人敏锐地提出的真空。没有什么比这能更好地展示从自然哲学向自然科学的过渡了。

第 3 章

构建"无"

空桌上放着一空杯牛奶。[1]

——英国广播公司第三频道

寻找真空

看来，大自然是进行着千千万万次台球比赛的千千万万颗微粒的俗称。

——皮特·海因（Piet Hein），《原子论者》

当莎士比亚等作家测量精神上空虚的深度时，其他人正寻求创造真正的物质真空。关于物质真空的实在性，即空间某一区域绝对什么都不包含的可能性，哲学家已激烈争论了两千多年。亚里士多德和柏拉图两人基于完全不同的理由都否认这样的真空能够存在，但别的古代思想家不赞同他们的观点。古罗马哲学家卢克莱修确信物质是由我们叫作原子的微小粒子构成的，而宇宙的基本性质便是这些原子在它们之间的虚空中运动。

有了自然界的这幅图景（我们现在称之为原子论[2]），其 17 世纪的支持者在经得起实验研究检验的情形下赞成了真空的存在。它也完全不像神学家声称的那样神秘莫测。它可被想象为从一只瓶子里吸取内含物的一系列机械过程的终点。瓶子里的内含物被抽取得越多，瓶子的内部越接近于一种根本什么都不包含的状态。当然，在怀疑论哲学家看来，这种实验也许显得有点过于简化了。即使瓶子里的空气可能都被去掉，但仍然不能说此瓶内什么都不包含，它仍受自然规律的支配，仍是宇宙时空里的一部分。人们仍有理由认为，完全的真空永远不可能被制造出来。对实用主义者来说，明显不可能从瓶子里抽取最后剩下的所有原子这一事实就能支持这种观点。自然哲学家仍可负隅顽抗：完全空的瓶子与只是没有完全清空的瓶子之间有着细微差别。然而，随后对物质真空的寻找十分引人注目，并且它永远改变了关于这种真空特征的问题。现在它主要成了一个科学问题，有着科学的答案。

对真空最富有成效的研究，是由 17 世纪的科学家在研究压力作用下的气体行为时做出的。如果要清除一个容器的内含物，那么获得容器中全部空气的唯一方法是把它们抽出来。这要求容器内外产生一个压强差。需要一个泵，而这种抽水设备在船上和农场上是现成的。1638 年，伽利略写道 [3]，他已注意到，使用抽水泵抽水能达到多高是有极限的，水会上升 10.5 米，但不能再高了。他讲述了一个试图从水位已降到很低的水槽里向上抽水的问题：

当我第一次注意到这种现象时，我认为机器发生故障了；可是我叫来修理机器的工人却告诉我，毛病并不是出在泵上，而是出在水上，水槽里的水已降到很低，因而不能被提升得更高；他又说，使用泵也好，或者使用任何别的机器也好，只要是按虹吸原理运作的，都不可能把水提升到 18 肘尺 [①] 以上，哪怕是超过一丝一毫；不论泵的大小如何，这是提升水位的极限。

显然，伽利略远不是注意到农业生活中这个令人恼火的事实的第一人。想必是那些试图从遍及全欧洲的满溢沟渠中用虹吸管吸水的农场工人和劳动者在劳作中好不容易了解到的。因此人们不得不改进抽水泵，使它能克服这个极限。当这些机器被改进后，受到激励的科学家研究究竟为什么机器能有效运作。他们意识到，如果能从一个封闭的空间里清除掉空气，那么被排空的区域便倾向于把东西吸进去。一开始，这似乎证实了亚里士多德的古老格言："造化厌恶真空"——产生一个真空，物

---

① 古代长度单位，1 肘尺约等于 44.4 到 52.9 厘米。

质就会运动，以便重新充满它。然而亚里士多德主张，这种情况发生是出于世界运作的目的论的缘故。他预料，物质之所以会被汲取以充满真空，是因为它有此企图。这种类型的解释与伽利略所寻求的十分不同。伽利略寻求的是明确的原因或自然法则，它能从事物的现有物理状态预示未来。[4] 伽利略看到，把抽水泵无力将水提升到某个确定的高度以上作为造化厌恶真空的证据恐怕不妥。为什么造化厌恶的程度只达到某种高度（18 肘尺）而不是更高呢？

伽利略对真空的兴趣实际上并不是哲学上的。他情愿相信，制造一个严格的真空是不可能的。就他的目的来说，产生一个几乎真空的区域已足够了。他对这种区域感兴趣的理由不难找到。他对重力作用下落体行为的深刻洞察已经令他认识到，空气阻力在重力曳引之下的物体下落过程中起重要作用。如果不同质量，或不同大小的物体同时在真空中下落（真空中没有空气阻力阻碍它们落到地面上），那么它们应有同样的加速度并在同一时刻到达地面。传说伽利略用从比萨斜塔上下落的物体完成了这个实验，但历史学家认为此事不太可能。无论如何，实际上如果在地球大气中同时释放一块石头和一根羽毛，它们当然并不同时碰到地面；这是因为空气阻力对它们的作用非常不同。通过产生一个很好的真空，伽利略可得到严格真空的更好近似，而其理想化的运动定律在严格真空中预期会完全成立。其实，利用下落的羽毛和石块所做的这种实验，正是阿波罗号飞船首批宇航员在月球上最早做的事情之一，我们在电视上都看到了。在不存在大气阻止它们运动的情况下，这两个物体一同碰到月面，正如伽利略所预言的一样。此类实验首先由法国科学家德萨居利耶（Desaguliers）于 1717 年在欠理想的条件下进行，他借此向当时在英国皇家学会的牛顿表示支持。他用一枚几尼金币[5]和一张纸取代羽毛和石块。《皇家学会会报》（*The Philosophical Transactions of the Royal*

Society）报道说：

德萨居利耶先生演示了在真空中让一小片纸和一枚几尼金币从大约7 英尺① 高度下落的实验。真空是他用 4 个互相叠在一起的玻璃器具创制的，器具的连接处用上油的皮填塞，从而把空气排除在外。结果发现，纸片几乎以与几尼金币同样的速度下落，由此得出结论：假如一个很大的容器中的空气能完全被抽出，因而容器保持真空状态，那么它们下落所需的时间便无差别。

抽水泵之谜在 1643 年被伽利略的学生托里拆利解决了。在 1641 到1642 年，他是伽利略的秘书，并最终继承伽利略，成为托斯卡纳大公费尔南多二世（Fernando Ⅱ）的宫廷数学家，他占据此位一直到他于 1647年英年早逝，时年仅 39 岁。托里拆利意识到，地球大气层负载着空气的重量，压在地球上，因而产生一个压力，作用在地球表面。他能猜测而不能严格证明的这个“大气压”，正是空气趋向于充满我们试图创造的任何真空的真正原因。用水做进一步研究是一个笨拙（虽然便宜）的方法。18 肘尺大约等于 10.5 米，要在实验室里做研究，这是很难办到的。但是如果他能使用比水的密度大得多的液体，那么该液体能被抽升的最大高度就会减小。所有液体中密度最大的是液体金属——水银，它的密度几乎是水的 14 倍，因此预料它能上升的最大高度应为水的 1/14，即得到仅76 厘米的水银柱高度，是很合适的。托里拆利使用水银制造了第一个简单的流体压强计，甚至不需要用泵来提升水银，如图 3-1 所示。[6]

---

① 约 2.1 米。

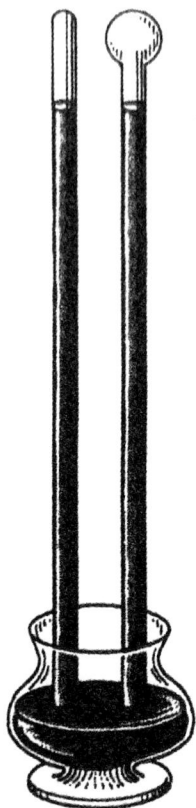

图 3-1 托里拆利流体压强计的两个例子[7]，每根垂直管中的水银柱与碗中水银面上的大气压相平衡。在海平面，它的高度大约为 76 厘米

　　他取一根笔直的玻璃管，其长度超过 75 厘米，一端由吹玻璃的工人密封，而另一端开着口。他用一碗水银填满此管一直到管顶，用自己的手指封住开口一端，然后倒置玻璃管，使其直立，开口的一端处在碗中水银面之下（图 3-1）。等到他移开手指，管中水银的高度下降。每次在海平面处做这个实验时，不管玻璃管多粗，管中水银的高度总比碗中水银面高出差不多 76 厘米。[8]

托里拆利的实验引人注意的是，它似乎第一次创造了一个持久的物质真空。当玻璃管最初被水银充满时，管内没有空气。然而，倒置玻璃管之后，水银下落，于是管的密封端在水银之上留下一个空区。其中含有什么东西呢？空气不可能进入。无疑，里面必定是真空。托里拆利在1644 年 6 月 11 日那天写信给自己的朋友里奇（Michelangelo Ricci），透露了他对自己的简单实验的一些深刻想法[9]：

> 许多人曾说，创造真空是不可能的；另一些人则认为它一定可能，只是有困难，只能在克服某种自然的阻力之后实现。我并不知道是否有人认为这其实能容易地做到而无须克服任何阻力。我的观点如下：如果有人发现了阻碍真空产生的明显缘由，那么把真空作为这些现象的起因便毫无意义。这些现象显然必定依赖于外界环境……我们生存在由空气这一元素组成的大海海底；无可置疑，空气确实具有重量。其实，在地球表面上，空气的重量为水的 1/400……由伽利略测定的这个空气重量对于人类和动物共同居住的高度来说是正确的，但不能高过山顶；在山顶之上，空气极其纯净，并比水重量的 1/400 还要轻得多。

托里拆利管中的水银柱会如此运动，是因为水银碗上的大气层中空气重量所施加的力作用在水银的表面，引起水银上升到管中某个高度。在此高度上，水银柱压强与空气施加于水银碗表面上的压强平衡。实际上，水银柱的高度仅近似地等于 76 厘米——它随着气候情况的变化以及地球表面上的不同位置而改变。这些改变反映了由风以及由温度变动所产生的大气密度的其他变化所造成的大气压改变。我们在报纸上或电视上看到的天气图展示了等压线，即压力相等的轮廓线。气候对大气压的这些影响让托里拆利的装置成了第一台气压计。我们也注意到，在托里拆利向里奇的叙述中，他意识到了自己的实验结果取决于实验地点的高度。人们爬得越高，大气越稀薄，因而气压越低，造成水银柱下降。

托里拆利是一位天才科学家，除了大气压之外，他还有许多其他方面的兴趣。他确定了支配液体流过小孔的定律，并沿着自己著名导师的足迹，推导出抛体运动的许多性质。他不仅仅是一位理论家，而且是一位熟练的仪器制造者和透镜研磨工。他制作望远镜和简单的显微镜以完成实验，还把它们卖给别人，从而获得数量可观的金钱。

托里拆利的简单实验最终让人们接受了一个基本观念：地球被包裹在大气层中，随着从地面向上升高，大气逐渐稀薄而最终成为空旷的苍穹，我们简单地把它叫作太空，或者如果继续再向上走远一点，就到了外太空。这个壮观的背景舞台向地球上的生命提供了许多重新评价人类在宇宙里的地位和重要性的出发点。在托里拆利的工作之前约一百年，哥白尼（Nicholas Copernicus）公开了他的惊人主张：地球并不位于太阳系的中心。他们两人在思想上紧密相连。哥白尼把我们从宇宙的中心位置挪开，而托里拆利则揭示我们以及我们的局部环境是由与远处宇宙密度不同的物质生成的。我们孤立地在浩瀚的虚空中游泳。稍后，我们将发觉这个虚空对于自己和在宇宙中出现生命的可能性具有显著的重要性。

受到托里拆利的演示和建议的激励，欧洲其他科学家着手研究水银柱顶部出现的空空间，以发现它的隐藏性质，并用磁体、电荷、热和光作用于它。英国的玻意耳[10]使用胡克（Robert Hooke）建造的简易"真空泵"抽出了比托里拆利在水银管里自然产生的真空体积大得多的真空，并研究瓶子中的空气逐渐被抽出时，放在其中的老鼠和鸟会发生什么情况。[11]看来他避开了17世纪时相当于现在动物解放阵线的动物保护组织的注意。

　　玻意耳极富有，他出生于爱尔兰沃特福德郡一个富裕的地主家族。他对科学的认真研究开始于 1639 年从伊顿公学毕业之后，当时他同家庭教师一起在欧洲大陆旅行期间第一次阅读了伽利略的著作。回国后，他定居在多塞特郡并开始其令人印象深刻的实验科学工作。后来，他移居牛津并成为英国皇家学会的一位创建会员。玻意耳不需要寻求资金支持，他继承的大笔财产使他能购买昂贵的科学设备并雇用熟练的技术人员帮助他维修。玻意耳希望驱除如下观念：在托里拆利的气压计顶部的真空具有一种吸力，而这种吸力把水银沿管向上吸引。这种观念符合传统的亚里士多德式信念：造化有消除真空的倾向。这种思想并不是没有理由的。如果把手指放在一根玻璃管的末端上，你会发现难以把手指挪开，因此确实会感到它似乎正在被稍微地吸入管中。玻意耳为依据大气层和管内“真空”之间的压力差来直截了当地解释水银柱的高度奠定了基础。与之对抗的亚里士多德理论认为，有一种像绳索般的看不见的结构，就叫作细绳索（funiculus，源自“绳索”的拉丁文 funis），它把水银向上拉，从而防止了水银向管底下落。玻意耳应用大气压理论能够成功地预测当管外的气压以不同数值变化时管内水银可达到的高度，从而证明了此理论的优越性。[12]

　　德国科学家冯·居里克（Otto von Guericke）受到托里拆利工作的激励，他在 1654 年所做的实验令人叹为观止[13]，他担任德国城市马格德堡市长（4 位之一）长达 30 年（图 3-2）。

图 3-2　冯·居里克 [14]

　　这种城市要人身份对他做令人难忘的真空实在性实验的公众演示有很大帮助。他著名的"马格德堡半球"演示使用了精心制造的两个中空的青铜半球，它们紧密地黏合在一起形成一个完好的密封球。他从当地消防处征用了一个泵，并给它装上阀门，放在两个半球中的一个上，当两个半球连接在一起形成一个球壳后，抽出里面的空气。在抽出许多空气之后，冯·居里克向公众宣布，他已制造了一个真空。而且，造化对它感到相当满意。造化没有像古人很喜欢宣扬的那样，回避或试图消除真空，而是拼命地保护它，不使任何破坏它的企图得逞。为了让执行任务的人掌握实验要领，两队各 8 匹马被一同套上轭具，各拴在一个半球上，然后以相反方向往外驱赶，其目的是把这两个半球分开。马队失败了！然后冯·居里克打开阀门让空气返回，两个半球就可不费力地分开。他们再也没有做过像这样的实验。实际上，各 8 匹马组成的两队相当难以驾驭，经过 6 次试验后，冯·居里克才能使每队在同一时刻在同一直线上拉。这两个马格德堡半球仍能在慕尼黑的德意志博物馆看到（图 3-3）。

图 3-3　马格德堡半球实验[15]

所有这些工作的结果使科学家相信，地球被空气组成的一个实体所围绕，它在地球表面上施加巨大的压力。通过仔细研究其作用，有可能用详细的力学说法解释气体和液体的一切类型的行为，而不是仅仅把它们归于古人所说的"造化厌恶真空"这样含糊的观念。科学史家曾把气压的现实研究强调为人类研究大自然的一个转折点；在事物的自然条理中，"倾向性"系由神秘的超自然力所产生的目的论观念，被仅应用物质和运动的概念做出的解释所代替。

冯·居里克是一位具有非凡独创性的注重实际的工程师，他不但爱好机器而且发明机器，但他仍被古代关于真空的实在性，以及"它们与世界从无中创生的基督教教义的关联"所吸引。在报道自己的实验研究时，他专门用相当大的篇幅[16]公开自己对虚空的观点，该观点与形成哲学传统的中世纪经院哲学思想有着紧密关系，他就是在这种传统中工作的。冯·居里克的书相当夸张，他几乎对天底下的每件事，甚至天上的许多事都要说三道四。他在当地政府中的地位确保了总会有某个当地的贵族为其著作热情题词。果然，冯·格斯多夫（Johannes von Gersdorf）感动得诗兴大发，在他献给马格德堡的实验家、"最高贵和最杰出的绅士冯·居里克"的颂词中说：

探索自然界的种种奥秘

是爱好追根究底和想象力丰富的头脑的使命。

追踪自然界奇妙状况的曲折道路

是更难的工作，它不是留给每个人的。

您，高贵的先生，马格德堡知道您是它的市长，

也是科学领域里的一位卓越研究者。

不管有谁不拘礼节地同您交谈或独自研究您的工作，

他定会公开地认定您的才华而无一点怀疑。

我能开一个小小的玩笑吗?

尽管您在书里十分清楚地证实真空的存在,

可是没有一个真空可被看到!

对冯·居里克说来,所存在的一切事物可归入两类之一:它要么是"被创造出来的事物",要么是"自存的事物"。不可能有第三种情况:没有一类可以称为"无"的事物。由于"无"是对某事物的确认,而且是其他实有事物的对立物,因此它必定是某个事物。于是它要么落入"被创造出来的事物"的范畴,要么落入"自存的事物"的范畴;他觉得,"无"也许要同时属于这两个范畴。这样,就不存在的意义上来说,独角兽之类的想象中的动物是不存在的动物,也就是说,它不是一个事物。可是由于它作为一个思想概念存在,它就绝对不是"无"。它与人类的思想以同样的类型存在。因此它被分类为被创造出来的事物。冯·居里克想要把世界被创造之前的"无"看作某个自存的事物,从而他可以说,在世界被创生之前存在"无",或同样地,有某个自存的事物。他以这种方式预防像一个异教徒那样言过其实。

为对"无"表示敬意,冯·居里克用一首绝妙的赞美诗总结了自己对虚空的抒情哲学。它给思想增添了特别的情趣:谁都不必直接参与切实证明真空可用抽气泵控制的实验。它是值得详细阅读的。他把"无"、空空间和想象中的空间等各种不同概念联结在一起,形成同一个概念,因为

一切事物存在于"无"之中,假如上帝想把他创造的世界结构化为"无",那么除了"无"之外,什么都不会留在原处(正如世界被创造之前一样),也就是说,"无"是自存的。因为自存的事物并不先存在一个开端,所以我们说,"无"并不先存在一个开端。"无"包含一切事物。

它比金子更贵重，无始无终，比感觉绚丽的光芒更悦人，比王族的血统更高贵，可与诸神相媲美，比星辰更高，比雷电的打击更有力，在各个方面都完美神圣。"无"总是使人感悟。哪里是"无"，哪里就终止了所有的王权。"无"没有任何危害。按照约伯[①]（Job）的说法，地球悬浮在"无"之上。"无"在世界之外。"无"无处不在。据说真空就是"无"；而且据说想象中的空间——以及空间本身——也是"无"。[17]

冯·居里克相信空间是无限的，其中很可能聚居着许多像我们的世界一样的其他世界。他使用无限世界的思想以支持自己的观点：真实和想象的空间其实并无差别。这是因为，尽管我们可以认为独角兽仅栖居在一个想象中的空间里，但他指出，如果空间是无限的，那么，我们将被迫去想象它的某些性质，就像我们都是独角兽一样。事实上，冯·居里克把无限空间，或者说"无"、自存的事物，与上帝等同起来了。

双无记

在 17 世纪，只因向人暗示真空极易存在和维持就能引发恐惧，这在现代很难想出任何一个相似的例子；一名唯物论者被迫承认生命在死后仍有无可辩驳的形迹，也许是一个相当好的类比。[18]

——克莱尔希默（Alban Krailsheimer）

我们最好记住这些重要的大气压实验把注意力集中在两种"无"的

---

① 《圣经》中的人物，以吃苦耐劳著称。

问题上。剧作家和哲学家耍弄的抽象的、精神上的或心理上的"无"。这种"无"在性质上完全是形而上学的;如果你并不想要它,你也大可不必为它操心,它可如诗歌一般保持下去。处在对立面的则是完全枯燥无味的问题,它是通过抽空玻璃管或两个金属半球,就在你的眼前试图创造一个真实的物质真空所产生的。这个真空施加各种力并可用于储存能量。它是一种非常有用的"无"。

　　在把上述两种概念结合起来的方面做过很多工作的 17 世纪思想家是一个博学的人,具有各种不同的、貌似相互矛盾的兴趣,喜爱与一些暗示着不可能或奇异的问题打交道。他的有些兴趣在物理学上,有些在数学上,而其他的兴趣则完全在神学上。帕斯卡于 1623 年出生于法国的克莱蒙镇。仅 39 年后,他便去世了。但在这短促的时间里,他为概率论的严谨研究奠定了基础,制造了第二台机械式计算机,对气体在压力下的行为有了重要发现,并在几何学和代数领域获得了一些重要的新结果。最后,他最著名的著作是未完成的"思想"片断汇编——《思想录》[19](*Pensées*),在他早逝的时候仍未完成。所有这些都始于毫无前途的开端。帕斯卡年仅 3 岁时,他的母亲便去世了,留下幼子任由其父亲的教育理论摆布。他们移居巴黎,在那里他的父亲艾蒂安,一位成功的律师,决定以同其他孩子隔绝的方式亲自教育自己体弱多病的儿子。虽然老帕斯卡是个有才能的数学家,可是他下定决心让他的儿子直到满 15 岁时才可学数学,因而把一切数学书从自己的家里搬走了。小帕斯卡不满足于日常看的拉丁文和希腊文,逐渐与他父亲的那些对数学具有共同兴趣的朋友接触。不可否认,他能避开其父亲的教育限制是由于他本人在 12 岁时重新发现了三角形的若干几何性质。他的父亲大为惊奇,而后动了怜悯心,于是给他一本欧几里得的几何书让他使用。不久后全家迁至鲁昂,其父已被任命为该地区的收税官。小帕斯卡在那里成长起来了。他在 16

岁时向巴黎数学家的一个定期举行的会议提交了自己在数学上的首次发现，是一些新定理和几何作图法。这次会议是由当时最著名的数论家之一梅森（Marin Mersenne）召集的。帕斯卡仅在 8 个月后便首次发表了几何学论著，从此帕斯卡开始了发明和发现的生涯（图 3-4）。

图 3-4　帕斯卡 [20]

帕斯卡对大气压的兴趣以及对创造一个完美的真空的追索开始于 1646 年。遗憾的是，此工作把他抛到与当时最有影响力的法国自然哲学家笛卡儿（René Descartes）的观点相冲突的道路上。在鲁昂，帕斯卡听到了关于几年前托里拆利所做的令人瞩目的实验的消息。他同其父的一位朋友、建造防御工事的工程师珀蒂（Pierre Petit）协作，着手一系列有效的实验。[21] 最重要的实验由帕斯卡筹划并由他的姐夫佩里耶（Florin Périer）开展。该实验希望证明托里拆利在给里奇的信中所做出的关于地球大气层在高处变稀薄的断言。1647 年 11 月 15 日，帕斯卡写信给佩里耶，要求他比较在当地一座山的山脚和山顶处托里拆利管内水银的高度：

> 如果结果是在山顶处水银的高度比在山脚处低（因为我有许多理由相信它是这种情况，尽管所有研究过此事的人都持相反的意见），就必然会得出结论：空气的重量和压力，而不是对真空的厌恶，才是水银如此悬浮的唯一原因，因为十分肯定，压在山脚上的空气比压在山顶上的多得多。[22]

在由于坏天气而延迟了几个星期之后，佩里耶同自己的小组成员集合在克莱蒙镇女修道院的花园中。他准备了两根完全一样的水银管，并采用与托里拆利所用过的相同的方法。他们在由当地名人组成的观众面前细心地测量两个水银柱的高度，并检验它们是完全相同的。然后当地的教士留下负责其中一个水银柱，而佩里耶的小组则向奥弗涅地区海拔 1465 米的多姆山前进。在向上爬以及到达山顶上时，他们记下了不同海拔处水银的高度。任务完成后，他们返回女修道院核对他们的仪器里水银高度是否同被留下来由教士照看的那个仪器的一样。此时高度是一样的，而女修道院和山顶之间的水银柱高度明显相差 8.25 厘米。

1648 年 9 月 9 日，这些测量首次确定在登山时，随着高度上升而气压下降。此结果对一切有关问题都是一个巨大的冲击。帕斯卡写道：这些实验家"被惊奇和愉快冲昏了头脑"。事实上他们发现的这个效应极大地鼓舞了他们中间一位叫马雷（de la Mare）的神父，此后，他拿着一台气压计从地面爬到克莱蒙圣母院大教堂的 39 米高塔楼顶，寻找水银高度的差别。这个差值是 4.5 毫米，虽小但仍完全能测量出来。当帕斯卡听到此结果后，他便在巴黎的那些最高建筑物中重复做实验，发现了类似的可测趋向：建筑物越高，在其顶处气压下降得越多。他很快领悟到，要是能对大气压和高度之间的相关性独立地获得足够详细的了解，那么测量气压就可以随着高度的灵敏变化来确定高度。自帕斯卡第一次测量以来的 350 年里，我们已经构造了地球的稀薄大气层的一幅详细图像（图 3-5）。随后，他发现气压计在某个地方的水银柱高度随着当地天气情况而变化，这一事实正为我们现代使用的气压计所利用。

帕斯卡坚持认为水银管顶部出现的空空间是一个真正的真空。帕斯卡的反对者对气体力学和流体力学的实际含义并不特别感兴趣，但他们关心这一主张的哲学含义，不只是因为这些含义是由一个没有正式学术身份而仅仅具有极其倔强和固执性格的年仅 23 岁的年轻人来做出解释的。在意大利，托里拆利小组在 1639 年和 1644 年之间做了许多实验，可是他们并没有继续做任何进一步的研究，可能是害怕教会的反对——布鲁诺（Giordano Bruno）于 1600 年被捆绑在火刑柱上活活烧死，而托里拆利的导师伽利略被宗教法庭软禁在家 9 年之久，直到 1642 年去世。然而帕斯卡受到梅森的鼓励（梅森已经知道在罗马所做的实验），并不具有这种恐惧心理，尽管他有强烈的宗教倾向。他在许多方面改进和扩展了托里拆利的实验。他用水、红酒、各种油以及水银做实验。这需要用长管和巨大的桶，在其家乡的街道上做规模庞大的、常常十分壮观的实验。这种演示技巧并没有讨得他那些保守的反对者的喜爱。

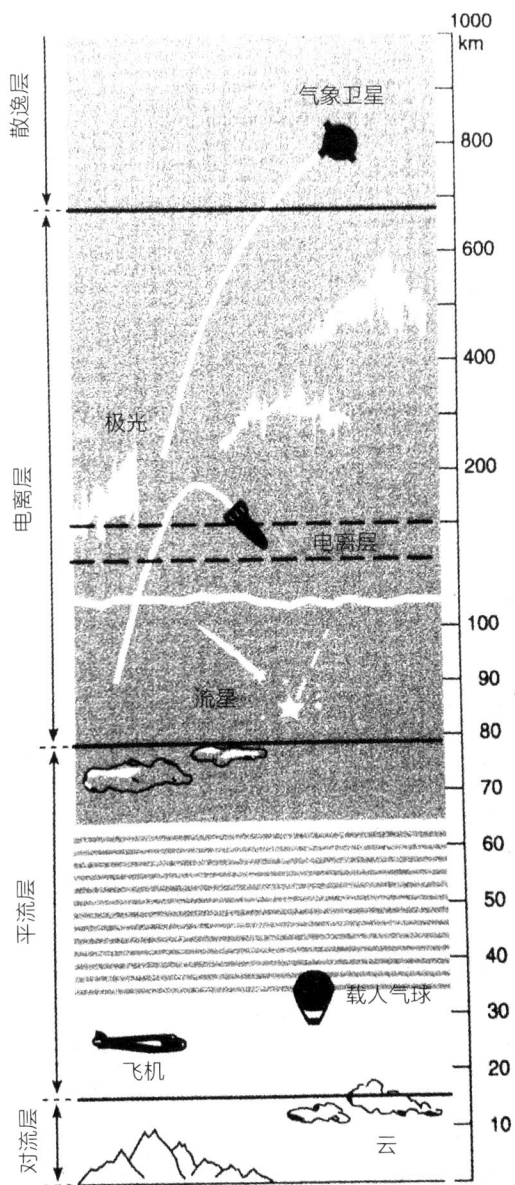

图 3-5　直到海拔 1000 千米处的地球大气层的性质变化 [23]

帕斯卡所面临的反对承认物质真空的实在性的声音来自两个方面。传统的亚里士多德学派的拥护者对物理学有着长期的深刻影响，他们否认制造真空的可能性。他们用"倾向"解释在自然界中观察到的变化，实际上它什么也未解释——万物生长是由于生命力，物体下落到地球上则是由于其沉重的特征。这只是名称游戏，不能对"在以前从未观察过的情况下会发生什么"做出明确的预测。然而否认真空可能性的不只是亚里士多德学派的人。笛卡儿学派——笛卡儿的追随者们——遵循一种统一的自然哲学，它试图利用特定的普适定律以数学术语推断物质世界的行为。然而，这种听上去很现代的倡议却不允许讨论没有物质存在的空间。空间需要物质，正如物质需要空间一样。世界的这些性质对笛卡儿哲学体系是自明的，而它们从一开头就把真空裁定为不值一提。遗憾的是，帕斯卡前去同笛卡儿讨论他关于大气压的山顶实验之意义，而这次会见进行得并不顺利。笛卡儿认为他其实也已提出要做此类实验，但他拒绝承认像帕斯卡始终声称的那样，这些实验确立了一个真实的物质真空的存在。帕斯卡并未给人留下好印象，因为在他的来访之后，笛卡儿写信给荷兰的惠更斯（Christiaan Huygens）说，他发觉帕斯卡"头脑里有太多的真空"。

帕斯卡最终卷入同笛卡儿的耶稣会导师诺埃尔（Noël）神父的一场公开的笔墨官司之中。诺埃尔希望在他的学生所打下的基础上为不存在真空的主张辩护，而且也是基于如下思想：无处不在的上帝的统治权制止真空在任何地方形成，因为形成真空便要求万能之神放弃权力。诺埃尔攻击帕斯卡对其实验的解释。当涉及鉴定水银管的内含物时，他在真空和"空空间"之间做出了语言学上的细微区分，认为管中的空间不是亚里士多德已否定其存在的真空：

　　然而这个虚空不就是亚里士多德企图驳斥的那些古代哲学家的"空隙"……或更确切地说，不就是无可否认的上帝的浩瀚广大（因为上帝是无处不在的）吗？说实在的，如果这个真实的真空正是上帝的浩瀚广大，则我不能否认它的存在；然而同样地，谁都不能说只不过是上帝本身——一个很普通的灵魂——的这个浩瀚广大具有彼此分离的各个部分。这种说法是我给物体下的定义，而不是你所认为我的那些作家根据物质和形态的组成而下的定义。[24]

　　帕斯卡并未受引诱上当，而陷入与一个耶稣会会士就上帝本质展开的一场神学争论中。这会导致他与德谟克利特之类的不信神的原子论者（诺埃尔所指的"那些古代哲学家"）变为一丘之貉。他在给诺埃尔的回答中重申了道德上的高标准，并以狡猾的手段机敏地规避了问题：

　　有关上帝的神秘事物太神圣了，因而不能被我们的争论亵渎；我们应该使它们成为我们崇敬的对象，而不是我们讨论的主题：它们已到了这样的程度，以至于我根本不再讨论它们，而完全服从那些有权利做出决定的人所决定的任何东西。[25]

　　当其他评论家开始了解帕斯卡的实验与古代有关真空和虚空的问题之间的密切联系时，帕斯卡的著作着手强调实验中所展示的"平衡"而不是空虚。然而在他的观点中，他显得谨慎小心。他未发表的论文表明，他持有比他当时所发表的坚决得多的见解。在其未公开的著作里，我们发现他自问对亚里士多德学派厌恶真空的观念的感觉：

　　造化在山顶上比在山谷里更厌恶真空吗？甚至在雨天比在晴天更厌恶真空吗？

尽管帕斯卡对气压的研究实实在在，但他得到的结果却具有深刻和令人不安（对某些人来说）的含义。他的大气压理论解释了在高处做实验时托里拆利的水银柱高度应下降的缘由：位于实验设备之上的空气重量施压于碗中的水银表面。假如我们继续进行下去——水银高度的变化迄今仍是有限的，这不是意味着大气层可能在质量上是有限的，从而像一个中空的球体一样围绕着地球吗？这便意味着在外面的空间里最终有一个真空围绕着我们。诺埃尔指出，它将把我们引向危险的结论：要是在远离我们的外太空中存在无用的真空，那么它便意味着上帝的某些创造是无用的。然而帕斯卡的观点现在取得了胜利。直到 20 世纪下半叶，人们才估计出了宇宙必须有多大才能使其中的单颗行星上的生命得以存在。[26]

有多少空间是空间？

在美国，无人居住的空间比有人居住的空间更大。这便是美国成为现在这个样子的缘故。[27]

——格特鲁德·斯坦（Gertrude Stein）

霍伊尔 ①（Fred Hoyle）曾经说过："太空根本不是遥远的，如果你的汽车能径直向上行驶，那么距离太空只有一小时的车程。"[28] 由托里拆利用如此平凡的设备开始的实验工作最终竟然发现，地球被大气层包围，随

---

① 霍伊尔（1915—2001），英国天文学家。

着我们离地球表面越来越远，大气层变得越来越稀薄。帕斯卡受此现象吸引，做出推测：这也许最终意味着远处外层空间的特征。环绕我们的是一个真实的真空，还是只有一种介质，它在远离太阳和行星之处渐渐变得越来越稀疏呢？在帕斯卡所处的时代，人们是不可能意识到此问题的艰巨性的。现今的宇宙图景使我们能以相当详细的程度认识外太空的特性。我们的发现令人加倍惊奇。物质组成了一系列尺度不断增大而平均密度不断减小的系统。按照大小递增的次序，有行星、星群和星团，以及由几千亿颗恒星聚集在一起组成的系统——像我们的银河系一样的星系；然后我们发现星系聚集成团，星系团能包含几千个成员；而且可以发现，这些星系团在更庞大的超星系团里靠引力互相松散地聚在一起。在这些密度大于宇宙平均密度的区域中间，能发现气体分子和尘埃微粒。行星或像太阳这样的恒星平均密度接近一克每立方厘米，这意味着每立方厘米大约含有 10^{24} 个原子，这大致就是我们在周围所遇到的物体的密度，它比宇宙的平均密度大得多。假如把可见宇宙中所有发光的物质平铺开来，那么我们便会发现每立方米的空间里大约只有一个原子。它比在任何地面实验室里用人工方法能制造的真空要好得多。在这个可见宇宙[29]的范围内大约有 1000 亿个星系，而一个星系范围内物质的平均密度大约是整个可见宇宙中的平均密度的 100 万倍，对应于每立方厘米一个原子左右。

如果我们要一张空间中内含物的完整清单，那么计算宇宙中可见物质仅是必须做的计算工作的一部分。有些物质通过发光显示其存在，不过一切物质都凭引力显示其存在。当天文学家研究星系中恒星的运动以及星系团中星系的运动时，他们发现了类似的情况。运动着的恒星和星系的速度太高了，星系和星系团无法依靠它们的成员之间的引力保持相互结合在一起，除非有 10 倍左右数量的其他物质以某种暗得看不见的形式存在着。这不是完全出乎意料的。我们知道恒星的形成并不是一个非常高效的过程。在恒星的形成过程中，有许多物质并未被卷入那些变得稠密到足以启动核反应并开始发光的区域。重要谜团在于这种物质具有什么形式。对天文学家来说，这叫作暗物质问题。第一个想法是，暗物质就像其他物质——原子、分子、尘埃、石块、行星或很暗的恒星——一样，但这个想法看来行不通。为了使那些在宇宙早期生成最轻的氢、氦和锂等元素的核反应给出所观测到的丰度，对于宇宙里能有多少此类物质——发光的或不发光的，存在一个强有力的限制。因此我们不得不承认，在外太空的内含物中占统治地位的暗物质必定具有另一种物质形式。有希望的候选者是一族类中微子粒子 [称作弱相互作用大质量粒子（Weakly Interacting Massive Particles，WIMPs）]，它们比普通的质子更重且更多。[30] 它们并不参与核反应，所以避免了宇宙历史早期阶段中核反应行为所强加的丰度极限。人们猜想这样的粒子是作为物质的基本粒子的补充部分而存在的，然而迄今在粒子物理实验中并未见到它们。膨胀宇宙理论可以依据这些粒子的丰度精确地计算它们的质量。如果这样的假想粒子确实提供了使星系和星系团结合在一起所必需的暗物质，那么我们会很快知道。当它们飞经地球时，在地下深处为捕捉它们而设计的实验设备就能探测到它们。每天，每千克特别设计的探测材料都进行几次探测。

　　原子和分子，甚至类中微子粒子，都绝不是遍布外太空的一切。所有的波段上都存在辐射。对宇宙总能量密度而言，最普遍、最重要的贡献者是热宇宙早期阶段遗留下来的大量微波光子。随着宇宙的膨胀，这些光子失去了能量，波长增大且冷却到温度仅比绝对零度高 2.7 摄氏度。每立方厘米空间中含有约 411 个这种光子。粗略地说，在宇宙中，对应每一个原子，有 10 亿个这种光子。

人们对宇宙中物质和辐射的分布所做的详细探测表明：随着观测到的宇宙的范围越来越大，我们发现物质的密度继续下降，直到超越星系团的尺度（图 3-6）。

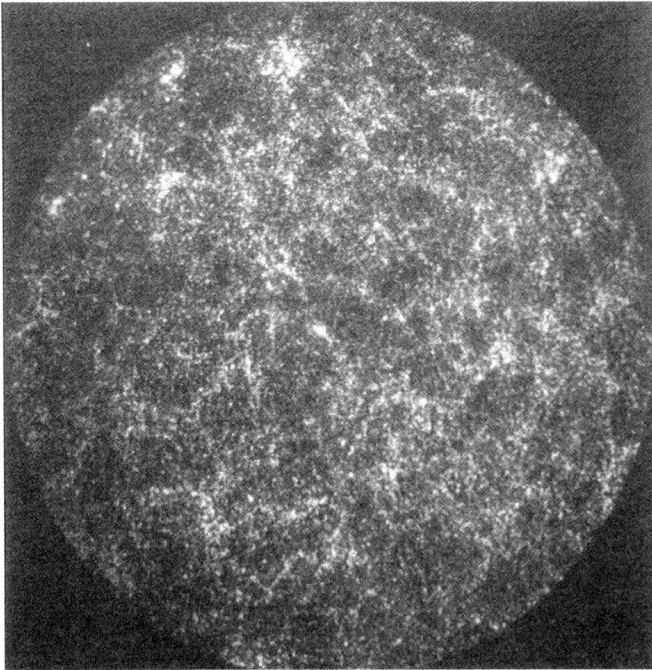

图 3-6　在宇宙中观测到的大约 100 万个星系的成团现象

当达到此尺度时，物质的成团现象开始消失，看上去越来越像一个在密度为每立方米约一个原子的平静的物质海洋上微小的随机涨落。当眺望宇宙的最大可见范围时，我们发现物质和辐射偏离完全平滑的状态保持在只有 $1/10^5$ 的低水平上。这向我们表明，宇宙并未成为所谓的分形。在分形中，每个尺度上的物质成团看起来就像次一级尺度上物质成团的放大像。物质成团貌似在达到望远镜的极限之前渐渐消失了。这反映了一个事实，即这些物质的大聚合体在引力作用下需要花费时间才能聚集起来。对于这个过程来说，仅有有限的时间可供利用，因此它的范围是有限的。

无论我们看向什么地方，宇宙都是一个密度很低的系统。这不是偶然的。宇宙的膨胀把它的尺度和年龄了它所含物质的引力结合起来。为了宇宙能有足够长的时间膨胀，以使在恒星内部通过一系列核反应形成构建生命的"砖块"，宇宙本身的年龄必定有几十亿年。这意味着它在尺度上必定有几十亿光年那样大，具有非常小的物质平均密度和非常低的温度。宇宙物质的低温和低能量保证天空在夜间是黑暗的。"关掉"我们的太阳，在宇宙四处仅有极少的光照亮天空。夜晚是黑暗的，仅散布着点点星光。包含生命的宇宙必定是庞大和古老的，是黑暗和寒冷的。要是我们的宇宙缺少真空，它就不可能成为生物的栖居地。

为了展示空间在今天的状态，我们匆匆地向前走到目前这个地步。可是从帕斯卡实验到大爆炸理论的"航线"不是如此之短的。在下一章里，我们将着手了解真空所发生的情况，它是怎样被改变面貌、被排除、被重新建立并最终被理想化的。我们将发现，真空的概念以及寻找它的存在证据，在19世纪和20世纪的科学和哲学上继续起着同它在早期一样的核心作用。

第 4 章

渐渐趋向以太

一种无所不在的介质的概念对科学家具有相当大的吸引力。例如，这使他能解释诸如光、热、声和磁这些熟悉的现象为何会超越遥远距离运作，以及为何能通过似乎是空虚的空间。[1]

——耶尔森（Derek Gjertsen）

牛顿和以太：存在还是不存在？

对于永不知足的人来说，什么都是不够的。

——伊壁鸠鲁

17 世纪下半叶，牛顿对运动和重力的研究沿着一条将催生惊人成就的轨迹前进。他能解释月球和行星的运动、地球的形状、潮汐、抛体的路径、重力随地上高度和地下深度的变化、物体在受气压的阻力时的运动，还有别的很多现象。牛顿靠想象力实现的惊人飞跃，完成了这些。他依据理想的情况，用公式系统地表述运动定律。他的第一运动定律陈述道："在无外力作用下，物体保持静止或以恒定的速度持续运动。"无人曾经看到过（或将会看见）不受力作用的物体，可是牛顿发现，这样一个观念提供了一种标准，人们按它能可靠地测量所看到的。尽管其他人曾认为，在没有受力的情况下，物体会减慢运动直至停止，牛顿却指出，在任何给定情况下，物体会受各种作用力作用。物体没有运动发生，说明其受到的各种力处于平衡之中，即作用在物体上的净力为零。

尽管牛顿的这些思想有力而简洁，在它们的核心却有一个引起麻烦的假设。牛顿不得不假设存在某种他称为"绝对空间"的事物，即宇宙中某种固定的背景舞台，一切可观察到的、受他的定律支配的运动都在此舞台上进行。牛顿著名的运动定律只适用于相对这个绝对空间的想象舞台做不存在加速度的运动。[2] 现在，我们也许能用我们所能看到的最遥远、变化最缓慢的天体——类星体——来规划出一个想象中的框架，作为这个绝对空间的近似。

绝对空间是一个不易处理的概念。它是牛顿理论的关键，可是谁都无法观测它、感觉它，处置它。它一开始就令人觉得像真空本身一样神秘和无从捉摸。它造成的另一个困难是，没解释引力或光如何能通过它传播。针对这个谜团的一种回应是：放弃布满空间的固体之间是空的这一概念，而代之以想象"空"空间里有一种极其稀薄的流体，它充满每个角落和缝隙，犹如均匀而静止的海洋。这种流体起先像是取代"绝对空间"这个完全数学化的概念的一个候选者，因为运动总被描述为相对于这种稀薄流体而进行的。

这个充满整个空间的巨大的、不变的海洋被称为"以太"。它使人联想起"元气"这种弹性物质——这是古代斯多葛学派哲学家提出的一种空间填充物，在他们努力了解世界的过程中起着积极作用。声音从声源向外传播被解释为通过元气在运动，就像波通过水一样。这种熟悉的类比促使人们将之作为一切空间的渗透性的模型。而这种概念消除了人们对真实真空的担心，也增加了它自身的吸引力。

牛顿从未对这种观念表现出巨大热情，或者，他只是有些勉强地采纳它，因为他想要更使人信服的东西。他认识到，以太为理解光的某些性质及其效应在空间中的传播，提供了一种合宜的媒介。可是，一种流体的存在会给月球和行星的运动带来很大的破坏。牛顿已经透彻地了解物体在液体和其他阻尼介质中如何运动，因而他坚持认为，一种到处蔓延的阻尼介质会使天体运动减速。最终，天体运动会戛然而止。

托里拆利、帕斯卡和玻意耳显然可以在水银柱里创造出局部真空，他们研究了其若干性质。他们曾用光照射它们，由此推得光能穿透被抽空的空间；磁吸引也不受抑制；热辐射无阻挡地通过真空瓶；物体在重力作用下落向地球，正如它们在空气里一样。[3] 牛顿充分认识到"空"空间的这些特征，因此怀疑它是否终究不那么空，于是，热和光可通过"在空气被抽出后仍保留在真空中的比空气还稀薄得多的介质的振动"来传播。[4]

在试图证实这种想法时，牛顿本人陷入了一片混乱。他的最初想法是把光看作一股微粒流（现在我们称为"光子流"），微粒从反射面反弹回来，其行为就像极小的、具有完全弹性的台球。遗憾的是，牛顿和荷兰物理学家惠更斯两人都发现，在某些情形下，光根本不像一串小台球那样运作。两束光彼此相位稍有不同，就会发生干涉，从而产生明暗相间的彩色光带。这种行为是波的特征，不是粒子的特征，可用两个波叠加而使一个波的波峰与另一个波的波谷相配来解释。牛顿已观察到有关光的类波行为的更丰富的结果，诸如当光在通过水面的油层或被孔雀的尾巴散射时产生的色彩缤纷的现象。

了解这一问题的最有用的例子是声音的行为。声音利用在介质中的波动，从一点传播到另一点。当我们的叫喊声穿越房间时，是空气分子的振动携带了能量，即声音，从一地传播到另一地。在考虑光如何通过空空间运动时，物理学家把注意力集中在这一场景上。遗憾的是，不像光和热，声音不能在玻意耳以及其他人制造的真空瓶里传播。把空气从真空管中抽出，消除的正是能通过振动将效应传播到远处的介质。虽然我们看见太阳，并感觉到它穿过空空间向我们辐射的热量，但我们听不到在太阳表面上发生的任何事件，不管这些事件是如何难以置信的激烈。

牛顿想把光的这两个性质联系起来，第一次尝试是想象光的子弹必然因撞击以太而产生波，恰如掷一块石头到水里，引发一连串由撞击点向外运动的波一样。光应能在以太流体里产生振动。引力会使它们加速，直到加速力与以太的阻力相等为止。然后，它们会以恒速运动。然而，光运动极快，要想把光粒子加速到每秒 186 000 英里（约 30 万千米），所需的加速力将大得不切实际。

牛顿从未完全相信这幅以太图景，并不断对光和引力通过空间的传播提出许多问题，但始终没有令人信服地回答它们。牛顿不想让自己陷入古代的谬见之中：物体的某个固有性质叫作引力，它让一个质量对另一个质量产生超距作用（这等于什么也没有解释）。他同本特利[5]（Richard Bentley）之间的通信很著名，其内容是牛顿对引力和运动的研究工作能以什么方式为证明上帝的存在提供新的支持，这种目的论是基于自然定律本身的精确性和不变性，而不是基于这些定律偶然的圆满运作。在通信中，牛顿就"引力能以何种方式通过真空作用"，提出了自己的困惑[6]：

> 无生命、非生物的物质竟然不以其他非物质的事物作为媒介，便能起作用，而且影响到并不相互接触的其他物质，这是不可想象的；而如果按伊壁鸠鲁的观念，引力在物质中是必不可少的、固有的，那它就必然发生……引力对于物质应是天生的、固有的且必不可少的，因此一个物体可通过真空作用在相隔一定距离的另一个物体上；无须以其他任何东西作为媒介，就把作用和力从一个物体传递到另一个物体，这种观念在我看来是一个极大的谬论，我相信，但凡在哲学问题上具有足够思维能力的人，谁也不会一直陷于此中。引力必定由一种遵循某些定律、持续不断作用着的媒介产生，然而这种媒介是物质的还是非物质的，我就留给我的读者去思考了。

不难想象，牛顿要让他同时代的大多数人接受关于力瞬时超距作用的图景，有多么困难。在牛顿的时代，与之对抗的行星运动理论是笛卡儿提出的涡旋理论，它把宇宙看作一个由旋转着的粒子所组成的

巨大涡旋，粒子间的相互作用通过物质的接触而传递（图4-1）。笛卡儿
否认在空间里存在真空，而用一种透明的流体——微小的物质（matière
subtile）——填满它，这成了笛卡儿世界观的一个关键部分。

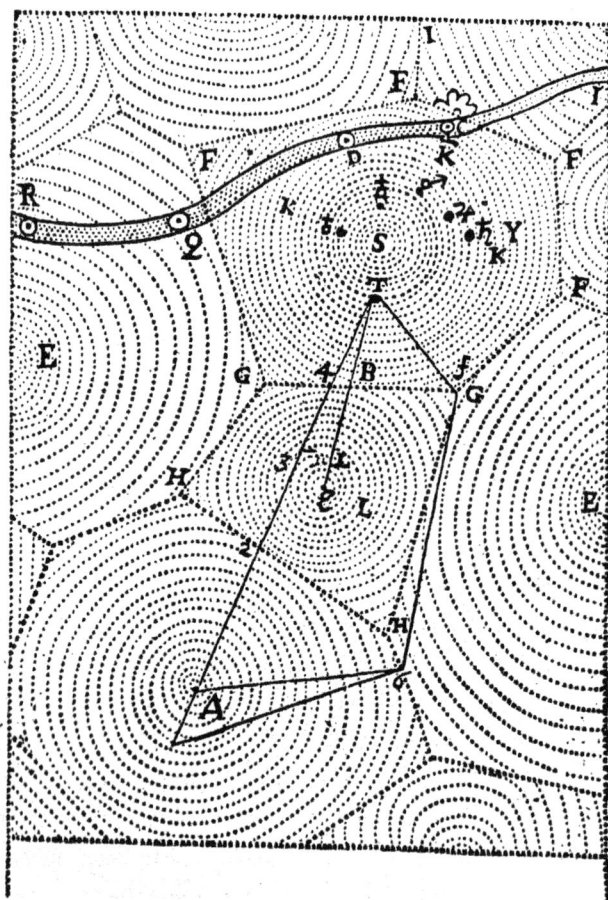

图4-1　笛卡儿的涡旋体系（1636）。[7] 每个涡旋代表无数太阳系中的一个。涡旋
的中心（位于标记为 *S*、*E* 和 *A* 的点处）是恒星，它们因涡旋的湍流运动而发光。
经过画面顶部的曲折管道是一颗彗星，它运动得太快，因此随便哪个太阳系都俘
获不了它

　　这幅生动的涡旋形宇宙图景远比牛顿严格的数学结构更具吸引力。每个人都看到过湍流的水中的涡旋。这种类比是熟悉而有说服力的：搅拌浴缸里的一部分水，其效应经表面会传播到水的其他部分。看来，笛卡儿提供了一种似乎有道理的机制，引力的作用可以借此在空间内传播。然而，笛卡儿的理论失败了，它不能解释所观测到的行星运动，行星遵循开普勒（Johannes Kepler）的著名定律。这对人类如何区分两个概念——什么看上去是"自然的"和什么确实是自然的——来说是一个教训。[8]

　　牛顿对以太的态度的变化很有趣。在 17 世纪 70 年代，他试图说服玻意耳，确实存在一种难以捉摸的以太"精气"（aere），因为在真空里，一个摆动着的摆持续振荡的时间几乎同它在空气里振荡的时间一样长。牛顿认为，必定存在另一种流体起着与空气相似的作用，即使把摆放在玻意耳制造的真空里，这种流体也会使摆动缓慢下来。牛顿甚至声称，把某些金属密封在玻璃容器内，它们会熔化并变重。他觉得，这意味着一些稀疏的流体必定通过玻璃容器的细孔流入其内部，因而增加了金属的质量。稍后，他试图用以太作为工具解释光的反射和折射，并试图说服玻意耳，以太的不均匀性可解释引力的存在。

　　到了 17 世纪 80 年代，牛顿对以太失去了热情。在《原理》（Principia，1687）一书里，他把这种无处不在的介质的存在问题排除在外，因为它会对天体的运动产生难以预测的扰动。此后，在《原理》的第二卷里，他立即考虑了"某些人的意见，即存在某种极稀薄和微细的以太介质，它自由地渗透到所有物体的细孔中"，并希望想出能验证此见解的实验。他回到介质对摆动着的摆的作用上来。这一次，他把结果解释为：这说明了无论是在空气还是在真空里，摆的阻尼运动都没有可察觉到的差异。于是牛顿得出结论：假如以太存在，它的作用必定微小得察觉不到，所以，就解释引力和其他可观测到的现象这一目的而言，这可以被安全地忽略——一个 180 度的大转弯。

6 年后，牛顿在试图使本特利相信"像引力那样的影响不可能远距离瞬时地起作用"，同时，他写信给莱布尼茨，说有一种稀薄的物质确实充满了天空。到《原理》的第二版于 1713 年出版的时候，牛顿在第一版的原文上添加了几个字：确实有一种"稀薄的精气渗透和隐藏在所有粗大的物体之中"，而正是有了它，才使他能理解自然界的各种现象：引力、热、光和声。牛顿并未透露以什么方法做到了这一点，因为这"不能用三言两语来解释"。

牛顿对以太的最后观点出现在他的《光学》第二版（1717）的末尾提出的一些问题中。于此，他通过比较温度计在空气中和密封在一个被抽空的管中的状态，宣布以太存在的新的实验证据。[9] 由于在上述两种情况下，温度计对热的反应没有可察觉的差异，所以牛顿再次相信，一种"比空气更稀薄和微细的"介质必定仍然存在于被抽空的容器之中，用以向外传热。回到他最初对以太存在的推测，牛顿接着提出，这种稀薄的介质在太阳和行星等较密的天体内部必定要比在它们之间的行星际空间里稀疏得多。由于物体企图从以太较密的地方向以太较稀的地方运动，因此产生了引力 [10]——"每个物体都力图从介质的较密部分向较稀的部分移动"——以求分布均匀。[11] 最后，牛顿试图为以太的难以捉摸提供某种力学解释。它由"极其微小"的粒子组成，而它的弹性由这些微粒互相排斥而产生。这些力在小物体里比在大物体里要强，与物体的质量成反比。结果它是 [12]

……一种远比空气稀薄且有弹性的介质，因此它几乎不能阻止抛体的运动，然而，由于它力图扩张自己，所以极可能压挤较大的物体。

牛顿对以太的难以捉摸和弹性之间联系的推测，以这些问题结束。牛顿从未发表有关以太的定量性质及其在传递引力上的作用的详细理论。他对引力作用和运动的预测清晰明了，这与他不断尝试想要对"真空的真实本质以及力通过真空的各种途径"取得满意的结论形成了对比。牛顿在他所推断出的有关世界运作的几乎每一件事上，都超越了他的时代，但在以太和真空这些问题上，要他一下子跃进到未来也是不可能的。

以太中的黑暗

自 1846 年 11 月 28 日以来，因电磁理论，我未曾有过一刻的平静或愉快。我一直动不动就为痴心于以太而烦恼，只有在严格的克制下，我才能偶尔避开对此论题的思考。[13]

——开尔文（Kelvin）勋爵

空空间问题与另一个长期存在之谜——夜空的黑暗——纠缠在一起。笛卡儿的哲学坚定地以"不可能存在空空间"的信念为基础，他信奉一个无限广阔的宇宙。只有物质能具有空间范围，因而没有物质的地方也不可能有空间。万物皆因受物质的直接接触所产生的力而运动，不存在跨越真空的不可思议的超距作用。他的天体涡旋运动设想只允许相互作用经由接触发生（图 4-1），因此，他驳斥了原子论者提出的物质的"原子"被虚空隔开的设想。物质必定是连续的，没有虚空或其他间断，假如把原子引入笛卡儿的理论，那么它们之间必须是彼此连续的接触，因此它们必须是延伸的，而不是如原子论者所想象的孤立的物质点。

牛顿学派是笛卡儿的反对者，他们不接受笛卡儿关于物质运动纯粹受力学定律支配的想法。许多人设想，恒星之间的夜空之黑暗是无限和永恒的宇宙外虚空的直接证据——古代人坚持认为，在一个具有有限大小和年龄的物质世界的边界外，存在着这样的虚空。我们正通过有限的天体世界看到更远处的黑暗虚空。于是，笛卡儿学派的人把亚里士多德和伊壁鸠鲁的思想结合起来：他们像亚里士多德一样，既否认真空是一个确凿的现实，又否认物质的原子的本质；然而他们又像伊壁鸠鲁一样，相信空间是无限的。对比之下，牛顿学派则把斯多葛学派和伊壁鸠鲁学派的哲学融合起来：他们像斯多葛学派一样，否认恒星在数量上和范围上是无限的思想，然而他们又像伊壁鸠鲁学派一样，接受真空的存在和物质的基本原子结构。此后，牛顿学派的设想废弃了自身中斯多葛学派的一面，而仅使用伊壁鸠鲁关于无限多恒星的图景，如图4-2所示。

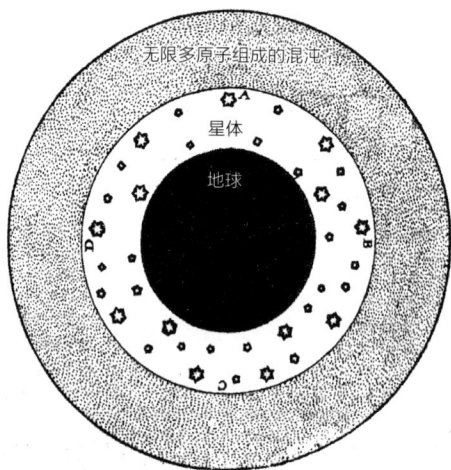

图4-2　牛顿在1667年，即早年在剑桥期间的宇宙观。[14] 此图结合了古代伊壁鸠鲁和斯多葛学派关于宇宙的概念

任何相信宇宙内包含着无限分布的恒星的人，都将面临如何解释夜空黑暗的问题。[15] 假如有人抬头深入地看这个恒星的无限阵列，那他就像往一个永无止境的森林深处看一样：他的视线总会遇上一棵树。这样一来，人们应该看到整个天空似乎是一个被星星照亮的灿烂的表面。显然，事实并非如此。

假设空间充满着稀薄的以太，就能有解释夜空黑暗的新的可能性。在 19 世纪，爱尔兰天文学家戈尔（John Gore）认为 [16]，星际空间的黑暗可能是既无物质又无以太的完全真空区域的证据：

> 有些天文学家曾认为恒星的数目必定是有限的，不然的话，假设数量无限的恒星均匀地遍布空间，便会得出一个结论：整个天空应均匀地发出也许与太阳光相同的光。[17]

戈尔与加拿大天文学家纽科姆 [18]（Simon Newcomb）都相信，要是我们的银河系与更遥远的恒星和星云之间被星光不能通过的完全真空区域隔开，那么夜空黑暗之谜便能解开（图 4-3）。从热力学上来看，这听上去相当奇特。当星光射到这个无法穿透的真空区域时，会发生什么情况呢？他们认为，星光会被反射回去，因此

> 我们可以把……这个起反射作用的真空视为一个中空的球的内表面。

在他们的方案中，每一个由恒星和普通物质组成的星系都被一个球形的以太"球"所包围，但这些以太球之间的星系间区域则是光不能穿透的完全真空。

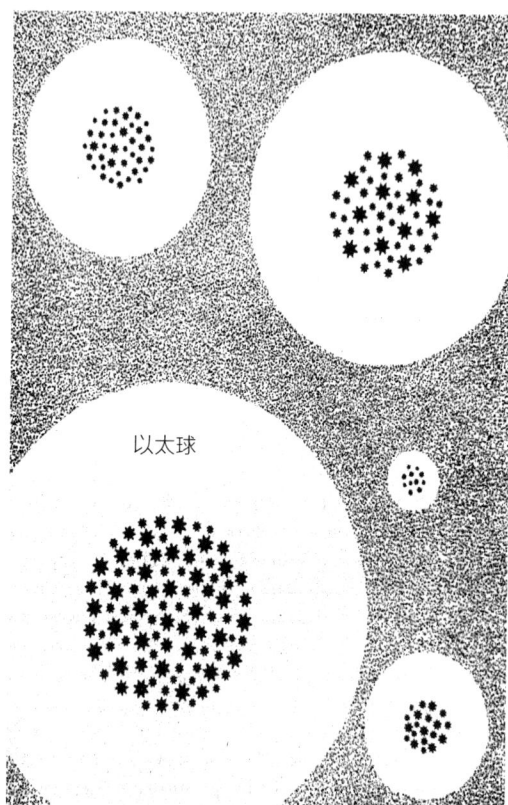

图 4-3　纽科姆和戈尔对夜空黑暗之谜的解答。[19] 每个由恒星和普通物质组成的星系却被一个以太球所包围。星系之间的空间不含有以太，因而不能传播光。以太球似乎起着反射镜的作用，并阻止在它们内部的观测者接受来自其他以太球的光

　　我们看到，就一切实际的意义来说，其他星系连同它们的以太球可能也不存在。它们原则上是观测不到的。实际上，夜空的黑暗正在借助假设宇宙从天文学的角度来看是有限的且包含很少的恒星来解释，其余一切都是光学幻觉。遗憾的是，这种解释并不奏效。假如每个星系为一个完全真空的"镜面"包围，那么星系中恒星的光将来回反射穿过星系，最后，这些光为可见天空做出的贡献将类似于从其他星系所得的光。

以太的自然神学

假如上帝有意让我们研究哲学，他本该如此创造我们。[20]

——马列克·科恩（Marek Kohn）

在 18 世纪和 19 世纪，神学家非常中意他们所塑造的作为宇宙"设计者"的上帝的各种存在论据。他们认为，从我们周围的世界的构造来看，存在这样一个"设计者"是显然的。这种构造具有两个有说服力的组成部分。首先，生物界存在明显的预先设计的痕迹。动物似乎栖居在依其所需而定制的环境里——还能找到比动物毛皮上的伪装斑纹更完美的设计吗？这让它们完美地融入周围环境。自然定律催生的结果是相互协调的，这一主张得到了较复杂的目的论的支持和补充，而后者的基础是被牛顿成功阐明并由本特利推广的自然界的简单规律。第二种目的论则把那些简单而无所不包的牛顿定律的数学威力，作为存在一个拟订这些定律的"宇宙立法者"的主要证据。[21]

在所有这些自然神学的讨论中，宇宙被视为一个和谐的整体，其中所有组分都精明地以最佳方式结合成一个庞大的宇宙系统。人类是这一系统的受益者，但只有最天真的目的论者才会认为"使人类幸福，是整个创造行动的目的或终极缘由"。以太被纳入这一神学的宇宙概念，因为以太消除了多年来的反对意见，即空虚空间毫无用处，而上帝要为造物时浪费的空间负责。以太消除了这个毫无目的性的空虚，从而弥补了这个关键的缺陷。在一些神学家的头脑中，以太的地位被提高到仅稍低于天使的位置，成了上帝用来控制天体运动的一大副因。例如，库克（John Cook）认为：

以太在万能之神手中是宇宙的舵，或魔杖，或随便将它比作什么，上帝凭借它自然地控制和支配一切用于创造生物的物质……上帝的这个设计方案原来是多么美好啊！[22]

休厄尔（William Whewell）在向著名的《布里奇沃特自然神学论文集》（*Bridgewater Treatises on Natural Theology*）提交的论文中详尽地发展了这条论证路线。该论文集是由 19 世纪许多杰出学者所写的一系列著作，这些学者诉诸科学发现，希望对基督教信仰提供支持。休厄尔的那一卷[23]论述了天文学和物理学对此论点的贡献。由于他是惠更斯的光波动论的强烈支持者，所以以太在他的物质宇宙的概念中起着关键作用，而且他也非常相信以太在万物的神学体系里起着至关重要的作用。他认为，以太是万能之神按天意设计的，使我们能凭视觉看见宇宙。除了质量和流体之外，以太也是宇宙的三种基本组元之一。[24]假如没有它，宇宙将是死寂的、无生气的和不可知的。因此，以太的存在正是上帝的智慧、仁慈和以人类为宇宙中心的善良意图的证据。

在科学界，关于以太的最具思辨性的观点，可在苏格兰物理学家泰特（Peter Guthrie Tait）的著作中找到。他以与开尔文勋爵的共同工作，以及在纽结的数学理论上的开拓性思想而闻名。在 1875 年，泰特和鲍尔弗·斯图尔特（Balfour Stewart）合著了一本名为《看不见的宇宙：对未来状态的物理推测》（*The Unseen universe; or, physical speculations on a future state*）的科普书，[25]旨在证明宗教与科学之间的和谐性，为此，他们有一些值得注意的关于以太的东西要说。

斯图尔特和泰特认为，一切物质由以太粒子组成，而这些以太粒子又由更微小的以太粒子团组成，以此类推，直至无穷。以太的这种等级式结构被安排在一条能量的单向上升通道上，以致较低级的以太总能由较高级的以太形成，而反之则不然。斯图尔特和泰特想象他们的以太楼梯像雅各（Jacob）的扶梯①一样，能上升到具有无穷能量，最终变成永恒并等同于上帝。世界的创造不过是以太谱上的能级下降，在最低级处逐渐集结成物质——就是我们周围看到的那些物体，而人类也生存于其中。

决定性实验

如今的塞壬②（Siren）们还有一种比歌声更致命的武器，那就是她们的沉默……某些人可能逃脱出她们的歌声，但无人能逃脱出她们的沉默。[26]

——卡夫卡（Franz Kafka）

在 19 世纪中叶，几乎所有科学家接受的观点是，空间中充满着一种无所不在的以太流体，没有真空，一切力和相互作用均由以太传递，要么由以太的波，要么由涡旋。一个受偏爱的方案是，平均说来，以太是静止不动的；其他的方案则认为，以太被地球每日的自转和每年一次绕太阳的公转反复拖动。怀疑这种设想似乎是相当愚蠢的，有点像怀疑地球是否具有空气层一样。以太的存在正迅速成为人们所掌握的不言而喻的科学真理之一。然而，虽然它的存在未受质疑，但是它的物理特性却是被激烈争论的问题。[27]有人认为它是稀薄的，有人认为它

---

① 《圣经》中雅各梦见的天使上下的天梯。

② 希腊神话里半人半鸟的海妖，常用歌声诱惑过路的航海者，造成航船触礁，人员身亡。

是一种弹性固体，还有人坚持认为其性质是随周围情况而变化的。在这样一种混乱的氛围里，推测性的理论层出不穷，而当人们面对新的反对意见或难以对付的事实时，很容易虚构出各式各样、挖空心思的附加性质，以修正这个"受偏爱"的假设。人们需要的是一个决定性的实验，正如托里拆利为真空是否存在的问题提供了实验窗口，借此中止了有关实际真空可能性的复杂、难解的争论一样，对以太也应这样。进展来自欧洲的大西洋彼岸，几乎无人料到，人们对运动认识的巨大一步，会在那里迈出。

阿尔伯特·迈克尔逊于 1852 年 12 月 19 日出生在波兰和德国边境附近的一座叫施特雷尔诺的小镇上。[28] 从法律意义上说，这座小镇自腓特烈大帝 ① (Frederick the Great) 时代起已属于德国，可是，像它的公民一样，它在传统上被认为属于波兰，而且这座小镇离哥白尼的诞生地不到 80 英里（约 129 千米）。在面临局势剧变和政治迫害时，迈克尔逊一家加入数千波兰移民的行列来到美国，当时小阿尔伯特年仅 2 岁。阿尔伯特的父亲塞缪尔（Samuel）在纽约做了一段时间的珠宝商之后加入了"淘金热"，独自前往加利福尼亚碰运气。不久，加利福尼亚成了美国的一个州，并逐渐变得繁荣。塞缪尔·迈克尔逊也富裕起来，并在卡拉维拉斯县开设了自己的商店。其余家庭成员先经可怕的海上旅行到达巴拿马，接着经危险的陆上旅行，艰难跋涉，横跨美洲大陆的狭窄地带（这是在巴拿马运河开通以前的年代里）到达太平洋沿岸。在那里，他们搭乘另一艘船抵达旧金山，再经最后的陆上旅行到达那些黄金城镇，最终同塞缪尔会合。在那里，在荒蛮西部边境所特有的、远离知识界和传统文化的氛围里，年轻的阿尔伯特·迈克尔逊度过了自己的早年生活。作为一个孩子，他在制造机械零件方面具有特殊的天赋，并初步显示出数学才能，

---

① 腓特烈大帝（1712—1786），普鲁士国王，1740—1786 年在位。

对矿工从地下挖掘出来的岩石和矿物也有强烈的爱好。13 岁生日过后，他被送往旧金山念高中，3 年后顺利毕业。然后，因争夺密歇根州安纳波利斯市的美国海军学院的一个录取名额，他投入了残酷的竞争。可惜，他没能被录取。在考试中，他与一名较出身贫苦的年轻候选人的成绩不分上下，可是，选拔委员会不顾一大堆支持迈克尔逊的信件，把决定性的一票投给了另一位候选人。

迈克尔逊没有放弃，他下定决心要入学该学院，所以他直接求助于格兰特 ①（Ulysses Simpson Grant）总统，要求加设一个名额。他知悉了这位总统的遛狗习惯，于是赶到华盛顿，在白宫的台阶上等候总统回来。格兰特耐心地倾听了这位少年的要求，但回答说，事实上自己什么也不能做，学院里的名额全满了。不过后来，格兰特总统想起收到过迈克尔逊所在地的国会议员的一封来信。出于老迈克尔逊在商业上和政治上对共和党的事业所做的重大贡献，该议员在信中为小迈克尔逊提出申诉：回报小迈克尔逊会为总统在其家乡所在的州带来更多支持。不管出于什么理由，总统决定干预此事，于是，他叫小迈克尔逊去面见海军学院的院长。接着，经过口头审查仅几天后，迈克尔逊便获悉该学院为当年的报名者设立了一个额外名额，且把它给了自己。他成了一名海军学院的学生，并逐渐在学院里在所有理科课程上都成绩超群，唯独军事课程的成绩欠佳。[29] 毕业后，他在海上度过了短期的服役时间。此后，他被任命为该学院的物理学和化学讲师，开始扩展自己在光学和实验物理学上的专长。他对科学的第一个杰出贡献是精确测量了光速。此工作于 1880 年完成，之后，迈克尔逊暂离海军一段时间去休假，并带全家去了欧洲。正是这次旅行改变了他的科学研究方向。

---

① 格兰特（1822—1885），美国第 18 任总统，1869—1877 年在位。

迈克尔逊在欧洲几所一流大学之间来来去去度过了两年，了解到物理学的新进展，同时不可避免地倾听了一些一流理论物理学家阐述他们关于以太的理论——当时的一个重大谜团，它持续强烈地吸引着迈克尔逊。这种不可思议、无从捉摸的介质是否存在？有办法测定它吗？

麦克斯韦（James Clerk Maxwell）曾提出[30]，凭借检测在不同方向上光速都相同，我们能了解光必须通过其传播的以太流的运动情况，这是因为：

假如有可能借助于观测光在地面上一个位置和另一个位置之间经过所花的时间来测定光速，那么我们也许能通过比较在相反方向上所观测到的速度，来测定以太相对于这些地面位置的速度。

然而，麦克斯韦怀疑是否能做出这个实验并找到答案。迈克尔逊不在乎这些悲观的预测，他有一个直截了当的方法可实现麦克斯韦富有灵感的建议。假定以太是不动的，那么它会明确显示某种绝对静止状态，于是当地球绕自己的轴自转和绕太阳公转时，我们必然穿过它运动，正如骑自行车的人在骑车通过静止不动的空气时感觉到有风扑面而来一样，一个合宜的探测器也许能测出我们通过以太运动之际，应当产生的以太风。假如以太在运动着，那么我们在以太内逆流和顺流运动时应感觉到不同的效应。

迈克尔逊凭借简单的类比，着手发展自己的想法。以太运动的效应应像在河流中游泳时感受到的一样，水流是因地球通过静止的以太海运动而产生的流经我们的以太流。想象一位游泳者在河中来回游了两次：第一次，他沿与水流垂直的方向横渡此河；第二次则是先顺流而下，再

回过头来逆流而上；在这两种情形里，他都在同一地点（即出发地）结束
游程，两次往返游泳的路径如图 4-4 所示。

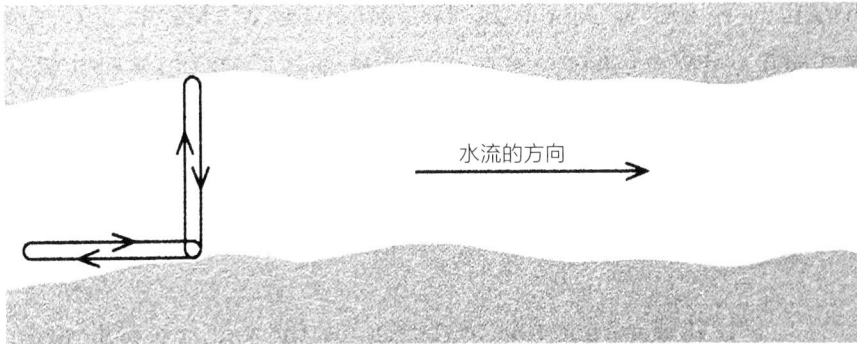

水流的方向

**图 4-4　一位游泳者游了两次等距离的路程：一次横渡河流后再返回，另一次则
先顺流而后逆流**

如果在每个情形里游泳的总距离是相同的，那么沿着与水流正交方
向游总比沿水流方向上下游要快。为理解这一点，让我们举一个简单的
例子。假定河水以 0.4 米每秒的速度流动，而游泳者在静止的水中能以
0.5 米每秒的速度游泳。要游的每段路程的距离为 90 米。

在先顺流而下游、再回头逆流而上游的情形里，游泳者在顺流游
时相对于河岸以 0.5＋0.4＝0.9 米每秒的速度运动，所以游 90 米需时
90÷0.9＝100 秒。在逆流而上时，他相对于河岸的速度仅为 0.5－0.4＝0.1
米每秒，因此他需花 90÷0.1＝900 秒游回到起点。来回游的总时间为
900＋100＝1000 秒。

现在考虑横渡河流的情形。游泳者会发现每段路程都是同样困难的，
因为他始终保持与水流正交的方向游。他垂直于河流的速度，可以在直

角三角形中应用勾股定理求得：横渡河流的实际速度为 $0.5^2 - 0.4^2 = 0.09$ 的平方根，即 0.3 米每秒（图 4-5）。于是他能在 $90 \div 0.3 = 300$ 秒的时间里游 90 米，所以往返横渡 90 米所花的总时间是 600 秒。由于河流有速度，这不同于顺流和逆流来回游所需的总时间。只有当河流速度为零时，这两个来回游程各所需总时间才相同。

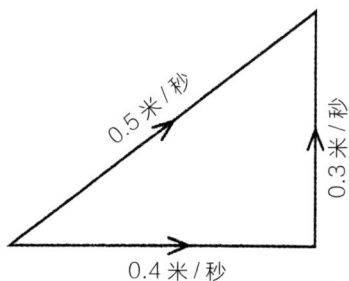

图 4-5　游泳者横渡河流的速度通过在直角三角形中应用勾股定理求得

迈克尔逊得出结论：假如光在以太中"游泳"，应发生同样的情况。两条光线按相互垂直的方向发射并反射回到其共同起点，为走完相同距离的来回路程，它们应花费不同的时间，因为正如河里的游泳者一样，它们受到来自流动着的以太的不同拖曳力。最重要的是，如果没有以太，那么不同光线所做的两种来回旅程所需的时间应完全相同。

迈克尔逊想出了一个出色的实验以检验以太假设。他在相互垂直的两个方向上同时发射两束光，然后把它们沿射出方向再反射回来，通过核对两者是否在同一时刻返回起点，即可验证以太假设。实验装置如图 4-6 所示。

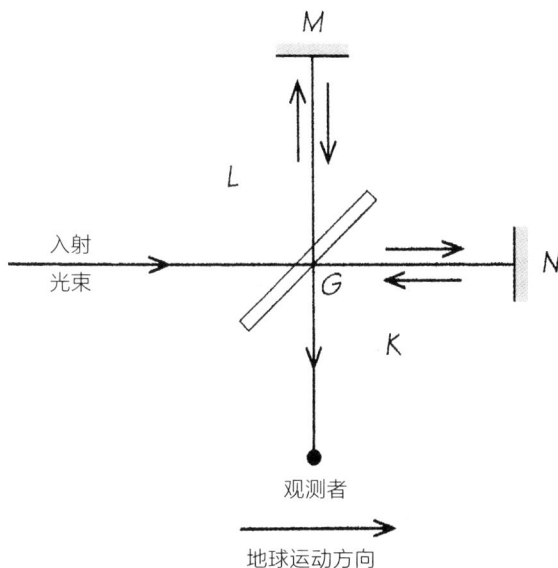

图 4-6　迈克尔逊实验的简略草图。一束光被位于 *G* 处的仅反射部分光的镜子分
解成互相垂直的两束光。其中一束沿长度为 *L* 的路径运动，而另一束则沿长度为
K 的路径运动。两束光分别被位于 *M* 和 *N* 处的反射镜反射回来，而在 *G* 处重新
混合在一起并被观测到。如果两束光行经各自的路径所需的时间不同，那么当它
们在 *G* 处重新混合时将有相位差，从而产生干涉带

　　利用光的类波性质，实验有可能达到非常高的精度。假如光波回到
同一点时相对于源波产生了不同的相位，那么一束光的波峰和另一束光
的波谷重叠就会产生稍暗的光带，而波峰和波峰或波谷和波谷的重叠，
则会产生明亮的光带。这种现象称为干涉，它产生明暗相间的一系列光
带。[31] 在迈克尔逊的实验中，看不到相间的干涉条纹的图案，这意味着
没有以太的效应——它本应使某一个方向上的光变慢，但在与此垂直的
方向上没有这种作用。[32]

　　虽然这个实验的想法是简单的，但实行起来是一项相当艰巨的任
务。光速为 186 000 英里每秒（约为 30 万千米每秒），而地球在绕太阳

每年公转轨道上的速度仅约为 18 英里每秒（约 28.8 千米每秒）。如果实验的测量要精确，并且不因测量误差和实验装置的其他变动而中断，那么需要特别细心。要知道，假设以太确实存在，那么两束光线在两个方向运动的时间应被检测出的差异小得仅为地球的速度与光速之比的平方的一半——小于一亿分之一！而为了使科学家相信不存在由以太引起的时间差，测量的精度必须高于此值。可见对实验精确度的要求有多重要。

　　幸运的是，著名电话工程师贝尔（Alexander Graham Bell）出钱资助了此实验，干涉仪于 1881 年在柏林建成。迈克尔逊在柏林大学著名的德国物理学家亥姆霍兹（Hermann von Helmholtz）的实验室里做了第一次尝试。他立即遇到不少问题。他必须保证反射镜组保持常温，为此，他用温度为 0 摄氏度的融化的冰包围整个实验设备，然后必须设法应对在实验室外，柏林市内的车辆轰鸣所产生的振动。柏林交通的噪声最终被证实是无法克服的，所以，迈克尔逊拆除了自己的设备，并把它搬迁至柏林附近位于波茨坦的天体物理学天文台。此时，他面对的只是行人所产生的不大的振动，他又把设备牢固地安装在望远镜坚固的基座上。最后，迈克尔逊成功地创造了安静的环境，这对达到他所需的精度的测量是必要的。迈克尔逊在一年中的不同季节里把设备放在不同方向上，这样一来，地球相对于太阳的运动不一样。他重复做了许多次实验，所得结果完全出乎意料。测量所具有的精度能够容易地检测到地球通过以太的运动，结果却发现没有干涉条纹。地球根本没有穿过无所不在的以太奋力前进。迈克尔逊发表于 1881 年的重要论文报道了实验结果，他得出结论："静止的以太假设是错误的。"[33]

　　面对迈克尔逊的此项发现，人们分成了两个阵营。一些人由此得出结论：以太必定是非静止的，并被绕太阳公转的地球拖曳着转动，因此以太和地球之间没有相对运动。另一些人得出一个简单结论：以太根本不存在。迈克尔逊无法对自己的实验结果做出理论解释。

　　迈克尔逊回美国后，在克利夫兰的凯斯理工学院获得了一个新职位。[34] 在那里，他找到了一位新合作者，一位比他年长 15 岁的美国化学教授，名叫莫雷（Edward Morley）。莫雷是位笃信宗教的人。他原先曾接受神学的培训，而当他不能加入牧师行列时才转向化学，这是他自学的业余爱好。迈克尔逊则相反，他是宗教不可知论者。然而，这两人有共同之处：在科学仪器和实验设计方面拥有熟练技艺和独创性。他们一同重复了迈克尔逊在欧洲做的实验，来发现光速在空间各个不同方向上是否相同。当他们于 1887 年 6 月完成结果分析时，再次发现没有干涉条纹。不管光源穿过空间的速度是多大，光都以相同速度在空间的各个不同方向行进着。没有静止的以太。[35] 这是一个不可思议的结论，这意味着，如果有人从一个运动源上发射一束光，那么，他会发觉此束光相对于地面的速度与光源静止时的速度相同。光的运动与人们在过去看到的其他任何事物的运动都不一样。

令人惊异的在缩短的人

一位数学家可能会想说什么就说什么，而一名物理学家必定至少部分头脑是清醒的。

——吉布斯 [①]（Josiah Willard Gibbs）

面对迈克尔逊和莫雷的否定结果，如何让以太仍然存在呢？都柏林三一学院的菲茨杰拉德（George FitzGerald）于 1889 年首先给出了一个答案，稍后，莱顿的荷兰物理学家洛伦兹（Hendrik Lorentz）也独立得出同样的结论。他们认为，如果一个物体以不断增加的速度运动，那我们将看到它的长度在缩小。[36] 取两把尺子，如果一把尺子在地球上静止不动，而另一把尺子平行于它，以高速飞过，那么当运动的尺子在静止的尺子旁边经过之际，我们将看到它比静止的尺子短。这听上去很古怪，甚至对物理学家来说也是如此，可是菲茨杰拉德和洛伦兹是从麦克斯韦的光和电磁学理论的性质中推出这一观点的。菲茨杰拉德甚至认为，使固体聚合在一起的分子间作用力很可能源于电磁力，因此，当这些物体穿过以太时大概要受到影响；他试图以此解释运动尺子缩短的原因。他认为，分子间作用力的增大可能是造成分子互相靠拢，从而使形成的分子链长度缩小的原因。

菲茨杰拉德-洛伦兹收缩预测的缩短大小是非常小的。运动物体的长度应按一个等于 $\sqrt{1-v^2/c^2}$ 的因子缩短，其中，v 是它们的速度，而 c 是光速。对于 500 千米每小时的速度来说，我们看到的相对缩短量不会比

① 吉布斯（1839—1903），美国物理学家。

一千亿分之一大太多。

菲茨杰拉德注意到，如果把这个修正因子 $\sqrt{1-v^2/c^2}$ 用于分析固定在绕太阳运转的地球表面上的迈克尔逊仪器，那它能解释为什么迈克尔逊测量不出以太的效应。干涉仪的臂在它以速度 v 穿过以太运动方向上缩短到原长的 $\sqrt{1-v^2/c^2}$。对应于地球约 29 千米每秒的轨道速度，这导致了在地球的轨道运动方向上仅缩短了二亿分之一。垂直于以太运动方向的臂则未受影响。这个微小的缩短效应恰好抵消了因静止以太的存在所预期的时间延迟。假如菲茨杰拉德-洛伦兹收缩出现了，那么它会使静止的以太存在与迈克尔逊-莫雷实验的结果取得一致。空间终究不必是空的。

菲茨杰拉德和洛伦兹的观点 [37] 在与他们同时代的大多数物理学家看来是极具思辨性的，并且，这没有被认真地看作对以太的一种辩护。它被视作纯粹数学化的把戏，缺乏真正的物理动因。这种态度于从 1901 年开始有了改变，其时，一位年轻的德国物理学家考夫曼（Walter Kaufmann）研究了放射性元素所发射的称为 β 粒子的快速运动电子，并证明正如洛伦兹所预言的，这些电子测得的质量依赖于它们的速度。它们的质量随着速度 v 的不断增加而增长到的数值，等于它们静止时的质量除以菲茨杰拉德-洛伦兹因子 $\sqrt{1-v^2/c^2}$。

这些企图避免以太被驱逐的尝试，有一个最令人尴尬的特征：这需要区分运动着的系统和在某种绝对意义下不运动的系统。在菲茨杰拉德收缩公式中，给对应于地球绕太阳公转的轨道速度 v 加上一个值，倒是不错，可如果太阳和它所属的星群本身都在运动，那该怎么办呢？对 v，我们应使用什么速度，以及相对于什么来测量它呢？

爱因斯坦和旧以太的终结

　　　海军信号：请把你的航线向北转 15° 以免碰撞。

　　　民用信号：建议你把你的航线向南转 15° 以免碰撞。

　　　海军信号：我是美国海军军舰的舰长。我再说一遍，把你的航线转向。

　　　民用信号：不，我再说一遍，把你的航线转向。

　　　海军信号：我们是"企业"号航空母舰，美国海军的一艘大战舰。立即把你的航线转向！

　　　民用信号：我们是灯塔。你的信号源。[38]

　　　　　　　　　　　　　　　　　——某加拿大船只听到的无线电对话

　　　19 世纪以迈克尔逊和莫雷的决定性实验所产生的一堆混乱、悬而未决的问题而告结束。这些问题是：预言的以太效应不存在；必须弄清速度的绝对值、运动对长度和质量的影响的可能性，以及光速的重要性。1905 年，时年 26 岁的爱因斯坦在后来被称为狭义相对论的一份宣言[39]里同时解决了所有这些问题，借此在科学舞台上首次亮相。他这篇著名论文的英译本标题听起来很乏味："论动体的电动力学"。

　　　爱因斯坦放弃了一切诸如绝对运动、绝对空间或绝对时间之类的观念。一切运动是相对的，再加上两条公设——以恒速相互运动的所有实验者必定发现运动定律和电磁学定律是相同的；一切观测者所测出的光在空空间的速度必定是一样的，且与他们自己的运动无关。这就足以解释一切。借此，爱因斯坦把菲茨杰拉德和洛伦兹提出的关于长度、质量和时间变化的精确定律作为一个简单结论推导出来。这一理论在运动速度远小于光速时便回到牛顿的经典运动理论，但当运动速度接近空空间中的光速时，就会以完全不同的方式运作。牛顿理论被看作爱因斯坦理论的一个极限情形。

一个成功的物理学新理论的这种特点值得深思，因为它被许多评论家忽略了。曾有许多媒体发起投票，评选一千年间最有影响力的思想家。牛顿在某些评选结果中占第一位，但在其他结果中最终排在莎士比亚、爱因斯坦和达尔文（Charles Darwin）之后。在有一段时间里，人们觉得牛顿运动定律被爱因斯坦的工作证明是"错误的"，牛顿的排位靠后不无道理。实际上，局外人可能被说服并认识到，人类关于自然界运作的知识的整体进步，不过是用在某一时期里被认为是正确的新理论取代错误的理论，而这种新理论其后又将被发现是错误的。因此，关于新流行的理论，唯一肯定的事便是它将同其前辈一样，被证实为错误的。

但这段具有讽刺意味的文字并未抓住关键特点。当科学上发生一个重大变革，其中一个新理论占领舞台的时候，这个新产生的理论一般是旧理论的扩充，在某种极限情形下，它具有的性质变得越来越像旧理论。实际上，这说明，旧理论是新理论在特定的条件范围内适用的近似（通常还是非常好的近似）。因此，当速度远小于光速时，爱因斯坦的狭义相对论便成了牛顿的运动理论，而当引力场很弱且物体以小于光速的速度运动时，爱因斯坦的广义相对论便成了牛顿的引力理论。近年来，我们甚至着手考虑爱因斯坦理论的后继者会是什么样子。看来，爱因斯坦的广义相对论是一个深奥得多、广泛得多的理论的低能的极限情形，此理论被称为 M 理论。[40]

在某些方面，这种"极限的"对应图案是在预料之中的。由于旧理论解释了一大堆实验论据，所以它曾是有用的。这些论据必须继续被新理论很好地解释。于是，不管物理学在下一个千年里向何处发展，只要在一千年的时间里仍有中学生要学习它，学生们仍将学习牛顿运动定律。牛顿定律在日常低速运动问题中的应用，将永远不会终止。尽管它不是全部真理，但在低速情况下，它是全部真理中的一部分的极好近似。[41] 除非有人试图把牛顿定律应用到接近光速的运动中去，否则它并不是"错误的"。

爱因斯坦在把与运动有关的已知的一切纳入一个在数学上精确的简洁理论中，取得了辉煌成就，终结了 19 世纪的以太说。爱因斯坦的理论不需要任何以太来传递光和电的性质。他的光速对于所有观测者必定相同的公设，以菲茨杰拉德–洛伦兹收缩作为其一个直接推论，而在迈克尔逊–莫雷实验中检测不到任何光延迟效应则是其理论的一个关键性预言。许多年以后，在 1931 年 1 月 15 日，爱因斯坦在帕萨迪纳向包括世界上许多最杰出的物理学家在内的听众发表演说。迈克尔逊也在场，后来证实，这是他最后一次在公众场合露面，4 个月后他便逝世了。爱因斯坦赞扬了迈克尔逊首先完成的实验在把物理学家引向空间、时间和运动的革命性新图景上所起的重要作用[42]：

您，我尊敬的迈克尔逊博士，当我还只是一个几乎不到 3 英尺（约 0.91 米）高的小孩子时，您便开始了此项工作。正是您把物理学家引上新路，并通过您不可思议的实验工作为相对论的发展铺平了道路。您揭示了当时光的以太理论中一个潜在的缺陷，并激发了洛伦兹和菲茨杰拉德的思想，由此，狭义相对论得到了发展。假如没有您的工作，此理论现今至多不过是一个有趣的推测而已；正是您的检验首次把此理论安放在一个真实的基础上。

其实，爱因斯坦的一生中有许多次碰上了以太。只是在他逝世之后，人们才知道他在 15 岁时便对静止的、具有弹性的以太感兴趣。他甚至写过一篇有关电流接通后以太状态会发生什么情况的论文，但直到 1971 年才发表。[43] 后来，他还打算做一个应该能验证以太存在的实验。但逐渐，他开始怀疑以太的存在。1899 年，他就自己的怀疑，并写信给女朋友米列娃·马里奇（Mileva Maric）说道：

> 我越来越相信，像现在这个样子的动体电动力学与现实并不相符，并确信，我有可能以较简洁的形式系统地表述它。在电学理论中引进"以太"这个名词，导致我们谈论其运动时引入了一种介质的观念，但照我想，要把任何物理意义赋予这样一种观点，是不可能的。[44]

作为一名学生，他从教科书里学习到了洛伦兹的电动力学理论，以及以太所起的作用。当他的思想驱使他走向自己的新运动理论时，爱因斯坦发觉自己不需要具有任何特殊性质的以太和真空。新的运动理论足以谈论物体在空间并经历时间的运动。那个空间是空的，除非有人喜欢添加更多的成分到其中。是否需要在宇宙各处计入一个磁场或电场呢？这是一个要研究的问题。如果这样的力场无所不在，那么他的理论能处理它们，但同样地，理论本身能应用于物体在一个完全空的空间中的运动。[45]

在 20 世纪的头几年里，人们对物质和运动的认知发展，让有时被称为"经典"物理学的那样东西终结了。仅在几年前，还曾有过严肃的推测：物理学的工作几乎做完了。有改进的工作要做，在实验的精度上有更多的小数位要确定，然而，自然界一切重大的物理学原理被某些人认为已制订好了，只需补充些细节。物质的量子理论和运动的相对性的发现改变了一切，新的前景展现了。可是这些前景并不需要真空理论，甚至不需要关于真空是什么的明确概念。重点转向研究场和粒子如何相互作用。诸如宇宙外虚空或绝对空间的特性等古老的两难推论，仍是哲学家谈论的话题，但它们不保证会引出新论题。为了改变一下，物理学家似乎能相当宽慰地忽视真空，而不再觉得，在把握电学、磁学和运动理论的方向时，它像是在喧宾夺主。

这个关于"无"的物理学的短暂时代很快结束了。在爱因斯坦发布了"以太多余"的声明之后的 10 年里，真空问题又回到了科学思想的一个令人大伤脑筋的中心位置上。狭义相对论和物质的量子理论扩展得更深、更广，这将恢复真空的中心地位，而在下一个世纪初，它又被从中心地位上移走了。

第 5 章

零究竟发生了什么

愚人心中暗自想：没有空集。可是假如确实这样，那么所有这样
的集合组成的集合就是空的，因此这本身就是空集。

——韦斯利·萨蒙（Wesley Salmon）

绝对真理：何处能找到它

> 线条，如此喜爱倾斜
>
> 以各种不同角度彼此相迎。
>
> 可是我们，如此平行，
>
> 即使伸向无穷远，也不会相交。[1]

——马韦尔[①]（Andrew Marvell），
《爱的定义》（*Definition of Love*）

犹如约克老公爵命令他的士兵行军到小山顶，然后再下山一样[②]，19世纪的物理学家匆忙地用以太填充古代的虚空，然后再把它弄空。同时，零，这个使用方便的小圆，是"犬牙交错"的符号中最后出现的一个，它与其他符号共同影响了近代算术体系的确立——可此前一直是什么情况呢？

在19世纪，数学开始沿一个新方向发展，它的范围突破了古人制定的路线。对于古人来说，数学提供了精确陈述数量、线、角和点的方法。数学被分为算术、代数和几何，并形成古代必修课程中一个至关重要的部分，因为它提供了只有神学才敢声言的某种东西——对绝对真理的探求。最重要的典型是几何学，它是数学家使用的最令人印象深刻、最具威力的工具。欧几里得创造了公理和推论的优美框架，导出被称为"定理"的真理。这些真理又导出行星运动的新知识、工艺的新技术；牛顿最伟大的洞见便是利用几何学实现的。

---

① 马韦尔（1621—1678），英国诗人。

② 这里影射英国古老童谣《高高在上的约克老公爵》（*The Grand Old Duke of York*）。

几何学没有被仅看作事物真正本质的一个近似，它是关于宇宙的绝对真理的一部分。如同《圣经》一样，欧几里得的主要定理按其原来的说法已被研究了几千年。这些定理确实是正确的、完美的，它们使人类一窥绝对真理。上帝是万能的，而他无疑也是一位几何学家。

人们开始了解，为什么数学对神学家和哲学家显得如此重要。如果没有数学知识，人们也许会被说服，认为探索绝对真理是一种无望的追求。考虑到人类对周围世界里的其他一切事物的认识具有近似性和不完全性，我们又怎能领会无限的复杂性呢？神学家怎么能像中世纪的哲学家在他们对真空和虚空的表态时那般自信，声称自己知道有关上帝的本性或宇宙的本质的一切呢？他们的理由就是欧几里得几何学的成功。这是人们在认识事物的部分终极真理方面取得成功的最好例子。并且，如果人们能在此处成功，为何不能在别处也成功呢？欧几里得几何学不仅仅是数学家的游戏，或对事物的粗略近似，或缺乏与实际之联系的"纯粹"数学的一部分。它还是世界存在的形式。类似的崇高地位也给予了逻辑系统，亚里士多德引入它，作为判定从前提做出推论之真伪的工具。亚里士多德的逻辑学作为人类思维运作的正确、完美的代表而被大家接受，这是一种且是唯一一种确实、可靠的推理方法。[2]

欧几里得几何学是一个逻辑系统，它定义若干概念，做出若干初始假定，制定其所允许的推理规则，然后把推理规则应用到概念和公理上，并推导出一个几何学的真理体系。这颇像下国际象棋：除了棋子和支配其移动的规则，还有所有棋子在棋盘上的起始位置。运用规则，棋子就能在棋盘上形成一系列的摆法。棋子从起始位置出发，最终在棋盘上能达到的每一种可能的构形，都可看作象棋的一个"定理"。有时，会设立一个让你倒过来猜的迷局，要求你确定给定的盘面是不是一局真正的国际象棋比赛的结果。

　　欧几里得几何学描述了平坦表面上的点、线和角。它现在有时被称为"平面几何学"。欧几里得陈述了 23 个必需的概念和 5 个公设。为了让大家体会一下欧几里得是多么学究、多么刻板，以及他认为理所当然的东西是多么稀少，在此列选一些他给出的定义 [3]。

　　定义 1：点是不能分割的。

　　定义 2：线没有宽度，只有长度。

　　定义 4：直线是与在其本身上的点位于相同高度的线。

　　定义 23：平行直线是在同一平面上朝两个方向无限延长且在任一方向上都互不相交的直线。

　　欧几里得的目的是避免使用图形或实际经验。平面几何学的一切真理必须使用这些定义和另外 5 个公理或"公设"推导出来，而所有东西都可以从这些公理中单靠逻辑推理导出。平面几何学的范围严格受到它的一个公理，即公理五的限制，这个公理规定平行线绝不相交，[4] 通常被称为"平行公设"。过去，人们一直对它特别感兴趣，因为一些数学家怀疑它也许是一个不必要的规定：他们相信，这个公理能作为欧几里得的其他公理的逻辑推论导出。许多人在不同时代里声称，根据其他公理已证明平行公设。可是，所有声明最后都被发现是骗人的，遵循这些人的思路，就会发现他们已经巧妙地假定了恰好要证明的东西。

　　欧几里得几何学的伟大成就不仅对建筑师和天文学家有帮助，它还建立了一种推理模式。在这种模式下，根据一些不言自明的公理，应用明确的推理规则，就能推导出真理。神学和哲学已使用这种"公理化方法"，大多数哲学论证的形式也遵循几何学推理的一般样式。甚至，在荷兰哲学家斯宾诺莎（Baruch Spinoza）的著作中，哲学命题就像在欧几里得的著作中的定义、公理、定理和证明一样被展开。[5]

然而，这种自信心突然遭受了打击。数学家发现，平坦表面上的欧几里得几何学并不是唯一一种逻辑上一致的几何学。高斯（Carl Friedrich Gauss，1777—1855）、罗巴切夫斯基（Nikolai Lobachevski，1793—1856）和鲍耶·亚诺什（Janos Bolyai，1802—1860）都对一种革命性思想做了贡献——放弃由欧几里得的其他公理来证明平行公设的探索，取而代之的是，瞧一瞧如果假设平行公设错了会发生什么情况。[6]这揭示出公理五绝对不是其他公理的一个推论。其实，它可被另一个公理取代，而整个体系仍然是自洽的。[7]这个体系仍然描述一种几何学，但不是存在于平坦表面上的那种。

其他几何学——非欧几何学，描述了弯曲表面上点和线之间的逻辑关系（图 5-1）。这类几何学不光具有学术意义，实际上，当我们假定地球是完全球形时，其中一种几何学描述的是其表面上长距离的几何学。地球如此之大，以致在测量短距离时，其曲率会被忽视，所以，平坦表面上的欧几里得几何学在局部上才恰好是非常好的近似。于是，石匠可用欧几里得几何学，在一座城镇周围旅行的旅行者也能用它，但出海的快艇驾驶者却不能用它。

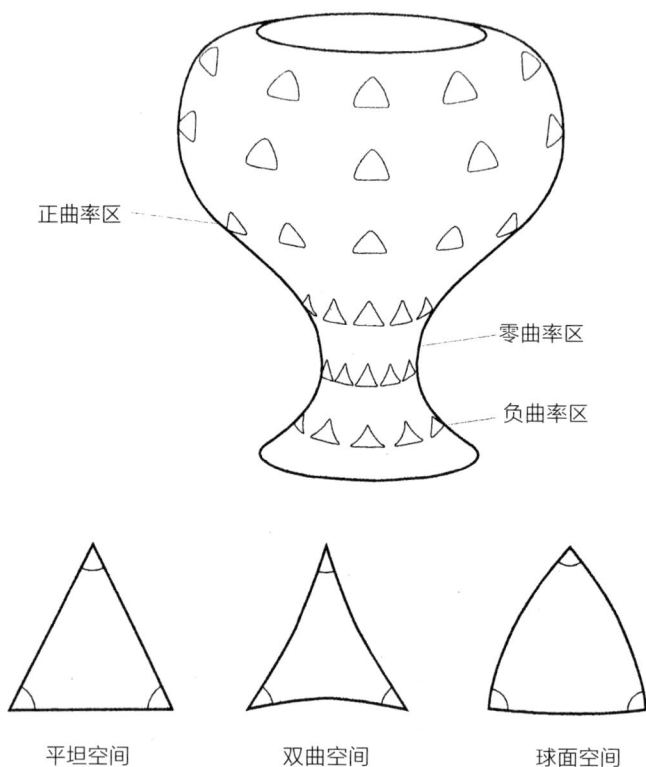

图 5-1 一只水瓮的表面展示了正、负和零曲率区。在此三个区域上的几何学由三点之间最短距离形成的一个三角形的内角之和定义。对平坦的"欧几里得"空间而言，其和等于180°，对负曲率的"双曲"空间而言，和小于180°，而对正曲率的"球面"空间而言，和大于180°

　　这个数学上的简单发现揭示，欧几里得几何学只是许多可能的、逻辑上自洽的几何学体系中的一种。除了这一种可能性之外，全都是非欧几何。没有任何一种几何学具有绝对真理的地位。每一种几何学都适合于描述现实中可能存在或可能不存在的各种不同类型曲面之一上的测量。至此，欧几里得几何学的哲学地位被削弱了，它不再作为人们掌握绝对真理的一个例子。数学上的相对主义产生了。

从这一发现出发，会涌现出关于人类认知世界的各种形式的相对主义。[8] 由此出现了对政治、经济学和人类学的非欧模式的讨论——"非欧几里得"成了"非绝对知识"的诨名。它也足够生动地表明了数学和自然世界之间的距离。数学的范围比外界要大得多。一些数学体系描述了自然界的面貌，但另一些并不是这样。此后，数学家还会应用几何学上的这些发现以发现其他逻辑的存在。亚里士多德的体系像欧几里得的体系一样，仅仅是可能性之一。甚至，真理的概念也不是绝对的。在一个逻辑系统里是假的东西在另一系统里可以是真的。在平坦表面的欧几里得几何学中，平行线绝不相交，但在曲面上，它们就能相交（图 5-2）。

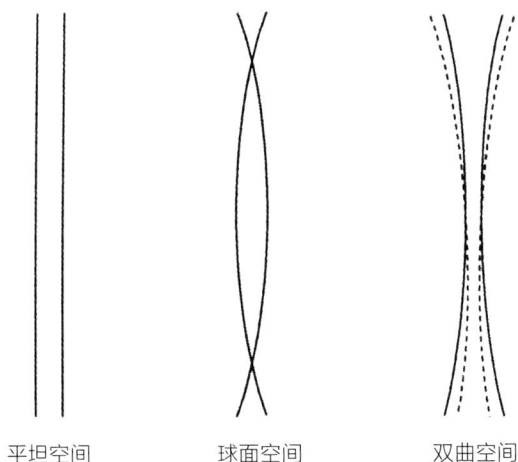

平坦空间　　　　球面空间　　　　双曲空间

图 5-2　平坦表面和弯曲表面上的线，这里的"线"总是根据两点之间距离最短来定义。在平坦表面上，唯有平行线绝不相交；在球面上，一切线都相交；而在双曲空间上，许多线绝不相交

这些发现揭示了数学和科学之间的差异。数学的范围比科学大一点，只要自洽就具有有效性。它包含了一切可能的逻辑样式：有些样式被自然界的组成部分遵循，有些则不是。数学是无拘束的、不可能结束的、无限的，物质世界则比较小。

许多零

数学的终极目的是消除理性思维的一切必要性。[9]

——格雷厄姆（Ronald Graham）、高德纳（Donald
Knuth）和帕塔什尼克（Owen Patashnik）

发现一种在逻辑上自洽却不同于欧几里得几何学的几何学，是一个里程碑[10]，它表明数学是一门无限的学科，能发明无限数量的不同的逻辑系统。其中，某些逻辑系统在自然界里有直接对应物，而某些则没有。数学的可能样式中，仅有一小部分被用于自然界。[11]从今往后，人们必须做出一些新选择，什么样的数学体系适合正在研究的问题？如果我们想要测量距离，就需要应用恰当的几何学。欧几里得几何学不适合测定地球表面的距离，这些距离大得足以使地球表面的曲率显得重要。

数学体系的激增引出了现今称为"数学建模"（mathematical modeling）的概念。数学的特定部分帮助我们描述空气动力学运动，然而，如果我们想要了解风险与机遇，也许必须应用其他的数学。在数学更为纯粹的一面，人们认识到存在不同的数学结构，每一种数学结构由它们所包含的对象（例如数字、角度或形状）以及它们的操作规则（如加法或乘法）确定。这些结构按照所容许的规则多寡具有不同的名称。

最重要的数学结构族之一便是群，它对一组以某种方式相联系的对象做了明确的规定。一个群包含许多成员，即元素（element），这些元素通过变换规则可被组合起来。此规则必须具有三个性质。

a. 封闭性：如果两个元素按照变换规则组合，必定生成群中的另一个元素。

b. 恒等性：必有一个元素[12]（称为单位元），使任何与之组合的变换都保持不变。

c. 反演性：每个变换具有一个逆变换，它消除了原变换在一个元素上的作用。

这三条简单的规则基于许多简单而有趣的过程的性质。让我们考虑几个例子。首先，假定群的元素都是整数，即 $(\cdots, -3, -2, -1, 0, 1, 2, 3, \cdots)$，群的变换规则是加法（＋）。它遵守封闭性条件：任意两个数之和总是另一个数。它也遵守恒等性条件：单位元是零（0），如果将其加到任意元素上，后者保持不变。这个群也有反演性：数 N 的逆是 $-N$，所以如果把任意数同它的逆相加，始终得到单位元——零，例如 $2+(-2)=0$。因此，我们知道加法这个变换规则定义了一个群。

注意，如果我们取自然数作为元素，但组合它们的变换是乘法而不是加法，且单位元是 1，那么所得的结构不再是一个群。这是因为除了

+1 和 −1 之外，其他所有数都不具备反演性。比如说，对于数 3，我们为了得到 1，3 必须乘以的数是 1/3，后者不是一个整数，因而不是该群中的一个元素。如果我们允许元素包括分数，那么的确会有一个由乘法变换规则定义的群。

我们注意到，在上面两个例子中，恒等运算（群中的一个元素保持不变）是一个空操作。在第一个关于数相加的例子中，它对应算术中通常的零。零作为群的单位元，其地位由对于任意数 N，$N+0=N$ 这一简单性质所保证。在第二个例子中，单位元根本不是普通的零，空操作对乘法来说是由数 1（或分数 1/1，这是一回事）来实现的。普通意义上的零不是第二个群的一个元素。[13]

第二个群结构中的元素完全不同于第一个群结构中的元素。第一个群中的零完全不同于第二个群中的"零"。类似地，在每一个出现一个元素不发生变化的数学结构里，我们必须把这个"零"或"单位元"看作在逻辑上与其他结构里的"零"或"单位元"是不同的。

当数学家只对欧几里得几何学和算术感兴趣时，他们把数学上的存在和物理学上的存在看作同一回事儿，是合乎情理的。非欧几何学、其他逻辑推理方法以及许多其他可能数学结构仅凭指定用以组合其元素生成新元素的规则就能被定义——这些发现改变了那种"一回事儿"的推断。[14]

数学上的存在跟物理学上的存在"分手"了。如果在纸上发明的结构没有逻辑上的矛盾，那么我们说，它具有数学上的存在性。它的性质可凭对特定规则的一切推论进行探查和研究。如果当初对一个数学结构的元素和变换规则已做出了不适当的选择，以致它们原来就是互相矛盾

的，那么可以说，此结构在数学上是不存在的。[15] 数学上的存在性并不
要求物理实在的任何部分遵循同样的规则，可是，如果我们相信自然界
是理性的，那么物理实在的任何部分都不能用一个数学上不存在的结构
来描述。

数学的蓬勃发展和分裂（图 5-3）对零的概念具有非凡的重要性，
催生了创造无穷多个零的潜在可能性。审慎地选择一个自洽的公理集合，
并注入数学上的存在性之后，每个独立的数学结构都会有自己的零元
素。[16] 这个零元素完全由它对自己所在数学结构的元素的零起到的作用
来确定。[17]

不同数学结构中的零的独特本质，在哈拉里（Frank Harary）和里
德（Ronald Read）所撰写的一篇有趣的论文里得到了很好的阐明，该论
文以"空图是无意义的概念吗?"为题，发表在 1973 年召开的一次数学
会议上。[18]

对数学家来说，图是一个由点和连接一些（或全部）点的线组成的集
合。例如，用直线连接 3 个点，形成的三角形在这个意义上是一幅简
单的"图"；伦敦地铁线路图也是。空图则是没有点和线的图（如图 5-4
所示）。

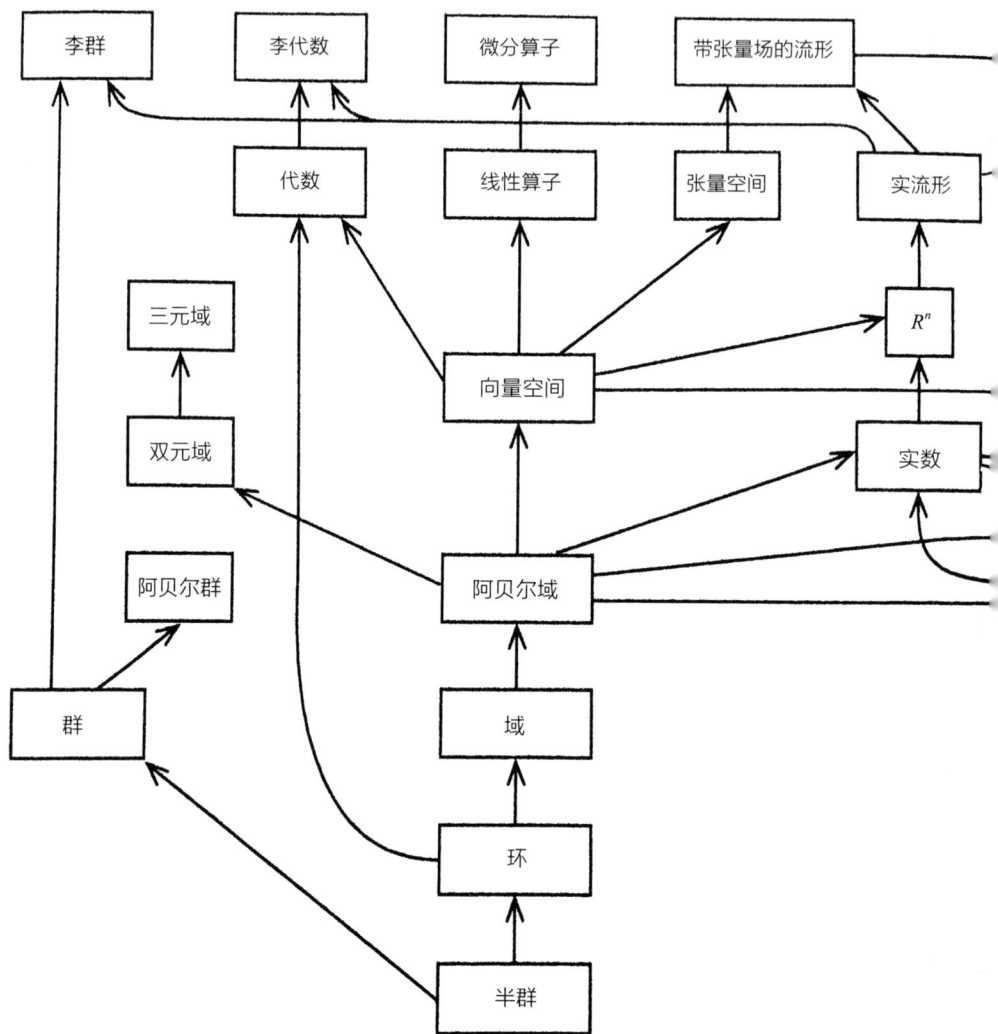

图 5-3　现代数学的结构，显示了从算术、几何和代数开始不同类型的结构的发展。可发现简单的自然数位于此网络的中心

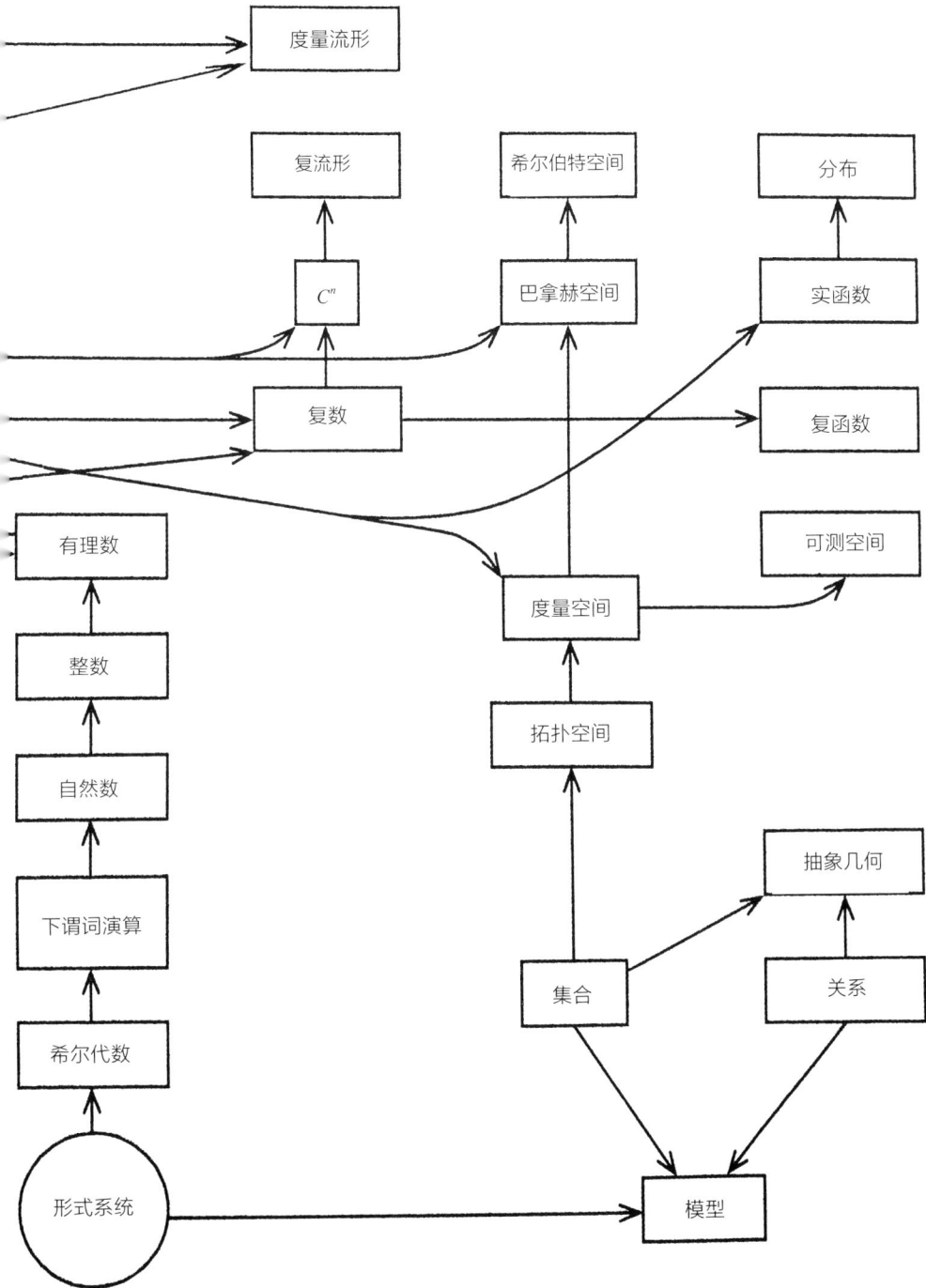

度量流形

复流形　希尔伯特空间　分布

C^n　巴拿赫空间　实函数

复数　复函数

有理数

整数　度量空间　可测空间

自然数　拓扑空间

下谓词演算　抽象几何

希尔代数　集合　关系

形式系统　模型

图 5-4 空图！ [19]

在我们的老朋友——印度数学家在很久以前为填充他们的数列中的空隙而引入的零符号——和在吸引人的数学结构中表示没有发生变化所需的空操作之间，存在真正的差别。这个零算子明显是某种具体的东西，它作用在其他数学对象上；它遵循规则；如果没有它，该数学体系是不完备的、不太有效的，会变成另一个不同结构。

通过在数学上引入事物的集合（set）的明确概念，传统上的零和数学上存在的其他零之间的这种区别被极其清楚地阐明了。正如我们将看到的，数字零和一个没有元素的集合的概念——空集——之间存在真正的、明确的差异。事实上，第二种概念听起来似乎毫无意义，但被证实在上述两个概念中更有效用，据此，可逐步创造数学的一切其余部分。

出自空集的创造

一个集合就是一个集合（set）

当然，当然（you bet）！

"没有东西" 不能成为集合，

当然！

在你见到（met）我的特殊集合之前，

它是我的宠物（pet）。[20]

——雷兹尼克[①]（Bruce Reznick）

在逻辑学和数学中，集合概念已被证明是作用最大的概念之一，它是由英国逻辑学家布尔（George Boole）引入的。布尔在 1815 年生于东英吉利亚，人们以其名命名了布尔逻辑、布尔代数、布尔系统，布尔名垂不朽了。他发起了自亚里士多德时代以来，人类对逻辑学认识的首次革命。布尔的工作发表在 1854 年出版的一本名为《思维规律》（*The Laws of Thought*）的经典著作里。[21] 此后，由康托尔（Georg Cantor）于 1874—1897 年间在无穷集合方面做出了重大发展。

集合是一个集体，它的成员可以是数、蔬菜或人名。包含汤姆、迪克和哈里 3 个名字的集合将写成 {汤姆、迪克、哈里}。这个集合包含一些简单的子集。例如，只含有汤姆和迪克的一个子集 {汤姆、迪克}。其实，很容易看出，给定任一个集合，我们总是能由它创造一个更大的集合，这便是包含原先集合的所有子集而形成的集合。[22] 在这个例子中，集合都有有限个成员，但其他集合，如包含一切正偶数的集合 {2, 4, 6, 8,

---

① 雷兹尼克，美国数学家。

…}，可具有按照某个规则生成的无穷个成员。

布尔确定了从旧集合创造新集合的两种简单方法。给定两个集合 A 和 B，它们的并集（union）写为 $A \cup B$，含有 A 和 B 的所有元素；A 和 B 的交集（intersection）写为 $A \cap B$，是包含 A 和 B 两者共同的所有元素的集合。如果 A 和 B 没有共同的元素，便称它们是不相交的：它们的交集是空的。这些组合示于图 5-5 中。

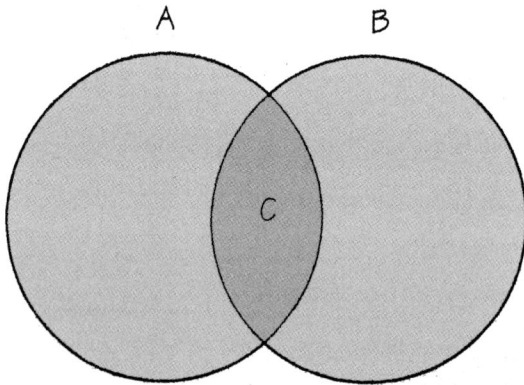

图 5-5 解释两个集合 A 和 B 的并集和交集（C）的维恩图 [23]

为了应用这些概念，我们需要另一个概念——空集（empty set，或 null set）：不含任何元素的集合，用符号∅表示，以区别于算术中的零符号 0。如果用"已婚的单身汉"所构成的集合来举例说明，这种区别是显然的。此集合是空的——∅，而"已婚单身汉"的数量为零——0。我们也可形成一个符号集 {0}，唯一的元素是零符号。

我们需要空集的概念，是为了应付两个不相交集合的交集的情况。例如，所有正偶数构成的集合和所有正奇数构成的集合，两个集合没有共同的元素，因而它们的交集是空集，即没有元素。这是数学家能触及"无"的最近处。它似乎与"要求无是完全不存在的"这种不可思议的、哲学上的无的概念相当不同。空集无元素，但它确实看来具备集合所具备的存在性。它也同我们碰到过的物理学真空有着相似之处。正如 19 世纪物理学中的真空具有成为万物的一部分的潜在可能性，且在其中什么也没有一样，空集是唯一一个可作为一切其他集合的子集的集合。

这一切听上去很平常，但事实证明它具有意料不到的显著影响力。这能以简单而正确的方法定义所谓的自然数——从无（即空集）中生成一切自然数。其诀窍如下。

因为空集没有元素，所以定义数零 0 为空集∅。接着，定义数 1 为含 0 的集合，它就是只含一个元素的集合 {0}。此外，由于 0 被定义为空集，这意味着数 1 是含有以空集作为一个元素的集合 {∅}。知道它同空集不是一回事儿，是很重要的。空集是没有元素的集合，而 {∅} 是含有一个元素的集合。

以此方法进行下去，我们定义数 2 为集合 {0, 1}，它就是集合 {∅, {∅}}。类似地，数 3 被定义为集合 {0, 1, 2}，它归结为集合 {∅, {∅}, {∅, {∅}}}。一般地，数 N 由含 0 以及小于 N 的一切数的集合定义，因此 $N = \{0, 1, 2, \cdots, N-1\}$ 是具有 N 个元素的集合。此集合中的每一个元素可用由它们定义的像俄罗斯套娃一样的嵌套集合来代替，这里仅涉及空集∅的概念。尽管这种定义在排版和印刷上带来了许多讨厌的麻烦，但它使我们以极其简单的方法，从真正的无，即没有元素的集合，创造出一切数。[24]克利夫兰（Richard Cleveland）写的一首诗恰如其分地记录下这种把集合和数奇妙地建筑在空集的空虚性之上的做法[25]：

> 我们不能保证有一个丰富的集（a full set）
>
> 甚至，一个相当枯燥无味的集（a dull set）。
>
> 除非我们假定有一个零集，
>
> 否则不清楚是否有任何集。

最开始，这些奇怪的集中集会把人的脑子搞糊涂。使集合引用其本身这种"乱了套"的方法，是不易体会的。然而，有一个更生动的方法来想象它们[26]，我们找一个同样的、经常发生的自引用场景——思维过程。我们把一个集合想象为一个"想法"，漂浮在思想气球里。现在，请你想象那种"想法"。我们能想象这种空的思想气球，而空集∅就像一个空的气球。这就像在创造含空集 {∅} 的集合一样。这是我们所称的数 1。接着向前更进一步，想象你本人正在想象空集。这种状态是 {∅, {∅}}，我们称它为数 2。通过建立相关"想法"的这种永无止境的思想序列，我们产生了根据空集定义数的一个类比，如图 5-6 中的连环画所示。

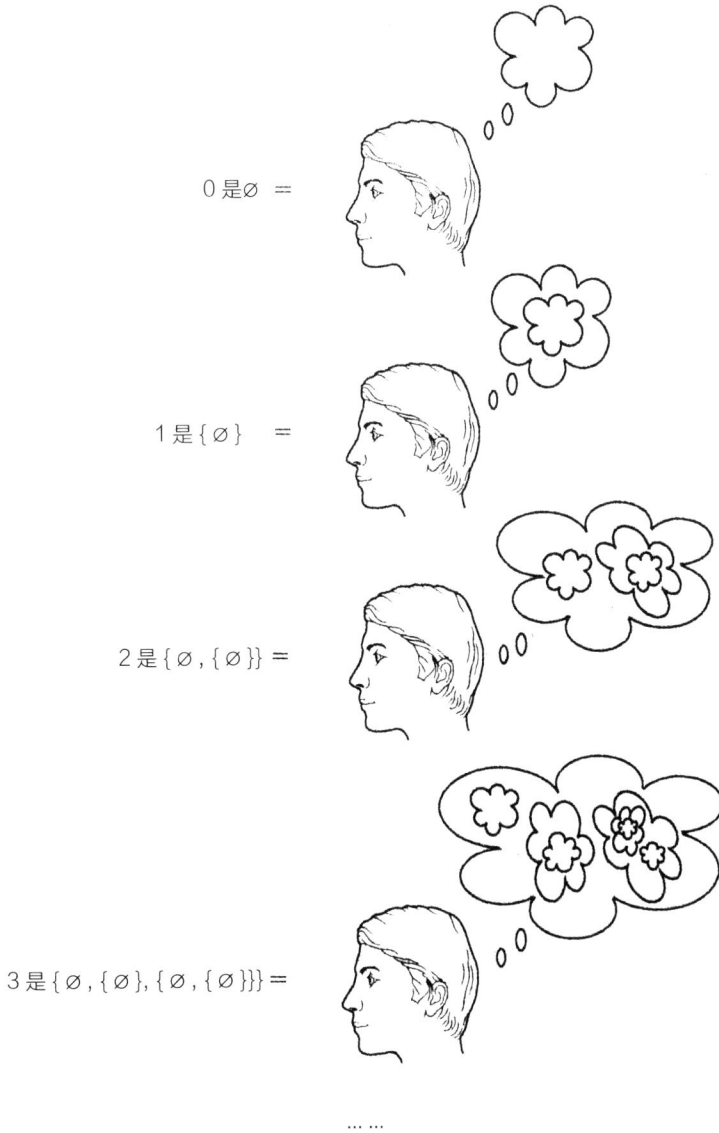

0 是 ∅　=

1 是 { ∅ }　=

2 是 { ∅ , { ∅ }} =

3 是 { ∅ , { ∅ }, { ∅ , { ∅ }}}=

… …

图 5-6　由空集创造数的思想类比。用一个想法代表一个"集合",且以一个空的想法代表空集。接着想象空的想法生成数 1,等等

超实数

一开始万物皆空，于是康威着手创造数。康威说："假定有两条规则，由此产生一切大小的数。第一条规则是：每个数对应着先前构造的数组成的左右两个集合，使得左集的元素中没有一个大于或等于右集的任一元素。第二条规则是：当且仅当第一个数的左集中没有任何元素大于或等于第二个数，而第二个数的右集中没有任何元素小于或等于第一个数时，第一个数小于或等于第二个数。"康威还检验了他制定的这两条规则：你瞧，它们很好！[27]

——高德纳

应用空集从无中创造数学结构的魅力，没有终止于自然数。富有创造才能的英国数学家和逻辑游戏大师康威（John Conway）想出了一个极具想象力的新方法，凭借它，从一个巧妙的构造不仅能导出自然数，还能导出有理分数、无穷小数，以及一切超限数。[28]这群无的产物被计算机科学家高德纳称为超实数（surreal numbers）。[29]他对数学概念提出了一种新奇的解释，利用一段虚构的对话来记录自己对康威的思想的探索。在此故事中，高德纳除了希望解释超实数的神秘之外，他心中还有一个重要目的——探讨应该怎样讲授和介绍数学。典型的教学讲义和教科书几乎都呈现一种"毫无瑕疵"的数学形式，其中，直觉和不成立的出发点被删除了，而它们却是发现过程中不可缺少的要素。[30]结果仅作为定理、证明和附注的逻辑推理而表现出来。高德纳认为，数学应"从教室里走出来，进入生活中"，因此他把超实数当作不拘形式的解释的典范。下面的例子就具有康威的创造风格。

　　仅有两条基本规则。第一条，每个数（称它为 x）由包含先前构成的数的两个集合（一个"左集"L 和一个"右集"R）构成，所以我们把它写成 [31]

$$x = \{L \mid R\} \quad (\; ☆\;)。$$

这些集合具有一个性质：左集中没有大于或等于右集中任一元素的元素。第二条，当且仅当第一个数的左集中没有大于或等于第二个数的元素，且第二个数的右集中没有小于或等于第一个数的元素时，第一个数才小于或等于第二个数。如果选择左、右两个集合都是空集 $\varnothing$，就能创造数零，故

$$0 = \{\; \varnothing \mid \varnothing\; \}。$$

此定义遵守上述两条规则：首先，左边的空集中没有等于或大于右边的空集中任一元素的元素，因为空集没有元素；其次，0 小于或等于 0。思考一下，就能扩展规则而制造其他自然数。此刻我们有 $\varnothing$ 和 0 可用，且只有两种方法能把它们组合起来，分别给出 1 和 -1：

$$1 = \{\; \varnothing \mid 0\} \; 且 \; -1 = \{0 \mid \varnothing\}。$$

　　以同样方式进行下去，我们就把 1 和 -1 放入公式（☆），而用它生成所有自然数。于是，通过把正数 N 与空集组合能生成 $N+1$，

$$\{N \mid \varnothing\} = N+1$$

而对于负数，则有

$$-N-1 = \{\; \varnothing \mid -N\}。$$

加法和乘法等运算也能自洽地被定义。[32] 空集以简单的方式运作。空集加上任何东西仍然只是空集 ①，而空集乘以任何东西仍然是空集。

这一切都很好。可是，我们用老方案做不到，而用新方案就能做到的又是什么呢？康威一把他的方案扩充到在 L 和 R 的位置里包含更奇异的数，出乎意料的事便发生了。例如，假定 L 集是无穷个自然数，即可数无穷大（countable infinity）：0, 1, 2, 3, …，以此类推，直至无穷，那么我们可把无穷大定义为 [33]：

$$\text{inf} = \{0, 1, 2, 3, \cdots \mid \varnothing \}。$$

接着把 inf 放入右边的位置，于是我们得到无穷大减去 1 的一个独特的定义：一个小于无穷大的无限数！

$$\text{inf} - 1 = \{0, 1, 2, 3, \cdots \mid \text{inf}\}$$

还有无穷大的倒数：

$$1/\text{inf} = \{0 \mid 1/2, 1/4, 1/8, 1/16, \cdots\},$$

甚至无穷大的平方根：

$$\sqrt{\text{inf}} = \{0, 1, 2, 3, \cdots \mid \text{inf}, \text{inf}/2, \text{inf}/4, \text{inf}/8, \cdots\}。$$

无论是这其中的哪个独特的量，数学家从前都未曾定义过。从空集和两条简单规则出发，康威设法构造了康托尔所发现的一切不同阶的无穷大，以及无限个像 inf 那样奇怪的、从前从未定义过的数。我们知道的每一个十进制实数都被一大群新的"超实"数包围，而这些"超实"数

---

① 原书此句有误，空集与另一集合的和（即空集与另一集合的并集）应等于后一集合。

处于比任何其他实数更接近该实数的位置。这样，整个已知的数学，从零到无穷大，连同隐藏在这些已知数之间的无可怀疑的新数，都能由似乎不存在的东西——空集∅——创造出来。谁说无只能产生无？

上帝与空集

> 谁都知道这个公式：任意正数 m 除以零等于无穷大。但为什么不让方程两边都乘零，来把方程化简呢？在这种情形里，我们得到 m 等于无穷大乘零。也就是说，一个正数是零与无穷大的乘积。这难道不是证明了宇宙的创生来自无的无穷力量吗？[34]
>
> ——奥尔迪斯·赫胥黎（Aldous Huxley）

我们讨论了空集的出人意料的丰富性，现在瞧一瞧它与臭名昭著的关于上帝存在的本体论观点的关系。[35]这个观点首先由坎特伯雷大主教安塞尔姆（Anselm）于 1078 年提出。安塞尔姆认为上帝意味着绝对伟大和完善，无法想象有比上帝更伟大或更完善的了。[36]既然这种观念产生于头脑中，它当然是一种认知的存在。可是在我们的头脑之外，它具有存在性吗？安塞尔姆认为它必定存在，不然的话，我们就要陷于矛盾之中：想象出一个比我们所能想象的最伟大的东西还要更伟大的东西。这是人们共有的想法，此外还有真实存在性。

许多世纪以来，这个观点令哲学家和神学家长期争论不休，但它已被除哈茨霍恩（Charles Hartshorne）之外的所有现代哲学家摒弃。[37]反对派以康德（Immanuel Kant）为首，他指出这个论点假设"存在性"是事物的一种性质，然而，"存在性"实际上是事物具有性质的一个先决条件。例如，我们可以说"存在若干白虎"，然而说"若干白虎存在而若干白虎并不存在"，这在概念上是无意义的。这个例子指出，白色能成为老虎的一种性质，而存在性却不能。存在性并不能让我们以颜色区分（或许能）不同的老虎。尽管在语法上是正确的，但要断言一个事物因有逻辑上的可能性，就必定存在于现实中，这在逻辑上是不正确的。

我们看到，证明（被定义为最伟大和最完美的）上帝必然存在（不然的话，他就不像他所能做到的那样完美）的各种尝试，有一个有趣的对应物。假定被认为所能想象的最空的集合——空集——并不存在，那么就可形成一个包含所有这些不存在集合的集合。这个集合应是空的，因而它必定是空集！我们看到，如果对魔王下一个合适的定义，即我们所能想象的最丑恶的东西，那么，我们能使用安塞尔姆的逻辑推断出魔王不存在，因为一个不存在的魔王具有的地位比存在的魔王要低。

长期的分隔

现今：千真万确，一切都在消逝。

——波特[①]（Cole Porter）

本章图 5-3 所再现的数学发展历程表明，在零、无和空之间的古老

---

① 波特（1891—1964），美国作曲家、流行歌曲作家。

关系中有着多么大的分隔。曾经，这些概念属于一个直觉。印度的零符号带来的严格数学游戏，为探索一个有意义的哲学概念——怎样能把无变成有——提供了可靠性。可最终，数学王国太庞大了，不能保持与物理实在的内在联系。一开始，数学家从周围的世界大量吸取计数和几何学的概念。他们相信，只有一种几何学和一种逻辑学。但在19世纪，他们看得更远了。数学家从自然界抽象出简单的数学体系，建立了可从中创造新的抽象结构的模型，而这些结构完全由组合其符号的规则来定义。数学本身具有潜在的无限性。描述物质世界各部分的数学子集比较小，甚至，或许是有限的。每个数学结构在逻辑上与其他结构无关。许多数学结构含有"零"或"单位"元。不过，即使它们可能都享有零的名称，它们也是完全不同的。它们只存在于一个数学结构里，其中，它们由理应遵守的规则来定义，并在逻辑上被承认。它们的威力在于普遍性，而这种普遍性源于它们没有特殊性。罗素（Bertrand Russell）于1901年写下的文字更好地捕获了它们的新精神：

> 　纯粹数学完全由诸如以下的断言组成：如果某一个命题对于任何事物都成立，那么另一个命题也对于那个事物成立。重要的是，不去讨论第一个命题是否真正成立，也不去指出假定对它成立的任何事物是什么……如果我们的假设是关于任何事物而不是关于一个或多个特殊的事物，那么我们的推论就构成了数学。因此，数学可被定义为在其中我们绝不知道自己正在谈论什么，也不知道自己所说的是否正确的一门学科。[38]

　纯粹数学成了古老学科中头一个摆脱形而上学束缚的学科。纯粹数学成了自由数学。它可自由地发明各种概念，而无须依赖科学世界、哲学或神学世界里的对应事物。具有讽刺意味的是，数学实现这一强大的复兴，不是因为它产生了许多零，而是因为康托尔依靠坚信不疑的数学群体，释放出了过多的无穷大。以往的偏见，即可能有潜在的无穷，却没有真实的无穷，被忽视了。康托尔面对着数学界里保守分子抗议的咆哮声，没完没了地引进各种无穷大。最终，康托尔陷于严重的抑郁之中，他的余生黯淡无光，然而他有力地维护了数学家发明自己所愿发明的东西的自由：

> 这种特殊立场把数学与一切其他学科区分开来，并对相对自由和容易的研究方法做出了说明，有鉴于此，它尤其应获得自由数学之名。假如我有选择权，我更愿意如此称呼传统上的"纯粹"数学。[39]

数学中自由精神的发展标志着形而上学对数学想象方向的影响趋向结束。无从零中解脱出来，遗留下虚空和真空这类模糊不清的状态。然而出现了更多的意外。纯粹数学世界涌现出的一些具有吸引力的数学结构，也许已被设想为对自然界无用，然而，一些美妙而不可思议的事情就要发生了。一些数学奇想因为其对称性、简洁性，或者完全为了满足一些唯理论者迫切的普适性要求而被提出来，它们就要不按预定计划出现在科学的舞台上了。真空即将揭示，新数学的应用究竟为时间和空间，以及所有已逝去的东西预备了什么。

第 6 章

 空宇宙

你不可能先有空间，再把东西放进去，正如你先得咧嘴笑，才有
资格扮成一只柴郡猫。

——怀特海（Alfred North Whitehead）

对整个宇宙的理论思考

我总认为，爱有点儿像宇宙学。先是大爆炸、大火球，然后逐渐远离、冷却，这意味着恋人与宇宙学家是很相像的。[1]

——菲利普·克尔[①]（Philip Kerr）

20 世纪最惊人的智慧成就是爱因斯坦的引力理论。它以"广义相对论"之名为人所知，并取代了已有 300 年历史的牛顿理论。它是牛顿理论的推广，因为它能够用来描述物体在极强的引力场中以接近光速运动的系统。[2] 但是，当它被应用到速度很低、引力很弱的环境下时，它看上去就像牛顿理论一样了。在我们的太阳系里，牛顿理论和爱因斯坦理论之间的明显差别只有十万分之一，不过，这用天文仪器是很容易探测到的。在远离地球的地方，在密度很高的天文环境里，牛顿理论和爱因斯坦理论之间的差别非常巨大，迄今为止，人类的观测已经以超过证实其他任何科学理论的精度证实了爱因斯坦的预言。值得注意的是，爱因斯坦提出的引力行为设想，无论是对局部而言还是在宇宙范围内，都是指导我们构建宇宙结构和了解宇宙中所发生事件的最可靠的向导。

这段开场白会使某些人冒出一种念头：爱因斯坦引力理论只是牛顿理论小小的扩展，只是对牛顿的"两个质量之间的引力反比于二者中心距离的平方"这一结论所做的微小修正。真理多跨一步就成了谬误。虽然在某些情况下，爱因斯坦的预言和牛顿的预言之间的差别十分微

---

① 克尔（1956— ），英国当代作家。

小，但是，爱因斯坦关于空间和时间的概念是极其不同的。对牛顿而言，空间和时间是绝对不变的两个量，不受存在于其中的物体的影响。空间和时间仅提供了运动得以发生的一个场所；牛顿定律给定了"行军命令"。

当引力吸引不同的物体时，它被假定为通过物体间的空间瞬时发生作用，而不论物体的间隔有多大。没有任何一种机制能让这种众所周知的"超距作用"发生。牛顿像其他人一样明白这一缺陷，但他还是毫无顾忌地推出了那简单而成功的引力定律，因为它运作得如此完美，对潮汐，对地球形状，以及对观测到的月球运动、天文运动和地球运动，都做出了精确的预言。的确，在这个假象下，人们可以继续漠视这个问题，安心于它不会在人类其他领域的见解中造成任何危机，这种情况一直维持到狭义相对论的发现。狭义相对论认为，信息的传送不可能比真空中的光速更快。[3]

1915 年，爱因斯坦解决了引力怎样以一种新方式作用的问题。他提出，空间和时间的结构不像一张平坦的桌面那样是固定的、一成不变的，分布在其内的质量和能量[4]将使其形状发生畸变。空间和时间的行为犹如一张橡皮膜，当其上放有物体时，会形成波状的起伏。在没有质量和能量时，空间是平坦的。当加上质量时，空间就发生弯曲。要是质量越大，空间的平坦表面在接近该质量的地方的畸变也越大。不过，畸变随着距离的增大而减小。这个简单例子很有启发性。它意味着，如果我们上下晃动橡皮膜上某点处的一个质量，就会产生涟漪，这犹如水池水面上的细波。然后，这些涟漪般的引力波会向外传播。还有，如果人们转动橡皮膜上某点上的一个质量，这会稍稍地扭曲橡皮膜，更进一步，这个质量会沿同一方向拽动周围的其他质量。这两个效应都出现在爱因斯坦理论中，并都已经被观测到。[5] 爱因斯坦发现了两个重要的数学方程组。第一个称为场方程，对于空间和时间中任何特定分布的质量和能量，你可用它计算时空具有怎样的几何结构。[6] 另一个称为运动方程，它告诉我们物体和光束在弯曲空间中怎样运动。而且，它们的表述优美而简洁。物体在场方程所描述的起伏表面上将择取一条最快的路径运动，犹如从山顶蜿蜒而下的小溪择取路径流向下游的河床平原。

这幅图景描绘的是物质如何使空间弯曲，以及弯曲空间如何支配物质和光的运动。这幅图景有若干惊人的特征，并把上一章讨论的非欧几里得几何学从纯数学的藏书库带入了科学的殿堂。各种各样的几何学描述的空间不是简单的欧几里得平坦空间，爱因斯坦用它们刻画了被存在的质量和能量扭曲的空间所具有的可能结构。爱因斯坦还破除了万有引力的思想（虽然这种观念在我们的直觉之中如此根深蒂固，以至于天文学家仍然视它为描述物体存在的简便方式而继续使用），废弃了物体超距瞬时作用这一有疑问的概念。根据爱因斯坦的见解，物体在弯曲空间中的运动由它们所处的局部位形所决定。它们简单地择取自己能找到的最快路径。当一颗小行星从太阳附近通过时，它将经过一个因太阳的存在而被严重弯曲了的空间，并将朝着太阳运动，以便自己处在渡越时间最短的轨道上（图 6-1）。对一个正在比较太阳与小行星的相对位置的观测者来说，看上去有一个吸引力将这颗小行星拉往太阳方向。但是，爱因斯坦根本不提什么力：每个物体的运动都像没有受到任何力的作用，它们沿着一条类似平坦的欧几里得空间的直线路径运动。运动物体接受的"行军命令"由局部的空间曲率决定，而非决定于一种神秘的长距离引力，它的瞬时作用缺乏一种机制。

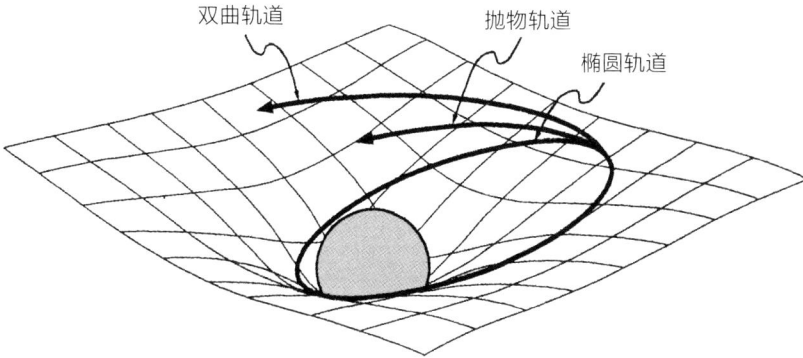

双曲轨道　　抛物轨道　　椭圆轨道

图 6-1　物体择取曲面上两点之间最快的路径运动

　　爱因斯坦理论在刚提出后不久就获得了许多惊人的成就。它解释了观测到的水星运动与牛顿理论的预言之间的矛盾，成功地预言了遥远的星光在到达我们的望远镜之前，在途中因太阳引力而发生的偏转大小。不过，它对我们理解世界的最大贡献在于，它使我们能够讨论包括我们自己的宇宙在内的所有宇宙的结构和演化。

　　爱因斯坦场方程的每一个解都描述了一个完整的宇宙——天文学家有时称它为时空。场方程的解告诉我们，在每个瞬间的空间形状是什么样的。假如我们将这些弯曲的部分堆起来，那么它们将产生空间形状按其内部质量和能量的运动及其相互作用演化的展开图像。这样一个堆积就是时空。[7] 场方程揭示的是由给定的质量和能量分布所产生的特殊空间图和时间变化图。因此，方程的一个"解"给出了一对互相匹配的东西：由一个特定的质量和能量分布所创造的几何结构，或者反过来说，弯曲的几何结构所对应的一套特殊的质量和能量分布图。不用说，解爱因斯坦场方程是极其困难的，我们所知道的场方程解所描述的始终是具有某些被简化了的特性的物质和几何结构。例如，物质密度可能处处相同（称为空间均匀），或者在各个方向上相同（称为各向同性），或者被假定为不随时间变化（称为静态）。如果这些特殊假定我们一个也不做，我们就不得不满足于场方程的近似解，它们仅当分布"几乎"是均匀的、"几乎"是各向同性的、"几乎"是静态的，或者只以很简单的方式发生变化（例如以稳定的速度转动）时，才是有效的。甚至，这些简单情况在数学上还是很复杂，使得将爱因斯坦理论用于人们所喜欢的各种情况变得极为困难。通常，在研究如双星这类非常现实的结构行为时，需要有超级的计算能力。但是，这种复杂性在任何意义上都不是爱因斯坦理论的缺点。它反映的是引力的复杂性。引力作用在所有形式的质量和能量上，但是，能量以许多不同的形式出现，它们具有特殊的表现方式，这些方式在牛顿时代是不为人知的。最糟糕的是，引力受引力的吸引。这些向外传播并使空间曲率产生皱折的引力波也携带着能量，这部分能量所起的作用犹如它自身的引力源。引力与自身作用，光是不具备这种方式的。[8]

真空宇宙

> ……耶和华必将空虚的准绳、混沌的线铊，拉在其上。以东人要召
> 贵胄来治国，那里却无一个。[9]
>
> ——《圣经·以赛亚书》

爱因斯坦理论的解描述了整个宇宙，这是一个引人注目的事实。在场方程最早找到的那些解中，有些解极佳地描述了我们周围的天文学宇宙，并很快被望远镜的观测证实。这些解也使一个新的真空概念崭露头角。

我们已经看到，爱因斯坦方程提供了计算宇宙中由给定的质量和能量分布所产生的弯曲空间几何结构的方法。根据这些表述，人们可能会指望，假如不存在物质和能量，也即假如空间是传统概念上完全空洞洞的真空，那么空间应当是平坦的和无扭曲的。遗憾的是，事情并非如此简单。完全平坦和无扭曲的几何结构的确是爱因斯坦方程在不存在物质和能量时的一个解——这正是人们所预料的。但是，还存在许多其他解，它们也描述既不包含物质又不包含能量的宇宙，但是，它们具有弯曲的空间几何结构。

爱因斯坦方程的这些解描述的是所谓的"真空"宇宙，即"空"宇宙。它们描绘的宇宙具有三维空间和一维时间，不过，要是忘掉其中的一个空间维数，可以使这种宇宙的想象变得更容易些。想象世界在任何时刻都只有二维空间，就像一张桌面，但并非一定得是平坦的，所以它更像一张杂技演员的蹦床。随着时间的流逝，空间表面的形状可以改变，

变得更平坦，或者在某些地方变得更弯曲或更扭曲。在每个瞬间，我们都有一片不同的弯曲空间"薄片"。[10] 如果我们将它们垒成一堆，那就造出了整个时空，就像用许多薄片叠成的一块干酪（图 6-2）。

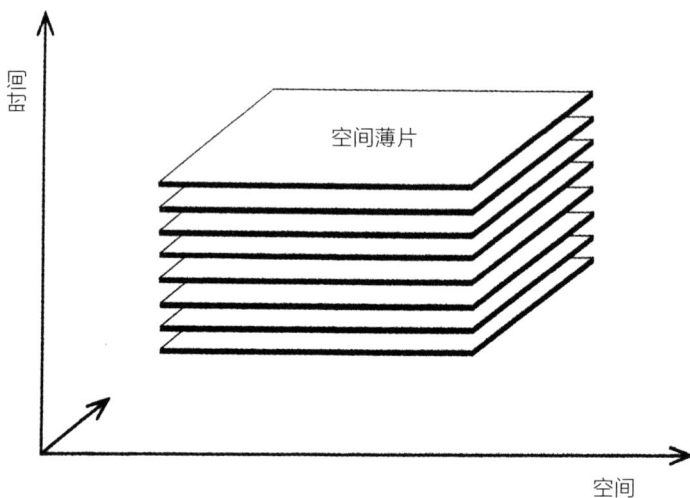

图 6-2　时空由一堆空间薄片组成，每一片都印上一个时间标记。图中只显示了空间维数中的两个

假如人们任意挑拣出一些以前制作的薄片，并将它们堆叠起来，那么它们不会配合得那么光滑和自然，而这种光滑和自然的方式则对应于一连串因果连接的光滑事件流。那就是爱因斯坦方程的切入点。爱因斯坦方程将保证这种堆放是有意义的，只要这些薄片状的时空原料解得出爱因斯坦方程。[11]

一切都完美无缺，但是想象一下，质量和能量的存在引发了空间几何的曲率，并根据时间流逝的速率而发生变化，按照这样一幅"爱因斯坦理论如何工作"的图景，难道所有的空宇宙不都应当是平坦的吗？如果它们不包含恒星、行星和物质原子，空间又怎么会弯曲呢？是什么造成了这种弯曲？

　　爱因斯坦引力理论远远胜过牛顿引力理论。它摆脱了引力的影响从宇宙的一端到另一端瞬时传递的观念，增加了不可能以快于光的速度传送信息的限制。这使得引力通过以光速运动的波来传递它的影响。爱因斯坦曾预言过这些引力波的存在，也几乎没有人怀疑过它们确实存在。虽然它们过于微弱以至今天在地球上还不能直接观测到[①]。但是，在一个含有一颗脉冲星的双星系统中，人们已经观测到了它们的间接影响。脉冲星就像一束高速自转的灯塔光，每当它转到面向我们时，我们就见到一次闪光。它的自转周期很精确，人们可以通过对其周期脉冲进行计时，予以监测。20 年的观测表明，脉冲双星的脉冲准确地按预言的速率减慢——如果该系统按爱因斯坦理论预言的速率发射引力波从而损失能量的话（图 6-3）。

　　引力波的效应类似于潮汐力。当引力波经过你正在阅读的这页纸时，它将稍稍地沿横向拉伸这本书，并在纵向上挤压这本书，但不改变书的体积。这个效应是极其微小的，但是用精心制作的仪器，类似于迈克尔逊检验以太存在的干涉仪，或许能够探测在银河系遥远处或在银河系以外发生的剧烈事件产生的引力波。探测的主要对象是极致密的恒星或黑洞的引力波，这些天体正处于彼此做轨道转动并越来越靠近的最后阵痛之中。最终，它们将盘旋到一起，在一场灾难性的事件中融合，并产生巨大的闪光和引力波。脉冲双星在遥远的未来将坍缩为这样的状态，并呈现为一场壮观的引力波暴发。

---

① 2016 年 2 月 11 日，LIGO 和 Virgo 合作团队宣布他们利用高级激光干涉引力波天文台（LIGO）首次探测到来自双黑洞合并所发出的引力波信号。

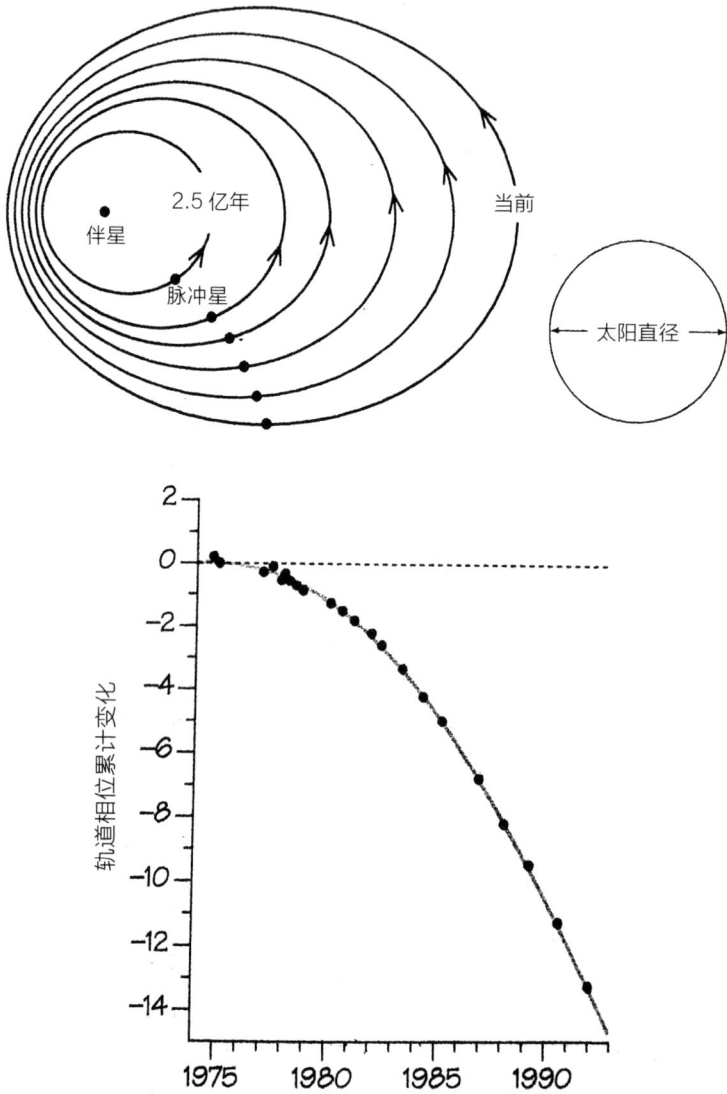

图 6-3 已知的脉冲双星系统有 120 个，PSR1913+16 是其中之一，它包含两颗相互绕转的中子星。其中一颗中子星是脉冲星，发射射电脉冲，可以以很高的精度测量它。这些观测表明，这颗脉冲星的轨道周期每年变化 0.000 000 002 7。根据广义相对论，中子星的引力波发射将造成能量损失，由此预言的轨道周期变化正是该数值 [12]

让我们设想一个空间，其几何结构已因一大团质量的存在受到扭曲，那么我们就能弄明白引力波是怎样改变这幅图景的。假设这团质量开始让形状发生变化，使之成为非球面。这种改变在几何结构中引起波纹，波纹从该质量向外扩散。你离这个扰动源越远，波纹到达你时产生的效应越弱。虽然我们在讨论这些波时，把它们当作已被引入宇宙的一种能量形式（就像声波一样），实际上，两者在本质上是截然不同的。这些波是空间和时间几何结构的特性。如果将在空间几何结构中引发波纹的可变质量拿走，我们仍然能够使这种波纹存在。整个宇宙能够以非球面方式膨胀，而且一个方向上的膨胀比另一个方向上的稍快些，同时将出现波长很长的引力波，以平衡正在膨胀的"橡皮膜"（即某个时刻的空间宇宙）的总张力。

爱因斯坦引力理论使我们精确描述了能像我们这个宇宙那样膨胀，但不包含物质的宇宙，但这一事实并不意味着后者是现实的。爱因斯坦理论引人注目，是因为它描述了各种形状和大小的可能宇宙的无限集合，这些宇宙的形状和大小由你想放入的物质的分布和性质所决定。爱因斯坦方程最简单的解之一，极精确地描述了我们所观测的宇宙的行为——它确实包含物质，并在各个方向上和各个地方都以相同的速率膨胀。宇宙学家面临的最大问题是，要解释为什么选中这个解，并有可能把它从一种纯粹的理论提升到真正的物理实在。为什么是这个简单的宇宙，而不是爱因斯坦方程的其他解？

我们猜想，宇宙要比我们单从爱因斯坦方程了解到的更复杂。把爱因斯坦理论与我们对物质最基本粒子的认识联系起来，或许会对物理上那些可能的弯曲空间施加苛刻的限制。或者很可能的是，在宇宙史的早期阶段存在一些陌生的物质形式，它们确保满足爱因斯坦方程的所有（或几乎所有的）复杂宇宙最终能越来越像我们今天所看到的、简单的各向同性膨胀状态——如果你能等待数十亿年的话。

马赫：一个有原则的人

> 肯定一件事是容易的，只要你能适当地含糊其辞。[13]
>
> ——皮尔斯[①]（Charles Sanders Peirce）

爱因斯坦本人的空宇宙观点对他创立广义相对论的概念起了重要的作用。在很长一段时间里，他对牛顿理论的缺陷以及该怎样予以修正的思考，受到物理学家兼科学哲学家马赫（Ernst Mach，1838—1916）的很大影响。马赫兴趣广泛，曾对声音的研究做过重要的贡献。空气动力学一律将很高的速度表示为"马赫数"，即以声速（约每小时 750 英里[②]）为单位的速度值。但是，在某些方面，马赫是卢德派分子[③]，甚至在实验已经证明原子和分子存在之后，他还根据哲学上的理由反对它们作为物质基本组成的概念。然而，爱因斯坦曾受到马赫著名的力学教科书[14]的极大影响，这本书对他按自己的方法推导狭义相对论和广义相对论的方程起到了重要的引导作用。因此，爱因斯坦也受到马赫的另一个信念的影

---

① 皮尔斯，19 世纪到 20 世纪美国实用主义创始人，他的研究遍及各种科学、数学、逻辑学和哲学。

② 即约每小时 1200 千米。

③ 卢德派分子是 19 世纪英国手工业者为破坏纺织机器而组成的团体，也指当时反对机械化和自动化，阻碍技术进步的人。

响，这个有关局域天体惯性起源的思想后来以"马赫原理"①而著称于世。马赫认为，在我们周围见到的物体的惯性和质量，应当反映宇宙中所有质量的引力场的合成效应。当爱因斯坦用"质量和能量的存在产生曲率"的思想开始构思他的广义相对论时，他希望并认为马赫的思想会自动地糅合进广义相对论中。可惜，事情并非如此。马赫原理意味着要求爱因斯坦理论不存在真空解：不存在时空几何单独被引力波而不是被存在的质量和能量所弯曲的宇宙。引力波可以存在，但它们必须源自不规则分布物质的运动。假如这些波在宇宙诞生时被纳入其中，或者仅与宇宙膨胀速率在各方向上的差别有关，这些波状的涟漪就不可能存在于空间的几何结构中。

宇宙中最富有戏剧性的运动类型是宇宙的整体转动，这种运动与物质无关，马赫和爱因斯坦当然需要对其予以否定。在很长一段时间里，爱因斯坦认为他的理论确实否定了这一点，但是，发生了一件令他吃惊的事。1952 年，他在普林斯顿高等研究院的同事、逻辑学家哥德尔发现了爱因斯坦方程一个完全没有料到的解，它描述了转动的宇宙。更奇妙的是，这个可能的宇宙允许时间旅行！随后的研究表明，爱因斯坦方程的这个解很乖僻，不能描述我们的宇宙。但是，神魔已飞出了瓶子。还有没有其他性质相同但更为现实的解呢？不然，也许马赫是正确的，在求解爱因斯坦方程时，我们只是没有找到表述"马赫原理"的正确方法，因为我们从来没有探测到过宇宙的整体转动。若干年以前，有些人 [15] 利用宇宙微博背景辐射在各向同性这一天文观测指出，如果宇宙正

---

① 马赫原理是马赫提出的一个宇宙学原理，认为作非匀速运动的人感受到的惯性力取决于宇宙间物质的数量和分布，对一个孤立系统的物理实体来说，惯性是没有意义的。爱因斯坦最初在广义相对论中采用了这个假说，并称之为马赫原理。后来，在知道惯性隐含于运动的短程线方程中而不必依赖于宇宙各处物质的存在后，爱因斯坦放弃了马赫原理。

在转动，那么它的转动速率必须在宇宙膨胀速率的百万分之一到千万分之一之间。[16]

马赫原理反映了陈旧的讨厌真空的思想。现代宇宙学在很大程度上漠视了这一点，不仅因为精确表述它，以便让每个人认同这个原理是相当困难的事。许多科学家一直企图使之现代化，看一看能否利用它挑出一些爱因斯坦方程的解作为物理上的现实，但没有一种说法能立得住。即使他们做到了，也不清楚马赫原理到底能告诉我们什么，是用其他方法做不到的。可以说，引力场必定都源于物质，大爆炸没有遗留下任何自由的引力波，但是，宇宙的现状为什么是这样的？假如我们的宇宙受制于无源的强引力波的存在，那么宇宙的膨胀将表现出很不一样的行为。宇宙将在各个方向上以很不一样的速率膨胀，还可能有像膨胀一样快速的转动。观测结果指出，今天的宇宙中不存在这些景象。宇宙的膨胀在各个方向上都是相同的，其精确度达到十万分之一。

马赫原理从此逐渐凋零，因为它无法回答"宇宙为什么像今天这个模样？"这一问题。后面，我们将看到其他学说提供了更充分的理由，说明今天的宇宙缺乏可测量的无源引力波效应。这些学说并不保证这种无源引力波一定不存在（正如马赫认定的那样），但它们指出，当宇宙变老时，这种波必定极其微弱，所以可以忽略它们对宇宙总体膨胀的效应。

兰姆达：一种新的宇宙力

　　一个上了年纪而成就卓著的科学家如果说某件事是可能的，那么他几乎总是对的。但是，如果他说这是不可能的，那么他往往是错误的。

　　　　　　　　　　　　　　——阿瑟·C. 克拉克 [①]（Arthur C. Clarke）

　　当爱因斯坦在 1915 年第一次开始用他崭新的引力理论研究宇宙学时，人类对天文学宇宙的尺度和多样性的认识要远远少于今天。那时，人们没有任何理由认为，除银河系之外还存在其他星系。天文学家感兴趣的只是恒星、行星、彗星和小行星。爱因斯坦想用他的方程描述整个宇宙，然而，这些方程对他来说太复杂，要是没有一些简化假设，是无法解的。他很幸运。他对宇宙做了某种假设，这种假设肯定会让数学家感到宽慰和轻松，却可能并非是一个适合真实宇宙的假设。道理很简单，根本不存在观测证据。爱因斯坦做了一个简化的假设：宇宙处处、时时和在各个方向上都是相同的。我们说这是一个均匀的、各向同性的宇宙。当然，宇宙并非真是这样的。但是，这个假设如此接近真实情况，与理想均匀性的偏离很小，以至于不会对整个宇宙的数学描述造成任何重大影响。[17]

　　随着研究的深入，爱因斯坦发现他的方程反映出某些特别且意外的情况：宇宙必定曾经发生过持久的变化。在一个包含着分布均匀的物质

[①]　阿瑟·C. 克拉克，英国现代作家，他的一些科幻小说与实际发展极为相近，尤其是对通信卫星的描述，曾多次获得奖励。他在《地球外的转播》（*Extra-terrestrial Relays*）中描述了与静止轨道卫星通信的原理，为此，国际天文学联合会将 42 000 千米处的静止轨道命名为克拉克轨道。

的宇宙中，不可能找到一个解来代表遥远的恒星，并且平均而言，它能长期保持不变。恒星通过引力相互吸引。为了避免在宇宙暴缩中发生物质的收缩和堆积，就需要向外的膨胀运动去克服这一点，即需要一个"膨胀"宇宙。

这两种情况 [①] 爱因斯坦都不喜欢，两者都与当时关于宇宙的观念相违背，即宇宙是一个巨大而不变的舞台，天体在其上运动。恒星和行星可能生生死死，但宇宙将永恒存在。面对宇宙是收缩的还是膨胀的这一进退两难的困境，爱因斯坦回过头来重新考察他的方程，寻找解决的办法。耐人寻味的是，他找到了一个。

为了弄明白这是怎么回事，我们先得看一看爱因斯坦将什么引入了他最初的方程。爱因斯坦方程将弯曲空间的几何结构与空间的物质成分联系起来，并具有以下特殊形式：

$$\{ \text{几何结构} \} = \{ \text{质量和能量的分布} \}。$$

原则上，在方程左侧，各种描述曲面形状的公式都是可能的。但是，如果把它们等同于物质和辐射的实际分布，具有密度、速度和压力等特性，那么它们必须反映能量和动量等物理量在自然界中必定守恒的事实。当不同的物体之间相互作用时，这类物理量可以各种方式重组和重新分布，然而，在所有变化结束，最后对所有的能量和动量求和之后，物理量的总量必须与开始时刻相同。自然界的能量和动量守恒这一要求，足以导致爱因斯坦得出方程左侧最简单的几何要素。

一切都似珠联璧合。如果考察一下引力非常微弱和速度远低于光速

---

① 指宇宙的收缩和膨胀。

的情况，那么空间几何结构与理想的欧几里得平坦性的差别是极其微小的，因此，这些复杂的方程不可思议地与早在 230 多年前牛顿曾经发现的引力定律变得完全相同。该定律被称为平方反比定律，它指出，两个质量之间的引力反比于它们中心间距离的平方。

遗憾的是，正是这幅优美的图景顽固地阻止宇宙保持不变。面对膨胀的宇宙，爱因斯坦看到了一条出路。他希望自己的理论在引力变得很微弱且空间几乎平坦的情况下会变为牛顿理论，这一想法致使他忽视了一种奇怪的可能性。在他的方程中，含有几何信息的部分能给方程增加另一个简单项，而不会改变能量和动量在自然界里守恒的要求。当我们观察这一新增项对牛顿的弱引力场的描述造成了什么影响时，结果看上去很奇怪。它表明，牛顿的平方反比定律只是这个故事的一半，真正的故事是新增加的那一项：一切质量之间随其间距离的增大成正比增大的力。当人们考察到天文距离上时，这项额外的引力将"压倒"牛顿的平方反比减小定律产生的效应。

爱因斯坦在他的方程中引入了希腊字母兰姆达（Λ），以表示这个力的强度，于是方程简单地变成：

$$\{\text{几何结构}\} + \{\Lambda\ \text{力}\} = \{\text{质量和能量的分布}\}。$$

从爱因斯坦的理论中是无法知晓兰姆达有多大的，甚至兰姆达是正还是负也不可知。的确，在方程里保留它的一个重要理由就是，没理由认为它的值一定等于零。兰姆达是一个新的自然常数，就像平方反比定律中决定了引力强度的牛顿引力常量 G 一样。爱因斯坦将兰姆达称为宇宙学常量。

爱因斯坦看到，如果兰姆达是正的，那么它对总引力起排斥作用，这与牛顿引力的吸引特征相反。此时，兰姆达会引起相距遥远的质量相互排斥。他意识到，只要兰姆达的数值选得合适，它就能准确地抵消按平方反比定律的相互吸引的引力，结果使一个恒星的宇宙保持静止，既不膨胀也不收缩。我们在地球上没有找到存在这种兰姆达的任何证据，这个事实是很容易解释的。要求保持宇宙静止的兰姆达值是很小的，小到它对地球的影响非常微弱，以致对引力测量来说，没有任何可察觉的效应。之所以出现这种情况，是因为这种力是随距离增大而增大的。在天文尺度上，它可以很大，甚至控制了宇宙的总体稳定性，但在地球表面或太阳系里的小距离尺度上，它是非常小的。

随后发生的事情让爱因斯坦陷入了窘境。爱因斯坦相信，他的静止宇宙不过是他那新方程唯一被宇宙许可的一类解。然而，他并非唯一研究爱因斯坦方程的人。

在圣彼得堡工作的弗里德曼（Alexander Friedmann）是一位年轻的气象学家兼应用数学家。他密切跟踪数学物理学的新发展，也是最早理解爱因斯坦新引力理论背后隐含的数学问题的科学家之一。这是个了不起的成就。爱因斯坦理论用到的数学是高度抽象的，以前的物理学从未用过。天文学家绝大部分实际上是物理学家，而不是数学家，他们对爱因斯坦理论的理解是准备不足的。他们只能停留在检验自己的计算结果，以及进行新的计算之类的水平上。弗里德曼则不同，他很快消化了所需要的数学，并马上找到了爱因斯坦方程的新解，连爱因斯坦自己都遗漏了。[18] 他发现了膨胀解和收缩解，那是爱因斯坦通过引进兰姆达项试图消除的解。图 6-4 绘出了三种膨胀宇宙。

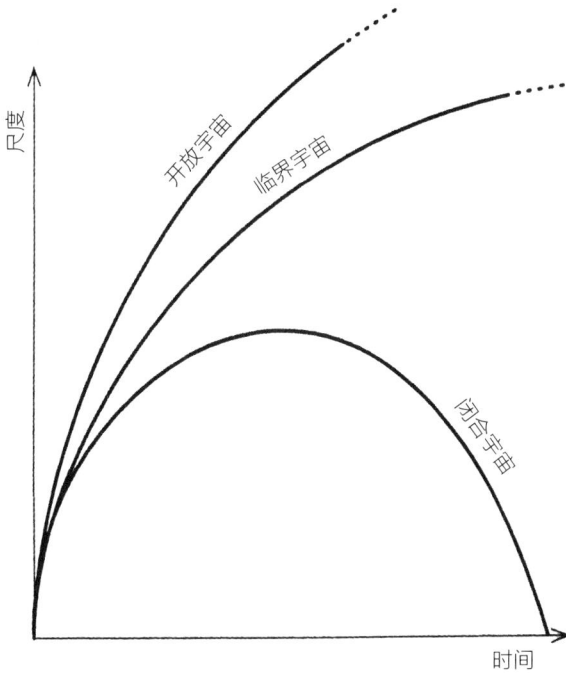

图 6-4　弗里德曼发现的三种宇宙。开放宇宙和临界宇宙的空间尺度永远增大；闭合宇宙最终将收缩回到极端致密状态。临界轨迹是无限的未来历史与有限的未来历史之间的分界线

　　但是，他还发现了更有趣的东西：即使将兰姆达力引入方程，宇宙仍然不会保持静态。爱因斯坦发现的那个解——其中吸引性引力准确地平衡了新的排斥性兰姆达力——的确是存在的。但是，它不能持久地存在，它是不稳定的。这就像针在针尖上的平衡，如果向任何方向轻轻地推一下，针就将倒下。假如爱因斯坦的静态宇宙的密度稍有不均匀，不论这种不均匀有多小，它都要开始膨胀或收缩。弗里德曼证实了这一点，他指出，即使有兰姆达力，爱因斯坦方程也有描述膨胀宇宙的解。根据从这些计算得出的逻辑结论，弗里德曼提出了 20 世纪最伟大的科学预言之

一：整个宇宙应当在膨胀。[19]

弗里德曼写信告诉爱因斯坦，他的方程还有别的解，但是没有得到爱因斯坦的重视，他认为弗里德曼的计算出了问题。不久，弗里德曼的一位地位较高的同事赴柏林巡回演讲，顺便与爱因斯坦讨论了弗里德曼的计算。爱因斯坦很快被说服了，犯错误的是他，而不是弗里德曼。他完全忽略了方程的这些新解。爱因斯坦写信声明，弗里德曼是正确的，并宣布了静态宇宙的死亡。数年后，爱因斯坦把自己为维护静态宇宙的信念而发明宇宙学常量说成是"我一生中最大的蠢事"。

1929 年，天文学家终于确信宇宙正如弗里德曼所预言，确实在膨胀，而且无论有没有兰姆达力，爱因斯坦方程的弗里德曼解给出了今天宇宙膨胀的最佳描述。弗里德曼没有活着看到他的思想发展到多么深远。他去世时只有 37 岁，在一次为收集气象资料的高空气球飞行中，他遭遇了事故，再也没有恢复知觉。[20]

尽管静态宇宙已告覆灭，兰姆达力却留了下来。即使没有静态宇宙的迫切需求，爱因斯坦在他的方程中引入这一项，从逻辑上来说也是不可避免的。兰姆达的数值可能如此之小，以致其效应即使在天文距离上可被忽略，从而在所有实际应用中也可以忽略它的存在，但是我们毫无理由在理论中抛弃它。观测很快表明，假如它存在，也必定是很小的。但是，它为什么会如此之小呢？关于它的大小或它真正的物理根源，爱因斯坦理论什么都没有告诉天文学家。它究竟是什么？这些都是很重要的问题，因为问题的答案肯定会阐明真空的本性。即使我们把宇宙中所有物质都去掉，引起宇宙膨胀或收缩的兰姆达力仍然能够存在。它总是存在着，作用于所有物体，而且不受任何物体的影响。它开始变得犹如把宇宙中凡是能够拿走的东西都拿走后所剩下的、无处不在的一种能量形式，这种说法听起来非常像某些人对真空的定义。

深远的因果关系

> 我爱宇宙学，能把整个宇宙看作一个具有一定形状的物体，这实在令人振奋。除了上帝，还有什么实体比宇宙本身更崇高或更值得关注？忘掉股价，忘掉战争和谋杀，让我们谈论空间吧。[21]
>
> ——鲁克尔[①]（Rudy Rucker）

第一个提出宇宙学常量可能与物理学的其他领域有关的人，是比利时天文学家兼神甫勒梅特（Georges Lemaître）。勒梅特是最早将膨胀宇宙思想视为物理学问题来严肃对待的科学家之一。他意识到，假如宇宙正在膨胀，那么它在过去必定更热、更致密：假如沿着宇宙事件回溯到足够遥远的过去，物质将被转化为热辐射。

勒梅特非常喜欢爱因斯坦的兰姆达力，他找到了爱因斯坦方程的几个新解，兰姆达力在其中起了重要作用。他深信兰姆达力在爱因斯坦方程中的出现是必要的，他要对它进行重新解释。这与爱因斯坦试图忘掉它可不同，与某些天文学家认为它即使存在也是可以忽略的也不同。勒梅特意识到[22]，虽然爱因斯坦把兰姆达力加在方程的几何结构这一侧，但把它移到方程的质量和能量一侧也是可能的，即

---

① 鲁克尔，当代数学家、计算机科学家和科幻小说作家。

$$\{ \text{几何结构} \} = \{ \text{质量和能量的分布} \} - \{ \Lambda \ \text{能量} \},$$

他把它解释为对宇宙中物质成分的贡献，即

$$\{ \text{几何结构} \} = \{ \text{质量和能量的分布} - \Lambda \ \text{质量和} \ \Lambda \ \text{能量} \}。$$

要是这么做，你就必须接受这样的思想：宇宙始终包含一种奇怪的流体，它的压力等于负的能量密度。负压力是一种不同寻常的张力，但是，兰姆达张力同样可能是负的，这意味着它施加的是排斥效应的引力。[23]

勒梅特的洞察力十分关键，他看到，用这种方式解释宇宙学常量也许能够通过研究物质在极高能量下的行为来理解它的起源。假如这些研究能够确认一种物质形式，其压力和能量密度之间存在这种不寻常的关系，那么就可能把我们对引力和宇宙几何结构的理解与其他的物理领域联系起来。这对天文学中的真空概念也是至关重要的。假如我们忽略可能存在的爱因斯坦宇宙学常量，那么没有任何普通物质的真空宇宙看来是可能存在的。但是，如果宇宙学常量真的是一种始终存在的物质形式，那么实际上就没有真正的真空宇宙。这种虚无缥缈的兰姆达能量始终存在着，作用于每个物体，却不受其他物质的运动和存在的影响。

遗憾的是，勒梅特的言论似乎没有引起任何人的注意，纵然这些言论已发表在当时第一流的美国科学杂志上。早期的核物理学家和基本粒子物理学家在他们的物质理论中从没有发现过类似兰姆达力的东西。它们在宇宙学家眼中，好似流水落花般黯然逝去。第二次世界大战改变了物理学的研究方向，使之转向原子核过程和无线电波。战争结束后不久，宇宙学家迷上了新奇的稳恒态宇宙论，这个学说首先由霍伊尔、邦迪

（Hermann Bondi）和戈尔德（Thomas Gold）提出。稳恒态宇宙像弗里德曼宇宙一样也是膨胀的，但它的密度不会随时间减小。事实上，它的任何总体特征都不随时间改变。这种稳定性是通过假定的"创造"过程达到的：处处有新的物质产生，以精确补偿膨胀造成的稀化。这里所需的物质产生速率极小，每 100 亿年每立方米体积内只需产生几个原子，所以难以察觉。与大爆炸模型 [24] 相反，稳恒态理论（中的宇宙）没有明显的开端，所有的东西都同时出现。它们的创造过程是连续的。

初看起来，这种宇宙学说好像要求创立一种新的引力理论，以取代爱因斯坦的引力理论。它需要包括一种新的"创生场"，能够产生稳定的新原子和辐射流，以维持原子的恒定密度。1951 年，英国天体物理学家麦克雷 [25]（William McCrea）指出，不需要这么极端的东西。可以把创生场作为一种额外的能量和质量源加到爱因斯坦方程中，而一旦这么做了，它看上去就像兰姆达项。不需要连续的创造过程。

对这一学说的热心发明者来说，糟糕的是，稳恒态宇宙马上被扔进了历史。这曾是个很好的科学理论，因为它提出了一些很肯定的预言：不同历元（epoch）的宇宙平均看来应当是相同的。这也使这种预言极易受到观测检验的非难。20 世纪 50 年代末，天文学家开始收集宇宙并非处于稳恒态的证据。不同大小的星系的分布随时间有着重大的变化。人们还发现类星体过去在宇宙中的分布比今天更为密集。最后，在 1965 年，射电天文学家探测到了过去热大爆炸状态遗留下来的热辐射，现代宇宙学诞生了。

在 20 世纪 60 年代中期，第一批发现的类星体的红移都集中在某个数值左右，当时出现了一种观点认为，一个足够大的兰姆达力也许能够暂时减慢过去当宇宙大约是今天的三分之一尺度时宇宙的膨胀，它会使在这一历元前后形成的类星体积聚起来。但是，随着较大红移的类星体发现得越来越多，这种观点逐渐凋萎。人们意识到，类星体的红移表面上限制在某个特定值以内，不过是人们搜寻类星体的方法而造成的假象。

从那以后，观测天文学家一直在寻找确切的证据，以判断宇宙膨胀得是否足够快，宇宙是可以永远膨胀下去，还是有一天会反过来收缩，走向大挤压（big crunch）。如果兰姆达力存在，而且大到在巨大的河外星系距离上足以超过吸引性的引力，那么它将按图 6-5 所示的方式影响宇宙的膨胀。最遥远的星系团将随着膨胀彼此加速远离，而不是不断地减速。

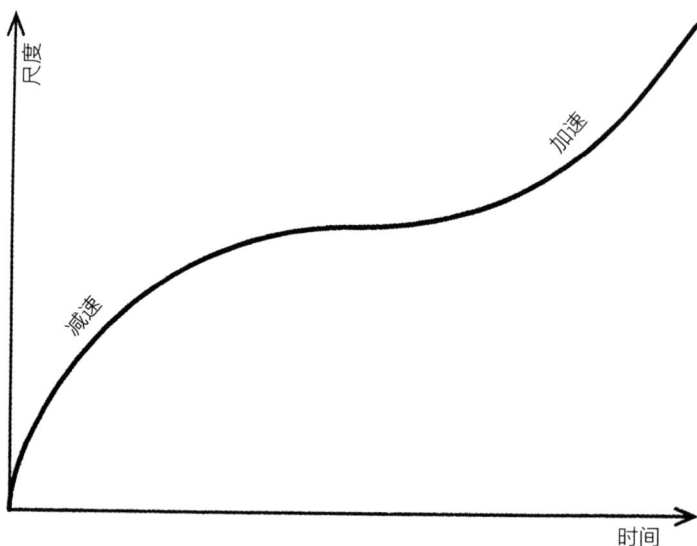

图 6-5　兰姆达对宇宙膨胀的效应。当它变到比平方反比引力更大时，将引起宇宙膨胀从减速转变为加速

　　这是一种宇宙加速的指示，要寻找它，就需要找到测量遥远恒星和星系距离的方法。观测来自这些天体的光的颜色图样的变化，可以很容易确定它正以多快的膨胀速度远离我们，精确度可达到百万分之几。但是，要指出它们有多远却不是一件容易的事。基本的方法是利用以下事实：与引力效应一样，光源的视亮度随其与我们的距离的平方成反比下降。所以，假如你有一排同样的 100 瓦灯泡，把它们放在黑暗中离我们不同的距离上，那么只要假定中间没有遮挡物，我们就可以依据它们的视亮度测定它们离我们的距离。如果你不知道灯泡的内禀亮度，但知道灯泡都是相同的，那么通过比较它们的视亮度，你就能得到它们的相对距离：暗到九分之一意味着距离远到 3 倍。

　　这正是天文学家希望做到的事。问题是，大自然没有在宇宙中点缀标记得如此好的相同的灯泡。我们怎样能够确信，正在观测的一组光源具有相同的内禀亮度，使我们能够用它们的视亮度得出它们的相对距离呢？

　　天文学家试图找出容易识别、内禀特性又确定得很好的各族天体。这种典型样板当属变星，理论上，我们已知其亮度变化与内禀亮度有简单关系。测量光变曲线，得出内禀亮度；测量视亮度，得出离我们的距离；测量光谱位移，得出退行速度。于是，你就可以绘出速度随距离成正比增大的曲线，并看到宇宙的膨胀，就像哈勃（Edwin Hubble）首先在 1929 年为证实弗里德曼根据爱因斯坦理论提出宇宙正在膨胀的预言所做的，如图 6-6 所示。

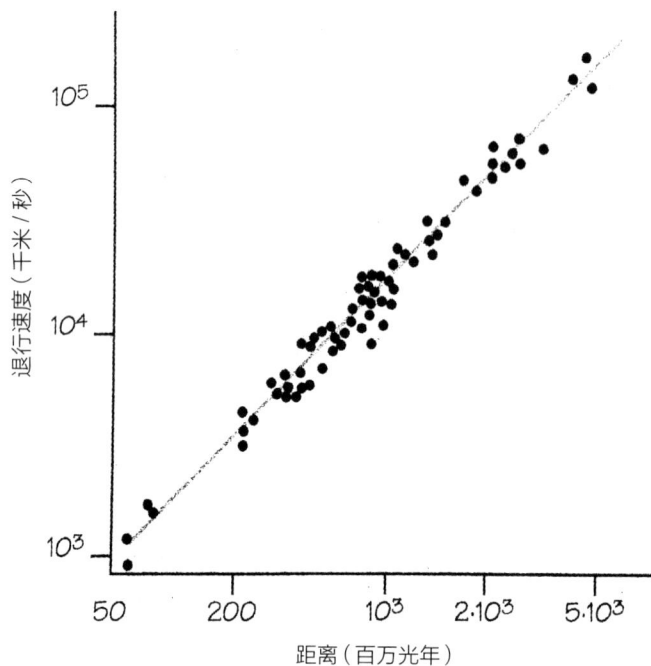

图 6-6　哈勃定律 [26]：遥远光源的退行速度与其距离的关系

遗憾的是，这种变星在距离遥远时是不可见的，而且距离的精确测定仍然是自哈勃的工作以来天文学观测的最大问题之一。它好比哈里森 [①27]（John Harrison）在 18 世纪寻找精确测量时间的方法，以便在海上准确确定经度。直到前不久，人们还在为绘制最大星系尺度上的宇宙膨胀图付出种种努力，然而精度还是太低，不能用来证明或者证否爱因斯坦的兰姆达力的存在。我们不能肯定地说，宇宙今天的膨胀是不是在加速。"缺乏证据"被看作"不存在证据"——就算兰姆达力正好在人类天文学家走上宇宙舞台时开始加速宇宙膨胀，在任何情况下，也要求有

---

① 哈里森，18 世纪英国钟表制造家，发明了第一座实用的航海天文钟，使领航员能精确计算海上船舶的经度。

很大的置信度。此外，人类希望兰姆达出奇地小。他们认为，更好的是假定它真的是零，然后继续寻找一个合适的理由来解释为什么是这样的。

1999 年，事情发生了戏剧性的变化。哈勃空间望远镜（Hubble Space Telescope，HST）使观测天文学发生了巨大的变革，它的优点是消除了地球大气的闪烁畸变，能够比以往任何时候看得更远。地面望远镜也得到了改进，达到了哈勃时代梦寐以求的灵敏度。新型电子技术用光灵敏度比底片高 50 倍的光记录器件取代了陈旧的照相底片。地面望远镜对大范围天区的巡查能力与哈勃望远镜对细小而微弱的目标光源的精细观测能力相结合，催生了测量距离的一种新方法。

观测者们在新月前后天空特别黑的时候，利用高性能的地面望远镜监测近百块黑暗的天区，每一块天区大约包含上千个星系。三个星期后，对同样的星系场进行成像，寻找此期间急剧增亮的恒星。他们在不停地搜寻遥远的超新星——在生命期最后阶段爆发的一种恒星。按照这样的天区覆盖率，通常能捕捉到约 25 颗正在变亮的超新星。找到它们之后，继续进行跟踪，以详细观测这颗超新星随后的光变，监视其亮度的增加，直至达到亮度极大，并一直跟踪到亮度回降到爆发前的水平，如图 6-7 所示。哈勃望远镜有能力看见微弱的光和颜色，可以扩大地面望远镜的天区覆盖范围。

详细绘制超新星的光变曲线，让天文学家检验这些遥远的超新星是否与附近的超新星有相同的光变特征，而对于附近的超新星，我们已了解得十分透彻。若两者特征十分相似，观测者就能根据峰值的视亮度决定遥远的超新星相对附近超新星的距离，因为它们的内禀亮度大致是相同的。这种测定超新星距离的新方法十分奏效，结合常规的超新星光谱多普勒位移测量（由此可得到它们的退行速度），就能得出延伸到遥远距离上的、被改进的新的哈勃膨胀定律。两个独立的国际天文学家小组综合了地面望远镜和哈勃空间望远镜的观测结果，获得了40颗遥远的超新星的相关数据，强有力地证明了宇宙正在加速膨胀。这些观测结果最惊人的特征是，它们要求存在宇宙学常量，即兰姆达力；而用不加速的膨胀宇宙解释这些观测结果的概率小于百分之一。真空能量对宇宙膨胀的贡献很可能[28]比宇宙中所有普通物质的贡献大百分之五十。

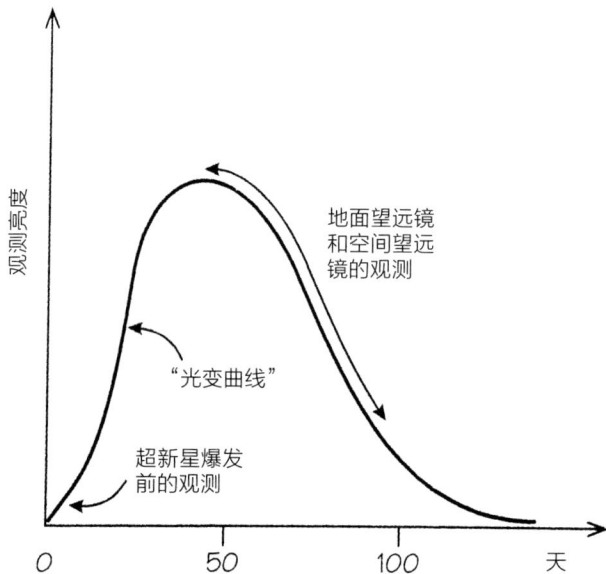

图 6-7　超新星的光变曲线。超新星的观测亮度的变化表明，其亮度增到极大，而后逐渐下降回到爆发前的水平

对这些光源而言，光谱红移随距离的变化与如果兰姆达力不存在时所预期的变化图样不相符合。想让兰姆达力不出现，只可能是假设观测出了问题，或者出现了观测偏差却未被察觉。这两种可能性是完全合理

的，观测者尝试了各种方法去检查在哪儿可能会造成误差。一种担忧是，这些超新星与在附近观测到的超新星本质相同，这一假设是错误的。[29]很可能，当这些光从遥远的超新星开始踏上奔赴我们望远镜的旅程之际，还有看不见的其他种类的恒星爆发了。归根到底，当我们观测非常遥远的宇宙天体时，我们看到的是数十亿年前的它们，那时，这些光刚刚踏上奔向我们望远镜的旅途。在那遥远的过去，宇宙是相当稠密的地方，充满了萌芽状星系，与今日面貌可能很不相同。迄今为止，没有一种可能性经得住仔细的交叉检验。

如果这些可能的误差源能够被排除，而且，现有的观测结果能继续被各组天文学家利用不同方法对不同的数据资料所进行的分析所证实——就像现在的情况那样，那么它们表明的情况将是极具戏剧性的，绝对出乎我们意料的：当前的宇宙膨胀受到兰姆达力的控制，膨胀正在加速。这样的事态可能对我们理解真空及其对调整引力和其他自然力性质之间的深刻关系，能起到十分巨大的作用。

迄今为止，我们看到天文学家关于兰姆达的种种思考，它很可能扮演了勒梅特提出的那种无处不在的真空能量的角色。在最近几十年中，亚原子世界的研究逐渐取得了进步，并成为关注的焦点。这也表现在对真空及其最简单的可能成分的搜寻中。现实表明，天文望远镜发现宇宙学真空，对这种搜寻也具有深远的影响，我们当下的注意力正在转向这条故事的线索。我们寻找理解真空及其特性的历程从基本粒子的内部空间开始，却意外地将我们彻底带回到恒星和星系的外部空间。

第 7 章

绝对不可能空的盒子

在以太的身世里有一种悲剧成分。最初，以太有过灿烂辉煌的日子。它像助产士和护士般慷慨地帮助了光的波动理论和场的概念的诞生，对科学而言其价值无可估量。但是，在它照看的孩子到成年后，却遭到了冷酷无情的，甚至是幸灾乐祸的抛弃和背信弃义。它最后的日子因嘲笑和侮辱而异常痛苦。现在它已经走了，却仍然没有得到赞颂。让我们在这里为它举行一个公正的葬礼，并在它的墓碑上题上几行适当之词：

我们曾拥有过电磁以太，

而现在我们失去了以太。[1]

——巴涅希·霍夫曼（Banesh Hoffman）

终究是个小世界

这个（量子）理论使我想起一个极聪明的幻想狂的错觉系统，它混合了种种莫名其妙的想法。[2]

——爱因斯坦

在过去几十年里，物质宇宙已经越来越引人注目。关于它的特征，最伟大的事实之一是它的定律和变化方式的统一性。以前，人们一直以为最基本的物质粒子的性质与最大星系团的形状和尺度几乎无关。同样，几乎没有人相信，对宇宙中最大结构的研究有一天会在对宇宙最小结构的研究中闪光。然而今天，物质最小粒子的研究不可避免地与寻求对宇宙及其内部物质构造的宇宙学理解联系在一起。原因很简单，宇宙膨胀的发现意味着宇宙的过去比现在更热、更密。循迹宇宙历史追溯到最初几分钟时，我们将遇到能量不断增加、温度不断升高的宇宙环境，最终在这种环境下，所有熟知的物质形态——原子、离子和分子，都归结为物质最简单、最小的成分。因此，最基本的物质粒子的数目和性质对决定宇宙童年时期幸存的各种物质形态的数量和特性将起关键的作用。

这种大与小之间的宇宙学联系在真空的命运中也起着重要的作用。我们前面已经看到，爱因斯坦创立的引力理论如何能够用来描述物质宇宙的总体演化。实际上，我们选择了一种数学上简单的宇宙，它很好地近似描绘了我们用望远镜看到的真实宇宙的结构。首先，我们已经看到，爱因斯坦理论提供了一个对完全没有质量和能量的宇宙——

"真空"宇宙——的自然的数学描述，这使他不得不将以太排除出物理学词汇表。即使将电磁场引入弯曲空间，以太也毫无存在的必要。出人意料的是，这个新理论的尾巴上有一根刺。它允许自然界存在一种抵消或加强引力效应的新的力场，且后者随距离而增加。结果，在地球尺度上，这个力场的效应可以忽略，而在宇宙膨胀的宇宙尺度上，它却成为压倒性的因素。这种无处不在的兰姆达力可被解释为一种新的宇宙能量场：它无所不在，会防止出现"无"的能量场。但是，如果存在这样一种"真空怪物"，那么它来自何方？与普通物质的特性有何联系？这些问题是勒梅特和麦克雷等天文学家提出的，但他们没有做出回答。他们希望亚原子物理学界能够用爱因斯坦真空能量构造被忘却的环节。

爱因斯坦建立狭义相对论和广义相对论只是现代物理学发展的一半故事。另外一半是量子物理学的故事，先驱者是爱因斯坦、普朗克（Max Planck）、薛定谔（Erwin Schrödinger）、海森堡（Werner Heisenberg）、玻尔（Niels Bohr）和狄拉克。鉴于新的引力理论是爱因斯坦一手创立的，因此无须修订和解释；而微观世界的量子理论则是许多人研究的结晶，经历了曲折的道路才变得清晰和实用。弄清量子力学的意义这项任务，既涉及数学上的许多挑战，又涉及隐晦、曲折的解释和内涵，其中有些问题至今尚远未解决。每年都会出现几本大众科普读物，希望以非专业读者也能理解的写作手法来解释量子力学的秘密[3]，这些书的作者都纷纷引用开创者们气馁的告诫，借此对量子理论的原理做一番解释。量子理论的主要缔造者玻尔说：

> 对量子理论无动于衷的人是不会理解它的。[4]

爱因斯坦说：

量子理论给我的感受与给你们的感受非常相似。人们应当为它的成功感到羞愧，因为它已经遵循了耶稣会士的格言："不让左手知道右手在干什么。"[5]

费曼（Richard Feynman）说：

我可以有把握地说，没有一个人理解量子力学。[6]

海森堡说：

量子理论给我们提供了能够完全理解关联性的惊人实例，尽管我们只能用想象和比喻来谈论它。[7]

克拉默斯（Hendrick Kramers）说：

量子理论与科学取得的其他成功十分类似：你会对它笑上几个月，然后哭上几年。[8]

然而，与所有这些矛盾心理相对的是，量子理论关于所有原子和亚原子世界行为的预言却是难以置信地精确。我们的计算机和节省劳力的电子器件都是构建在量子理论所揭示的微观世界的运作之上的。甚至那些使天文学家看到可见宇宙边缘处超新星的光探测器，也依赖于它的奇怪特性。

光的行为既类似波，又类似粒子，微观世界的量子图景就是从这种相互矛盾的证据中发展起来的。在某些实验中，光的行为使它看似是由具有动量和能量的"粒子"组成的；在另一些实验里，它表现出某些众所周知的波的特征，如干涉和衍射。要解释这些"精神分裂"的行为，除非能量具有某些全新的特征。首先，能量是量子化的：原子内的能量不能具有所有可能的值，而只能取一系列特殊值，这些特殊值的间隔决定于一个新的自然常量的数值，该常量称为普朗克常量，用字母 h 表示。具有轨道行为的类波特性如何导致量子化，这一图景可参看图 7-1，在图中我们可以看到，只有整数波周期才容得下轨道。

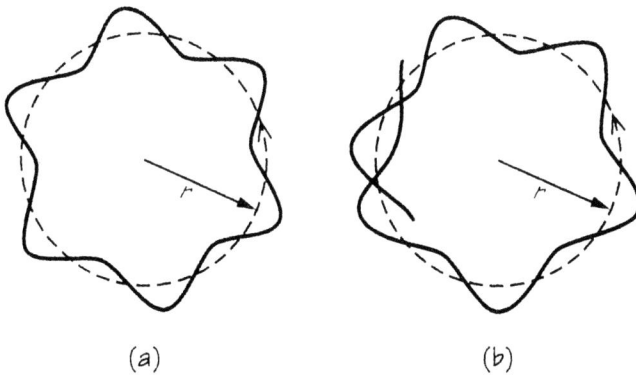

图 7-1　如 (a) 所示，只有整数波长才容得下圆轨道，而在 (b) 中则无法容下

　　其次，所有的粒子都有类波的特性。这种行为使它们看似是波长反比于其质量和速度的波。当量子波长远小于粒子的物理尺度时，它的行为就像一个简单的粒子，但是，当量子波长变得至少像粒子尺度一样大时，类波的量子特性开始变得重要，并将主宰粒子的行为，产生新奇的特征。在典型情况下，随着物体质量的增加，物体的量子波长会缩成远小于它们的物理尺度，像简单的粒子一样表现出非量子行为，即"经典"行为。

粒子的类波特性已被证明是极其微妙的。奥地利物理学家薛定谔提出了一个简单的方程，能预言任何一个粒子在受到力或其他的影响时，其类波属性将如何随时间和空间变化。但是，他的方程能够如此精确计算的这种属性究竟是什么？薛定谔并没有清晰的概念。物理学家玻恩（Max Born）看清了这种属性的本质。奇怪的是，薛定谔方程描述的是实验获得某个特定结果的概率的变化。这相当于能告诉我们，关于微观世界我们能够知道些什么。因此，当我们说粒子的行为与波一样时，不应当把这个波想象为水波或声波。更合适的是把它看作一种信息波或概率波，就像是"罪恶波"或"歇斯底里波"一样。因为，如果一个"歇斯底里波"通过人群，这意味着我们很可能在那里发现了歇斯底里行为。类似地，如果一个电子波通过你的实验室，这意味着你很可能在那里探测到一个电子。量子理论中有完全决定论，但就表面现象或者被测量的事物而言则并不是完全决定论的。薛定谔那令人迷惑的方程十分确定地描述了这个称为波函数的量的变化，波函数表征了一个给定情况的类波特性。但波函数是不可观测的，它只是允许你用不同后果的概率计算单次测量的结果。它或许会告诉你，你有 50% 的机会发现原子具有一种状态，还有 50% 的机会发现它具有另一种状态。另外，值得注意的是，在微观范畴里，连续测量的结果告诉你的准确含义是：每次都没有相同的结果，而是某些结果比另一些结果可能性更大。

这些简单的概念为准确理解热辐射行为和所有原子及分子的行为奠定了基础。首先，它们似乎完全不同于牛顿所描述的确定的粒子运动图景；但值得注意的是，如果我们考虑粒子远大于其量子波长这一极限情况，量子理论得出的结论是，测量出的平均值恰好遵循牛顿定律。由此，我们又一次看到科学上的非凡成就有一个重要特征：当一个成功的理论被取代时，取代它的一般说来是一个应用范围更广的新理论，在合适的极限情况下，后者将归结为旧理论。

一开始，量子理论似乎迎来了一幅建立在偶然性和不确定基础上的世界图景。的确，爱因斯坦就是这样想的，为此，他摒弃了这个他曾出力创建的理论，并认为它不可能成为解释事物本质的终极原理的一部分。他不相信"上帝掷骰子"。然而进一步思索，世界的稳定也需要某些像量子理论这样的东西。假如原子都像小太阳系，其中单个电子能够以任意可能的能量绕单个质子做轨道转动，电子就完全能够处在任意半径上。光或遥远的磁场对电子的最轻微打击也会造成它的能量和轨道的微小移动，变为新的数值，因为所有可能的数值都是允许的。这种自主行为将使每个氢原子（由一个质子和一个电子组成）各不相同：物质也将毫无规律性和稳定性。甚至，即使同一元素的所有原子在开始时都是同一的，自然界中每个原子也会由于受到自己的一系列外部影响，造成原子大小和能量的随机变化。所有的原子都将各不相同。

把我们从这种情况中拯救出来的是量子。电子只能处于质子周围具有固定能量的特殊轨道：氢原子只能具有少量的特殊能量。为了改变原子的结构，必须用整个能量量子去撞击它。它不可能转移到一个与原来的能态任意接近的新的能量状态。因此，我们看到，量子化的原子能量变成了阶梯式的分立值，而不允许它们取所有可能的连续数值，这成为维持生命的稳定性和我们周围世界的统一性之关键。

各种质量和能量具有类波特性得出的最激动人心的结论之一是，它毁掉了我们的真空概念。如果物质最终是由子弹一样的微小粒子组成的，那么我们可以毫不含糊地说，粒子是在这半个盒子里还是在那半个盒子里。对波而言，"它在哪里？"这个问题的答案是含糊其辞的。波跨据了整个盒子。

量子概念的第一次应用是伟大的德国物理学家普朗克在 1900 年实现的，他想搞清楚在一个热辐射——有时被称为"黑体"辐射——的盒子里，能量在不同波长的光子中的分布方式。[9]观测指出，热能以一种特别的方式分布在不同的波长上。太阳向我们提供了热和光。太阳表面的行为像一个温度约为 6000 开的黑体辐射源。[10]几乎没有短波能量。峰值位于可见光光谱的绿色部分，但大部分能量是在我们感觉到"热"的红外波段上发射的，参见图 7-2。

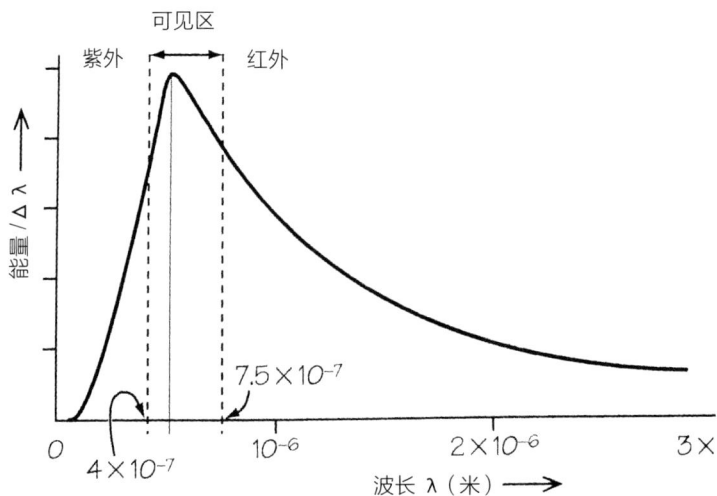

图 7-2　温度类似于太阳的 6000 开"黑体"辐射源的光谱

黑体光谱曲线的形状按图 7-3 所示的方式随温度的升高而变化。当温度升高时，各个波长上辐射的能量都增加，而发射的峰值向短波方向移动。

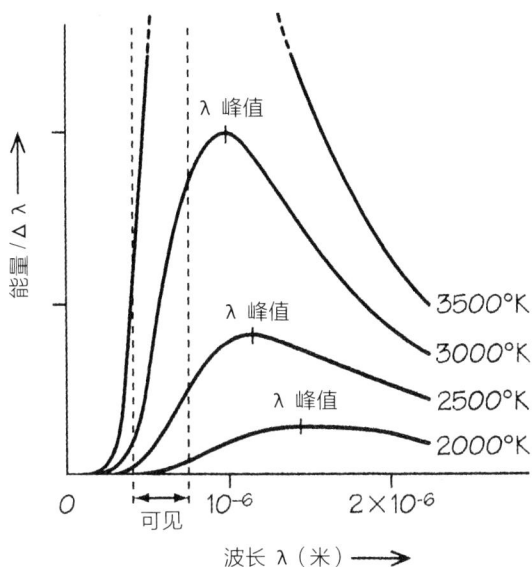

图 7-3 普朗克曲线的形状随温度的变化，温度用开氏温标表示

有趣的是，在普朗克的研究工作之前，人们还不能解释这条曲线的总体形状。长波段能量的逐渐下降是能够解释的，就像解释峰值位置一样，但不能解释短波方向上的下降。普朗克首先提出了一个形式特别的公式，它能够"解释"这些曲线。然而，这并没有真正解释发生了什么，仅仅是简洁地描述了这个事实。普朗克希望有一个理论，能够预言一个像他的公式一样与曲线拟合得很好的公式。他对黑体能量分布具有普适的特征这一事实有十分深刻的印象。它与发射体由什么组成无关，无论是火焰、恒星，还是灼热的铁块，都是相同的规律在起作用。唯一重要的是温度。这与牛顿的引力定律有点相像：组成物体的物质似乎与引力无关，物体可以是卷心菜，也可以是国王——决定引力的仅是他们的质量。

普朗克想用微振子集合的作用来描述黑体辐射的行为，当能量增加时通过碰撞获得能量，当在由振子的振动频率所决定的频率发射电磁波时，损失能量。这里，普朗克表现出卓荦不羁的洞察力。以往总是假设在这样一个系统里，振子释放的能量能取任意的小数，不论它有多小。普朗克则提出，能量的释放只能以正比于频率 f 的一定份额（即量子）出现。因此，释放的能量只能取 0、hf、$2hf$、$3hf$ 等值，这里 h 是自然界的一个新的常量 [11]，我们现在称它为普朗克常量。普朗克把整个发光体模拟为许多这种量子化振子的集合，其中每个振子都发出与其振动频率相同的光。无论何时，灼热物体所包含的低能振子比高能振子更多——这是很可能的，因为前者更容易激发。根据这些简单的假设，普朗克能够证明，在每个频率上发出的辐射可用一个精确遵循实验曲线的公式给出。"温度"是这种能量平均值的量度。更妙的是，他的公式预言，当时还未观测到的波长上也释放能量，随后这被证明是正确的。

这些成功的预言使普朗克黑体定律成了物理学的奠基石之一。更戏剧性的是，最近几十年，天文学家用完全摆脱了地球大气干扰的星载接收机进行观测，设法测到膨胀宇宙灼热的早期阶段留下的热辐射。他们的发现相当惊人：这是自然界里曾观测到的最理想的热黑体谱，它的温度为 2.73 开。[12] 图 7-4 给出了该著名图像。

人们曾广泛研究过普朗克关于在给定温度上，物质和辐射之间热平衡性质的推论，最终创立了完整描述所有原子相互作用的量子理论。后来表明，这幅图景有一个神秘莫测的地方。它描述了容器里辐射平衡的直观思想。如果最初辐射比容器壁热，那么容器壁将吸收热，直到与辐射有相同的温度。相反，如果最初容器壁比封闭在容器内的辐射更热，那么它们将发出能量，此能量被辐射所吸收，直至两者温度相同。如果你试图建立一个壁温为有限温度的空盒子，那么容器壁会发出粒子去充满这个真空。

北银极的宇宙背景谱

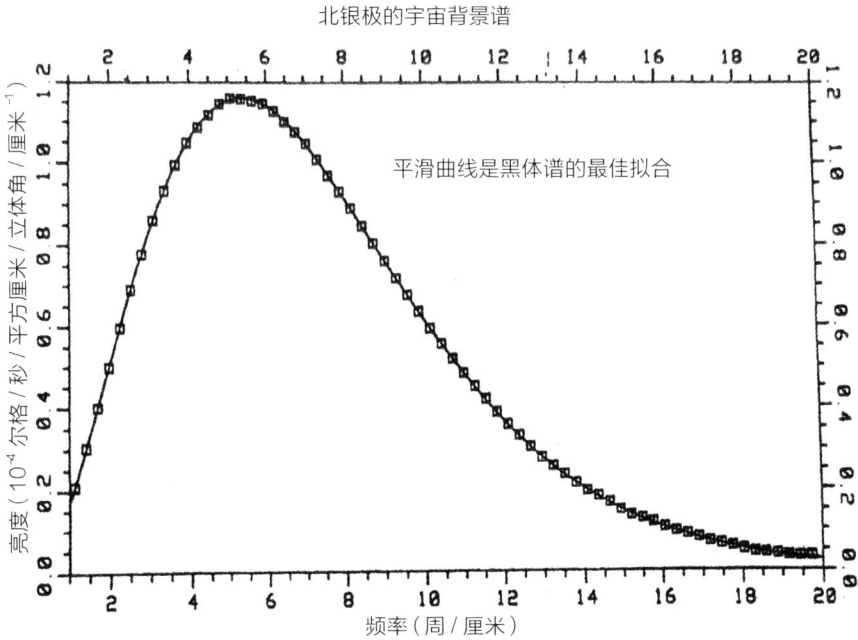

平滑曲线是黑体谱的最佳拟合

图 7-4　宇宙早期阶段留下的热辐射谱，由美国国家航空航天局"宇宙背景探测器"（COBE）卫星测定。完全没有发现与理想的普朗克曲线有任何偏差

　　随着对物质的量子内涵更完整的研究，出现了一个崭新的结论，它将对真空的概念发起冲击。海森堡指出，物体有成对的互补属性，即使是最理想的仪器也不能以任意精度对它们同时进行测量。这种对测量的限制就是著名的不确定原理。一对受不确定原理限制的互补属性就是位置和动量。因此，我们不可能以任意精度同时知道某个物体在哪里以及它是如何运动的。这里涉及的不确定性仅对与量子波长差不多的微小物体才是重要的。要弄明白为什么会产生这种不确定性，必须意识到测量的动作始终以某种方式干扰着被测量的物体。在量子物理以前的物理学

中，这一点总被忽视。相反，实验物理学家被当作一个披着完美兽皮的观鸟者。事实上，观测者是整个系统的一部分，而测量动作（比如说，光被分子弹回，然后被光探测器记录）产生的干扰将以某种方式改变系统。还有一种更巧妙、更精确认识不确定原理的观点，是把它看作对位置和动量这类经典物理量应用于描述量子状态时的限制。量子状态没有确定的位置和动量，因此确定它们就受到了阻碍，因为当我们测量量子状态时，也使它发生了变化。更确切地说，当进入量子领域时，位置和速度之类的经典概念是不可能共存的。在某种程度上，这并不令人感到惊讶。假如所有描述大物体行为的物理量正是描述微小物体的物理量，那么世界就非常简单了。这种世界必然自始至终是相同的，直至化为无。

新的真空

真空，就是我们把容器里能搬走的都搬走以后所留下的东西。[13]

——麦克斯韦

不确定原理和量子理论彻底改变了真空的概念。我们不能再保留"真空就是空盒子"这样的简单概念。假如我们说一个盒子里没有粒子，也就是说，它是完全没有质量和能量的，那么我们无疑违背了不确定原理，因为我们要求在给定的瞬间对每一点上的运动和该系统的能量提供完备的信息。当物理学家用量子理论观点研究越来越多的物理系统时，他们发现，不确定原理所登上的最后一个台阶呈现出了众所周知的零点能形式。如果观察一下量子化对普朗克描述热辐射平衡中的关键——振子这类系统造成的冲击，我们就会发现始终存在一个无法降低也无法消除的基本能量。系统不允许其所有的能量被任何受已知物理定律控制的可能冷却过程消耗殆尽。在振子的情况里，零点能等于能量量子 hf 的一半。[14] 该极限考虑和反映了不确定原理的实在性，按此原理，如果我们知道一个粒子振子的位置，那么它的运动、它的能量，都将是不确定的，这个不确定量就是零点运动。

这一发现是物质的量子描述的关键，它意味着真空的概念必须重新稍作修正。它不再与虚空、虚无或空空间等观念相联系。相反，就具有最低可能能量的状态而言，真空仅是最空的可能状态——再也没有多余能量能够被移走的状态。我们称之为基态，或者真空态。

为了便于说明，设想一个由不同深度和高度的山谷和山峰组成的起伏地形，如图 7-5 所示。谷底是该系统的各个极小值。它们有不同的高度，其局部特征可用一个简单的事实加以刻画，即不论你向什么方向走，只要稍稍离开谷底，就只能向上行走。

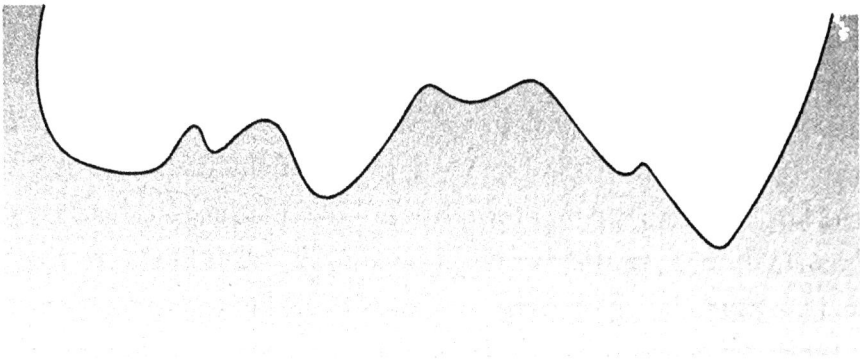

图 7-5　起伏的地形，展现局部的山峰和山谷

　　这些极小值中有一个比其他的更低，称为全局最小值，其他值只是局部极小值。在研究物质基本粒子系统的能量时，这些极小点被称为真空，以便强调真空是最低能量状态这一特征。这个例子还说明了一件对理解宇宙和宇宙内的结构至关重要的事：在给定的物质系统里，可能存在许多不同的极小能量状态，因而存在不同的真空。

　　量子理论对辐射和物质行为的每一次成功预言，都是零点能的物理实在性的间接证据。但是，直接探测到它的存在还是很重要的。探测零点能的最简单方法是荷兰物理学家卡西米尔（Hendrik Casimir）在1948年提出的，后来即以卡西米尔效应闻名。

　　卡西米尔想搞出一种促使零点涨落场在实验中自我暴露的方法。他想了几个达到这一目的的办法，其中最简单的办法是在量子真空中平行放置两块导电金属板。在理想情况下，实验应当在绝对零度下（或至少尽可能地接近它）进行。金属板的安放要让任何落在它上面的黑体辐射都会被反射。

　　在金属板加入之前，我们可以把真空看作各种波长的零点波的海洋。金属板加进真空，会对零点波的分布产生一种不寻常的效应。只有相当特殊的波才能在这两块金属板之间存在。这就是能在金属板之间容纳整数个起伏的波。这些波必须以零振幅开始于一块金属板，以相同的方式结束于另一块金属板。这就像在金属板之间系一条橡皮带并使之振动。橡皮带被固定在两个端点上，而振动在到达另一端之前将经历1个、2个、3个或更多个完整的振动，参见图7-6。

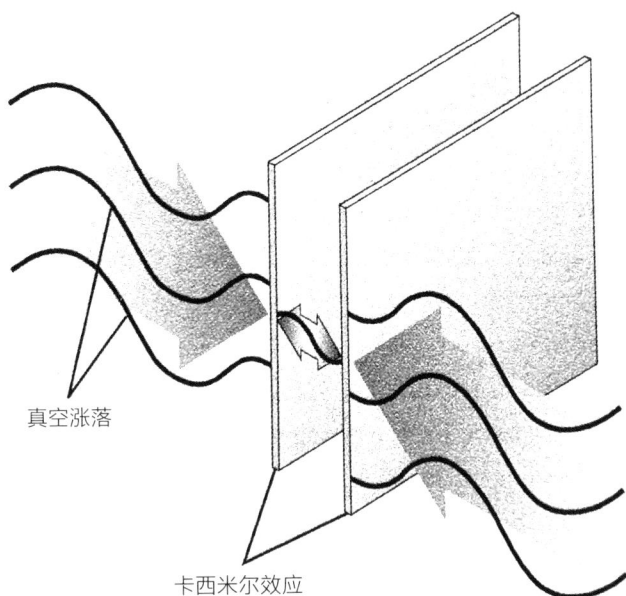

真空涨落

卡西米尔效应

图 7-6　在有一对金属板的情况下，金属板之间能存在容纳整数倍波长的真空能量波；在金属板之外，所有可能的波都能存在

由此得到的简单结论是，不能正好在金属板之间容纳整数倍波长的零点波，不可能在金属板间存在，但是没什么能禁止它们存在于金属板之外的空间。这意味着金属板以外必定比金属板之间有更多的零点涨落。因此，零点波对金属板外壁的撞击比它对内壁的撞击更多。于是，两块金属板被相互推近。将金属板推到一起的压强（单位面积上受到的力）的大小为 $\pi hc/480d^4$，其中 d 是金属板之间的距离，c 是光速，h 是普朗克常量。这称为卡西米尔效应。[15] 正如预期，这种效应十分微弱。金属板靠得越近（即 d 越小），将它们推到一起的压强也越大。这正是卡西米尔效应出现后所期待的结果，原因是某些零点波由于不合适而被逐出了金属板之间。如果把两块金属板稍稍分开一点，那么能够适合的零点波更多，出现在金属板内外的零点波数目的差别将减小。如果金属板分开万分之五毫米，那么吸力将与放在你指尖上重 0.2 毫克的重物——相当于苍蝇翅膀的重量 [16]——产生的引力相同。

卡西米尔曾经希望，球状的模型也许能提供一个实际的电子图景，但遗憾的是，静电斥力不可能如他所愿地平衡卡西米尔吸力。事实上，当人们用球壳或者其他形状的模型取代零点波海洋中的平行金属板时，计算就变得非常不同（而且非常困难），而总体效应甚至不需要有吸引效应。放在真空里的这块区域的形状对于决定最后真空效应的大小和方向十分关键。[17]

卡西米尔这一优美而简单的思想已在实验中被观测到了。斯巴内 [18]（Marcus Spanaay）于 1958 年第一次声称观察到了这个效应，他用了两块 1 平方厘米、用钢和铬制成的板。但是，最后结果中的误差太大，甚至和不存在吸力效应时一样。情况直到 1996 年才发生变化，西雅图的拉摩留克斯 [19]（Steve Lamoreaux）在他的学生德夫·沈（Dev Sen）的帮助下，确凿无疑地探测到了这个效应。实现这些实验的最大困难之一，是要保证两块金属板极其准确地平行。为了观测到两块金属板之间小到如卡西米尔预计的吸引效应，必须把它们的间隔控制在每厘米距离达 1 微米的精度。用球面取代其中一块金属板，能够更容易地实现这个要求，这样球面相对于平面金属板的取向如何就无关紧要了，金属板始终看到相同的曲率。只要这个球面几乎是平的（或者，至少在等于球表面到金属板之间距离的范围里的弯曲不严重——在拉摩留克斯的实验里，此间隔变化在 0.6 微米 ~11 微米之间，而球面的曲率半径为 2 米），预计的吸引力计算就能达到很高的精度。在该实验中，力是通过附在扭摆臂末端上的金属板面进行测量的。两个表面均为镀膜石英制成，使导电性和强度达到最大。扭摆臂的另一端放在两块有电压差的导电板之间。精确测量电压差就能够测定能克服两块金属板之间吸引力，并使之保持固定间隔所需的电场力。间隔用激光干涉仪 [20] 测量，它能探测扭摆的扭转，精度达到0.01 微米（图 7-7）。测量到的吸引力约 100 微达因（即 10^{-9} 牛），与卡西米尔预计值在 5% 的精度上一致。

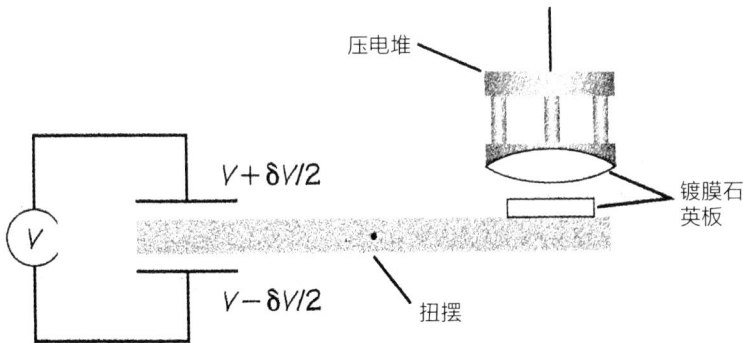

图 7-7　用来测量量子真空中两块金属板之间的卡西米尔吸力的实验装置

　　这些优美的实验所显示的是，在所有能消除的东西都被消除后，空间里确实存在一个电磁振动背景强度。而且，这个背景强度随金属板距离而改变，并且在金属板之间和金属板之外各不相同。在金属板之间一个给定空间体积内的能量在金属板靠近时比它们分开时更大。这是可以理解的。如果两块板彼此吸引，但你要把它们分开，那就要消耗能量，分开后板之间的真空能将比以前更小。

　　人们甚至还设计了许多更为巧妙的实验来探测卡西米尔板之间的量子涨落。[21] 原子会被扰动，使它们的电子从一个量子轨道改变到另一个。当这种情况发生时，电子将发射特定波长的光，其波长由等于两个能级能量差的量子所决定。这个过程会在一对卡西米尔板之间出现，如果所发射的光的波长与两块板的距离不匹配，就不会出现正常的衰变，原子也不会发生预计的衰变。相反，它将停留在被扰动的能态上。如果发出的辐射波长与板间距完美匹配，那么原子将比在没有金属板的空间里更快地衰变。

有许多其他实验观察了零点能的效应。最容易观测的一个效应是德贝耶（Paul Debeye）在 1914 年发现的。他发现，即使当温度开始接近于绝对零度时，组成一团固体物质的原子栅格中仍然出现很强的 X 射线散射。这种散射是固体内部振动的零点能产生的。

大约在二十年前，出现了一场关于"能否提取或利用零点真空能作为能源"的大辩论。由美国物理学家帕特霍夫 [22]（Harold Puthoff）领导的一小群物理学家声称，能够开发无限的零点涨落海洋。迄今为止，他们也没有说服其他人同意零点能是完全可利用的。这一观点是古老的永动机问题的现代翻版：寻找取之不竭的、干净的、无须任何代价的能源。

正当这场纯理论计划还在争论之际，一种称为"声光"（sonoluminescence）的现象引起了人们对真空的广泛兴趣，它表现为声波能量惊人地转换成光。如果用强声波轰击水，在合适的条件下就会形成气泡，气泡快速地压缩，然后在一阵闪光中突然消失。这里所见到的现象通常被解释为气泡内产生了激波，一种短暂的声爆，它大量释放自己的能量，引起内部快速升温并产生一个闪点。但是，还有一种更富戏剧性的可能性，它是诺贝尔奖获得者施温格（Julian Schwinger）首先提出的。[23] 假设气泡表面的作用像一块卡西米尔金属板，当气泡收缩时，它将内部的零点涨落波越来越多地驱逐出去。这些波不会简单地消失得无影无踪，能量必定要转换，所以它们将自己的能量交给了光。现在，实验物理学家仍然无法确信真正发生了什么[24]。有趣的是，关于这个清晰可见现象的一个如此基本的问题，却依然没有得到解决。

　　帕特霍夫[22]声称，真空能有极为重要的纯理论用途。他提出，我们可以在量子实验中通过操纵零点能减小物体惯性，并开创一条大大改进火箭性能的道路。舆论认为，事情远没有那么乐观，很难想象怎样才能有效地提取零点能——这是原子能够具有的最小能量。假如我们能够提取它的部分能量，原子必然将终止于更低的能态，这是完全做不到的。

一切都沉浸在真空的海洋

> 我得再度出海，走向寂寞的海洋和天空，
> 我要的只是一艘巨舰和引导她的一颗星，
> 舵轮在转动，风儿在呻吟，白帆在飞扬，
> 海面上蒙蒙白雾，天已破晓。[25]

——梅斯菲尔德①（John Masefield）

　　19世纪上半叶，法国出现了一本带插图的航海手册[26]，指导水手如何应对海上遇到的险情。某些篇章涉及如何应对反常天气条件和自然灾

---

① 梅斯菲尔德（1878—1967），英国诗人，上述诗句摘自他咏海洋的著名诗篇《盐水谣》（Saltwater Ballads）。

害，而其他则介绍如何处理与其他大船紧贴相遇的情形。荷兰物理学家布尔斯马（Sipko Boersma）注意到，这本手册就一件事向水手发出了特殊警告，它让人想起刚刚描述过的卡西米尔效应。[27]

　　水手被警告，在无风且强海涌形成时，两艘大帆船会开始颠簸。如果它们平行地靠到一起，那将是很危险的。一股吸力会把两艘船压挤到一起，如果它们的传动装置发生碰撞并彼此缠住，将发生灾难。手册建议水手把小船放入海中，将其中一艘大帆船拉出另一艘的吸力范围。这个建议听起来好像非常奇怪。果真如此吗？不同寻常的是，这是真的。两艘大帆船之间的吸力的产生方式类似于卡西米尔板之间的吸力，尽管完全没有涉及量子物理学或者真空零点涨落——对这些效应而言，船只太大了，大到无须考虑。船受到的只是水波的压力，而不是零点能量波。

　　这种相似性非常明显。虽然我们讨论的是卡西米尔板之间的辐射压力，但同样的思想也适用于包括水波在内的其他波。我们在图 7-8 中见到的是两艘船在波涛中左右摇晃的情形。不停颠簸的船从水中吸收能量，然后产生一连串向外的水波将能量再释放出去。如果这些波的主波长比两艘船的距离大得多，那船只将最终锁在一起，像一对模仿猫舞的舞蹈演员。但是，它们向对方发出的波完全反相，一艘船的波峰将与另一艘船的波谷重合。其净效应是波会相互抵消。结果，两艘船之间实际上完全没有释放的水波能量，由两艘船外侧的波向外传播产生的、把船只挤到一起的推力得不到平衡，因此颠簸的船只将彼此靠近，恰如真空涨落海洋里的原子。

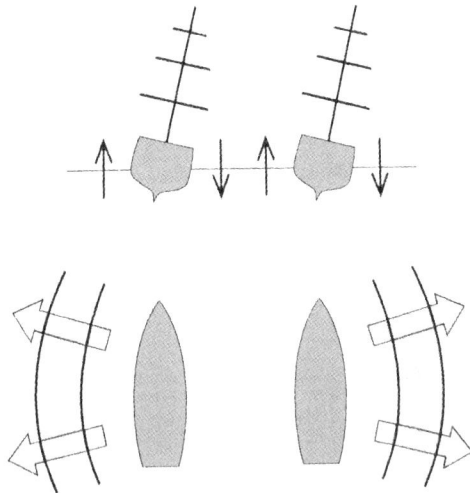

图 7-8　在大海波涛中颠簸的两艘靠得很近的船。某些波被逐出船之间的区域，两艘船因其外侧受到较大的波压力而被迫靠到一起

　　计算[28]表明，两艘重 700 吨的快速帆船彼此的吸力等于 2000 千克质量的重量。这个答案是合理的，这是一艘大船的划手齐心协力就能克服的力。假如吸力是此数值的 10 倍，那划手们的努力都将徒劳无益。然而，假如这个力是此数值的十分之一，吸引将可忽略不计，无须采取措施防止碰撞。布尔斯马还发现，船之间的吸力正比于船只在浪涛中前后晃动的最大角度的平方。在微风的条件下，这些振荡将很快地消失，因为船帆抵消了它们的能量。因此，我们知道了手册发出警告的理由：在平静无风条件下与另一艘船靠得太近会引起船舶事故。

兰姆移位

我曾是白雪公主……但我曾漂泊游荡。[29]

——韦斯特①（Mae West）

　　量子理论最大的成果之一是完美而详尽地解释了原子的结构，以及原子在其电子从一个量子能级改变到另一能级时发射的光波的特征频率。第一次计算这些能级，就得到了精确的答案。答案与所有的观测符合，不过人们并没有意识到真空能量对这些能级的可能影响。幸运的是，这种效应很小，探测它要求很灵敏的测量仪器。直到 1947 年，仪器才变得足够灵敏，可探测到这些微小的变化。原子核附近的电子感觉到它们周围的零点运动所产生的微小涨落。这些轻微的起伏应当稍稍地改变电子的轨道路径，并使电子的能级微微偏离忽略真空涨落时的期望值。特别是在氢原子中，原本同一个能级被微弱到 400 万分之一电子伏的零点能分裂成两个能级，这是把电子从原子中移出所需能量的 300 万分之一。这个微小的能量差现在称为兰姆移位，美国人兰姆（Willis Lamb）和雷瑟福德[30]（Robert Retherford）于 1947 年利用第二次世界大战中发展起来的雷达技术测量出了它。兰姆因这项发现获得了 1955 年的诺贝尔物理学奖。

---

① 韦斯特，美国女戏剧演员、电影演员。

统一世界的力

上帝在原子里就是……叠加——要是你喜欢这么说的话，或者说，无论喜欢与否，你都得这么称呼它。叠加就像上帝，同时占有许多不同状态的量子物体能够同时出现在任何地方。叠加是一种固有特性。没有这些叠加，量子物体将互相碰裂，固态物体将不复存在。[31]

——克尔

沸腾不息的量子真空最终被证明是让我们透彻认识物质的最基本粒子的基础。人们已经发现，自然界只有四种截然不同的力，作用在我们居住的能量相对较低的世界里。表 7-1 中是它们的特征总结。其中，每一种力的作用都足以帮助我们理解周围所见到的几乎一切事物。[32] 参与"四重唱"的有引力和电磁力，这两种力是我们在日常生活中很熟悉的，但它们还混有两种微观世界的力，直到 20 世纪才被干净地分离出来。"弱"力是放射性的基础，而"强"力的作用是负责核反应和将原子核束缚在一起，这两种力都可通过传送力的"传递"粒子的交换加以描述。这种粒子的量子波长决定力的作用范围。引力的传递通过一种无质量粒子——引力子的交换进行，所以它有无限的作用范围。[33] 引力是唯一对每个粒子都起作用的力。电磁力也有无限的作用范围，因为它是由另一种无质量粒子——光子来传递的，光子对每个带有电荷的粒子起作用。弱相互作用则不同，它作用在一类称为轻子（来自希腊语"轻的东西"）的基本粒子上，如电子、μ 子、τ 子以及对应的中微子，传递弱力的是三种很重的粒子，即所谓的中间规范玻色子（W^+、W^- 和 Z^0）。这些粒子比质子大约重 90 倍，经它们传递的弱力的作用范围是原子核半径的百分之一。

表 7-1　自然界中四种已知的基本力

力	作用范围	相对强度	作用对象	传递粒子
引力	无限	10^{-39}	所有物体	引力子
电磁力	无限	10^{-2}	带电粒子	光子
弱力	10^{-15} 厘米	10^{-5}	轻子和强子	W 和 Z 玻色子
强力	10^{-13} 厘米	1	带色荷的粒子	胶子

　　强力更为复杂。最初，强力被认为是作用于承担核反应的质子等粒子之间的力。但在实验中，这些粒子在高能时的碰撞表明，它们的行为根本不像不可分割的点状基本粒子。更确切地说，质子能偏转入射粒子，似乎它内部包含了三个点状的散射体。这些内部成分现知为夸克，它们具有一种类似电荷的属性，被称为色荷。这与颜色的普通含义毫无关系，因为色彩是由我们观测时吸收光的波长所决定的。它仅仅是储存在我们已经观测过的所有过程中的一种特殊属性（像电荷一样）。强力作用在每个带有色荷的粒子上，因此有时被称为色力。色力通过质量为 W 玻色子和 Z 玻色子的 1/90 的、被称为胶子的粒子的交换而传递，所以它的作用范围约大 90 倍。这相当于最大的原子核的大小，反映了将原子核束缚在一起的正是色力这一事实。

　　夸克具有色荷和电荷两种属性。胶子也具有色荷，因此与光子很不相同。光子传递带电粒子之间的电磁相互作用，但它们本身是不具有电荷的——不可能有只有光子的电磁相互作用，它们还需要带电粒子（如电子）的参与。相反，胶子携带有色荷，并传递具有色荷的粒子之间的相互作用——可以有只有胶子却没有任何夸克的强相互作用。在这方面，胶子更接近于传递引力作用的引力子，因为引力作用在每个有质量或能量的物体上，它也作用在传递它的引力子上。

表 7-2 列出了同族的夸克和轻子，它们被认为是物质最基本的粒子。"基本"的含义是，它们没有显示出具有内部结构或组成成分的证据。

表 7-2　三个已知的夸克和轻子"家族"。每一对夸克都涉及一个带电轻子（电子、μ子或τ子）和一个不带电的中微子

第　一　族	第　二　族	第　三　族
电子	μ子	τ子
电子中微子	μ子中微子	τ子中微子
上夸克	粲夸克	顶夸克
下夸克	奇异夸克	底夸克

这幅图景是如何建立的？证实相关粒子身份的伟大实验是如何实现的？以及这些粒子在大自然的"粒子游戏"中扮演何种角色？这些故事已经被写进书中。[34] 而本书的兴趣仅在于故事的其中一章，它揭示了量子真空的真实性和关键属性。

量子真空理论简明而引人入胜，它能解释我们所见到的几乎每样东西，并能做出一系列成功的预言。但是，这一切还有某些不引人注意的瑕疵。物理学家深深相信自然界的统一性。宇宙建立在控制不同粒子家族的四大基本定律的基础上，对各种粒子来说，宇宙像一间内部分隔的房屋。到处都显示出自然界的统一性，并向我们透露这些力没有真正的

区别。只要我们能够找到正确观测它们的方法，它们就将变得有条不紊，就像组成一张大图的几张不同的纸片，它们是自然界仅有的一种基本力的不同部分，一切都派生于其中。我们在水的行为中能够找到类似情况。水有三种完全不同的形态：液态水、冰和蒸汽，它们的性质不同，但全都表现为同一个基本分子结构：两个氢原子和一个氧原子的结合。三种形态尽管外表不同，但深层是完全统一的。

任何统一四种基本力的尝试似乎从一开始就注定失败。四种基本力看上去太不相同了。它们作用在不同类型的基本粒子上，强度也大不相同（表 7-1 给出了它们的相对强度）。我们看到，引力是最最弱的，两个质子间的引力大约是电磁力 10^{38} 分之一。[35] 在实验室能量下，弱力大约是电磁力一亿分之一，而强力是电磁力的 10 倍。

四种基本力具有如此不同的强度，并分别作用在基本粒子的各个子家族上，这一事实深深地困惑着每个寻找隐匿于幕后的统一性，并将它们统一成可用包罗一切的"万物之理"（theory of everything）来描述的一种超力的人。它们的差别是如此之大，怎样能够将之统一？答案已经浮现，真空就是关键的因素。

真空极化

三十辐共一毂，当其无，有车之用。埏埴以为器，当其无，有器之
用。凿户牖以为室，当其无，有室之用。故有之以为利，无之以为用。[36]

——老子

我们过去习惯于把电磁力等自然力的强度看作固定的自然常数，看
作宇宙的确定特征之一。它可以用单个电子携带的基本电荷单位、真空
中的光速和普朗克常量 h 的组合加以表述。这些基本量可以恰当地组合
成一个不具有质量、长度、时间或温度单位的合成常数。因此，它向我
们提供了自然界电磁力强度的一个普适量度，而无须我们考虑组成它的
常数所采用的测量单位（只要我们对它们全都使用相同的单位）。这个无
量纲数称为精细结构常数，用希腊字母 α 表示，别出心裁的高精度实验
已经获得了它的数值[37]，它等于 1/137.035 989 561...。通常，它被近似
为 1/137，而物理学家喜欢解释它为什么会像现在这样具有如此精确的数
值。这是自然界的一个基本常数。所以，137 这个数立刻被物理学家视为
意义重大，而且我毫不怀疑，全世界有一大群物理学家会将自己的各种
密码中加了 137 这个数。寻求答案会激起种种命理学奇想，其中一例参
见图 7-9。

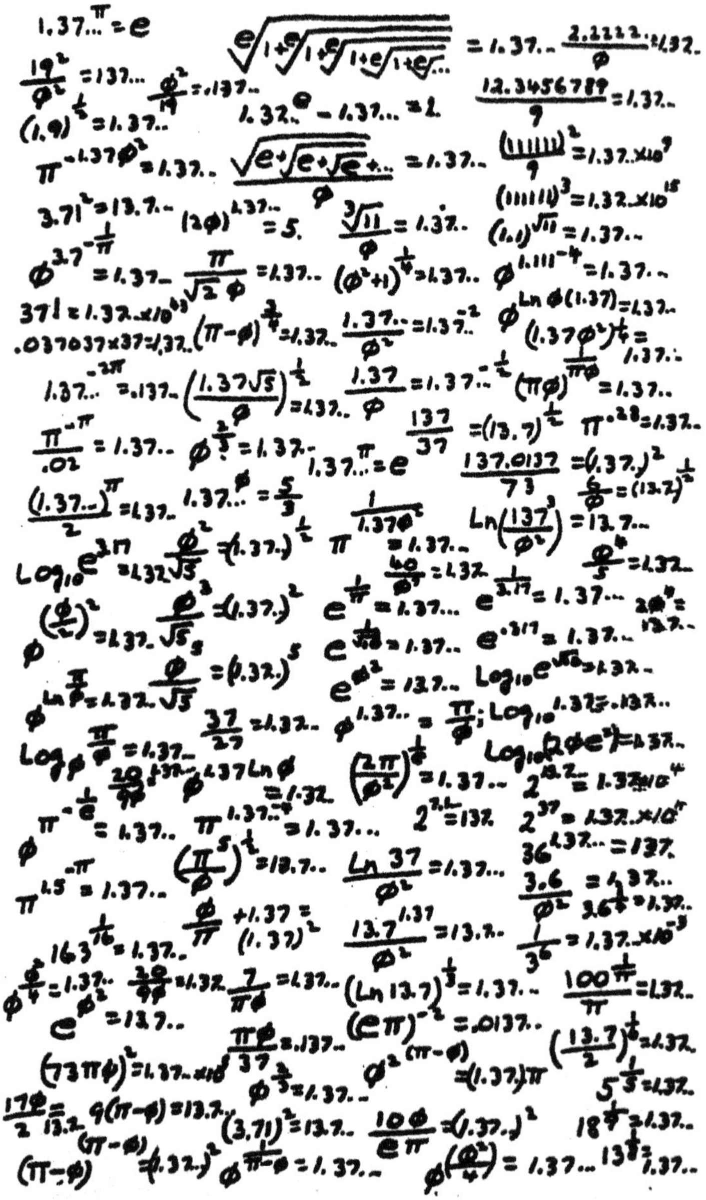

图 7-9　与数 137 有关的一些命理学奇想，亚当森（Gary Adamson）编 [38]

精细结构常数反映了，当我们将两个电子彼此射向对方时出现的相互作用的强度。两个电子有相同的（负）电荷，所以像两个磁北极那样相互排斥（图 7-10）。

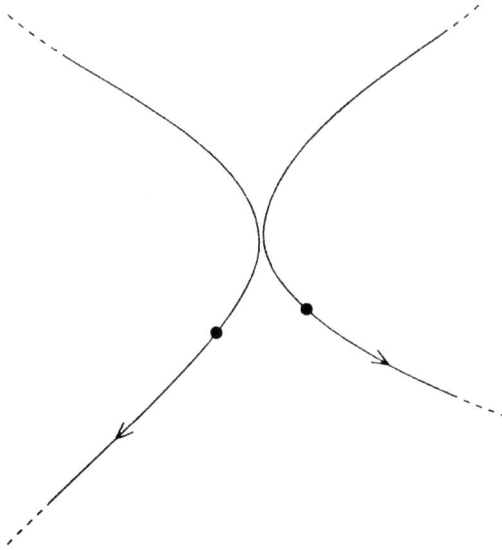

图 7-10　在空的"经典"真空世界里偏转的两个电子

在没有量子力学的世界里，不管环境的温度或能量如何，这种相互作用都应当产生相同程度的偏转。记录到的数全是 1/137。在真空由空空间组成的 19 世纪，没有更多可说的了。

量子真空改变了这一切。这两个电子不再处在完全的空空间里——不确定原理不准我们用任何这类奇谈怪论来消遣。它们在量子真空中运动，那里远非是空的。那是一个喧闹繁忙的活动场所。你可能记得，不确定原理揭示，我们不可能以无限精度同时测量一对互补特性。一个粒子或粒子集的能量和寿命是这些所谓"互补"对之一。如果你要知道粒子能量的一切,就不得不牺牲有关它寿命的一切知识。海森堡不确定原理告诉我们,这些误差的乘积始终大于普朗克常量除以 2π,即:

$$（能量误差）\times（寿命误差）> h/2\pi。\quad（☆）$$

任何被观测的粒子或物理状态都必须服从这个不等式。可观测性要求该式得到满足。

我们可以将量子真空看作由不断出现和消失的各种基本粒子及其反粒子组成的海洋。例如,让我们考察一番电磁相互作用。那里将是一群沸腾的电子和正电子[39],电子和正电子对在量子真空中出现,然后很快地湮灭和消失。如果电子和正电子的质量都为 m,那么著名的爱因斯坦公式 $(E=mc^2)$ 告诉我们,它们的"创生"要求从真空借来 $2mc^2$ 的能量。如果它们在湮灭回真空之前的存在时间是如此之短,短到可以不遵循不确定原理(☆),有

$$（能量误差）\times（寿命误差）< h/2\pi，\quad（☆☆）$$

那么该电子–正电子对将是不可见的。因此,它们被称为虚粒子对。如果它们存在的时间足够长,使得它们彼此湮灭和消失前(☆)得到满足,那时它们将变得可见,并被称为实粒子对。虚粒子对的创生似乎违背了能量守恒。自然界允许你违背该原理,只要没人能发现你在违背它,并且,只要你保证足够快地偿还这份能量。把虚粒子对产生条件(☆☆)想象为"能量借贷"的安排是有助于理解的:你从能量银行借到的能量越多,就必须越快地在被发觉前把它还回去。

结果是,我们可以把量子真空想象为由不断出现和消失的电子和正电子虚粒子对组成的集合。这听起来有点神秘,因为如果它们是不可观

测的，为什么不干脆忽略它们而选择一种更简单的生存方式？但是，让我们再次引入两个将要发生相互作用的电子，它们的存在使量子真空发生了重要变化。相反的电荷相互吸引，所以如果我们把一个电子放进虚粒子对真空里，那么带正电荷的虚正电子将被拉往电子的方向，见图 7-11a。

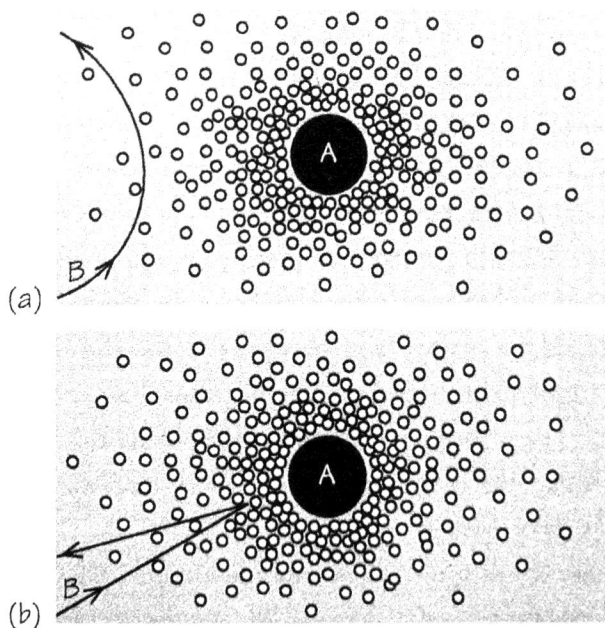

图 7-11　(a) 一个低能入射电子 B 因围绕在电子 A 的中心负电荷外围的虚正电子屏蔽而发生弱散射；(b) 一个高能入射电子穿透虚正电荷云，并受到第二个电子的中心负电荷的强烈排斥

　　该电子造成虚粒子对的分离，而自己处于正电荷云的包围之中。这个过程称为真空极化。真空极化效应将在该电子的裸负电荷周围建立起一道正电荷屏障。一个入射电子将不会受到处于真空的那个电子的全部

负电荷的作用。相反，它将受到被屏蔽的电荷的更微弱作用，而且，比真空没有极化时的散射更弱。

如果我们改变环境的能量和入射电子的能量，这个作用也随之改变。如果入射速度很低，那么电子在正电荷的屏蔽云中不会穿入很深，并将发生微弱的偏转。但是，如果入射的能量较高，那么电子将更深地穿入屏蔽云，并受到里面那个负电子的全部电荷的更多作用。因此，我们看到两个电子之间的电磁斥力的有效强度依赖于发生作用时的能量，正如图 7-13b 所示。随着能量的增强，相互作用也开始变强。这有点像两个包了柔软羊毛垫的硬台球。如果两个台球轻轻地碰撞，那么它们只是稍稍地转向，因为硬表面将不会碰撞并回弹。轻轻碰撞的只是羊毛垫。但是，如果使台球以高速碰撞，则这道羊毛垫屏障将几乎不起作用，两个台球将强烈回弹。趋势十分清楚：随着环境能量的增加，有效电磁相互作用会变得更强。当能量增加时，入射粒子在虚正电子云的掩护下更近地"观察"那个裸点电荷，并发生强烈的偏转。

对作用于夸克和胶子等携带色荷的粒子的强相互作用，可以进行相同的研究。此时情况要比电磁相互作用稍微复杂一些。当考虑虚电子和虚正电子的电荷排斥效应时，我们可以忽略传递电磁相互作用的光子，因为它们没有电荷。但是，如果我们将具有一定色荷的夸克放进真空，并用另一个携带色荷的夸克轰击它，那么有两种真空极化效应要考虑。像前面一样，将出现一个夸克-反夸克对云，它力图把某个具有相反色荷屏障云的夸克包围起来。与电子情况类似，总体效应是能量更高时使强相互作用更有效地增强。但是，胶子的存在也会影响色荷的分布。虚胶子具有相反的效应，力图使中央色荷变模糊。当散射发生在一个更为延展而非完全点状的物体上时，就有变弱的趋势。这是两种相反的作用，谁能胜出取决于有多少种夸克突然以虚粒子对出现。如果数量低到像我们在自然界中观察到的那样只有六种，那么起模糊作用的胶子将取得胜利；当遇到的能量越来越高时，预计强相互作用将会大大地减弱。

这个特性是在 1973 年预言的，完全出乎人们的意料。它被称为"渐近自由"，因为这意味着，当人们不断地把能量增加到无穷大时，将根本不会出现明显的相互作用，那时粒子将是自由的。现在，对不同能量下的相互作用强度的观测，已经证实了这一点。它彻底改变了基本粒子和高能物理学的研究，打开了对膨胀宇宙的最初瞬间进行严肃研究的大门——那一瞬间的温度曾高到令这些效应非常重要的程度。在 1973 年以前，人们曾普遍认为，强相互作用将是极端复杂的，要在很高的能量上认识相互作用是不太可能的。人们曾经假定，在能量越来越高时，相互作用也会变得越来越强，所以会变得越来越难以驾驭。渐近自由意味着事情在许多方面变得越来越简单，研究可能取得实质上的进步（图 7-12）。

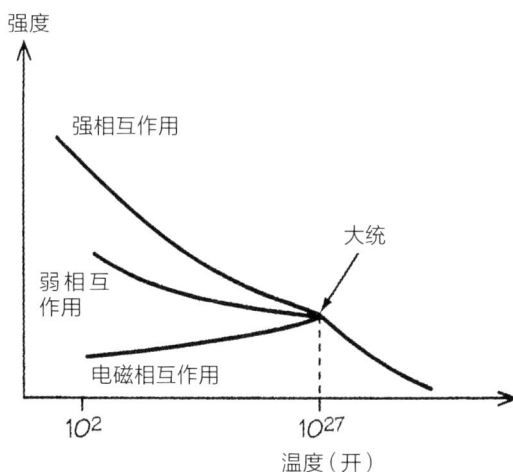

图 7-12　渐近自由。夸克之间的强力随相互作用能量的增强而变弱，预期在温度非常高时，它与电磁力的强度相同

这些极为重要的量子真空效应使我们看到，因不同表观强度造成统一自然力难以逾越的障碍，其实是可以克服的。的确，自然力的强度在我们这类生命能够生存的低能世界里是极不相同的，但是，当能量变得越来越高时，我们观测这些力所发生的变化，发现它们的强度会越来越接近，最后达到某个特殊能量，此时强度全都相同（图7-12）。统一仅仅存在于宇宙早期阶段曾出现过的极高能量环境。今天，物体全都变冷了，留下来让我们寻找被过去数十亿年历史掩盖的一个对称时代的遗迹。在支撑我们生命环境的能量范围里，自然力看上去很不相同，它们的统一性被掩盖了。在高能上应当发现的自然力的高度对称性，可能仅仅是因为量子真空的贡献。那里实实在在是一个虚粒子的海洋。正如预期所言，通过自然力强度随能量增加发生的变化，可以观察到量子真空的效应。真空远不是空空荡荡的，也不是呆滞的。它的存在可以在基本粒子世界里被感觉到和测量到，而且，假如没有它那强有力的贡献，自然界就不可能维持统一。

黑洞

禁闭于黑洞……醉酒、暴乱、暴力或对上级无理时使用。

——1844 年某军队条例

"黑洞"是近几年在科学界重新流行的迷人概念之一。[40] 这个可爱、迷人的宇宙"怪物"无情地吞噬一切漂泊得太近的物体，它激发了大众的想象力，成为好莱坞影片的主角，启发了一大批科幻故事，这是其他科学概念望尘莫及的。黑洞是物质引力场超强的地方，任何物体——即使是光——都不能逃脱它的控制。在爱因斯坦的弯曲空间图景中，在一个小区域内的质量聚集、增长到非常之大，致使空间几何严重地弯曲，并掐断与其周围区域的联系，不让任何信号离去。这样一个质量聚集被一个不可返回的表面所包围，这个表面称为视界，通过视界的物质和光都只能流入而不能流出。

尽管黑洞在大众想象中是一个密度巨大的固体，但事实上并非一定如此。许多大星系的中心似乎潜伏着巨大的黑洞，它们的质量约为太阳的 10 亿倍，而它们的平均密度仅仅与空气差不多。[41] 我们能够在极短暂的时间内通过这样一个巨大黑洞的视界，没什么会看上去很奇怪。当我们穿过视界时，根本不会响起警报铃声，我们也不会被撕裂。[42] 接着，我们逐渐发现自己不可抗拒地沿着密度增加的方向被吸向黑洞中心。假如我们想从原路返回，就会发现能够返回多远是有限制的，而我们向黑洞外部基地发射的信号，对方也永远收不到了。

理论预言，一个质量约为 3 倍太阳质量的恒星一旦耗尽自己的核燃料，就将形成黑洞①，因此，没有任何手段能阻止它自身对抗其内部物质施加的向内拽的引力。自然界没有一个已知的力可强大到阻止这场灾难性暴缩的发生，它将不断地把恒星物质压缩进越来越小的区域，直到视界建立。压缩在视界内部继续进行，但从外部看来，一切已不再可见。一个遥远的黑洞观测者将看到视界外缘发出的光越变越红，因为它在摆脱极强的引力场时要损失能量。[43] 唯一遗留的痕迹只是黑洞的吸引力。

---

① 指恒星残核的质量等于或超过三倍的太阳质量时将形成黑洞。

　　证据逐渐增多，尽管天文学家还有一些合理的疑问，但黑洞的存在已毋庸置疑。方法很巧妙：在绕另一颗亮星运行的轨道上就能发现一个黑洞，[44] 可见恒星的轨道将揭示这颗不可见伴星的存在。可见恒星外部区域的物质逐渐被伴星的引力拉出，这些物质在旋入黑洞产生的漏洞里时将被加热到几百万开。当处于这种温度时，灼热物质在旋入轨道上与其他粒子的碰撞将会产生极丰富的 X 射线辐射。在接近黑洞视界时，闪烁的 X 射线波长将告诉我们使之消失的视界表面的大小。黑洞的质量与它们的视界大小有个很特别的关系：根据可见恒星的运动和 X 射线的闪烁所获得的信息来检验这个关系。已知的这种"X 射线双星系统"有很多，它们提供的证据有力地证明，在大质量恒星终止自己生命并向自身内坍缩时将产生黑洞。

　　在 1975 年以前，这幅黑洞图景还被看作一个故事。物体掉进了黑洞，绝不会走出来。但在 1975 年，这一设想发生了戏剧性变化。霍金[45]（Stephen Hawking）提出了一个问题：假如将一个黑洞放入量子真空，会发生什么？记住，我们刚刚讨论过，将卡西米尔金属板放进量子真空所发生的事情。所有波长的量子涨落场都受到影响。现在想象一下，假如将一个黑洞引入会发生什么情况？如果一个虚粒子-反粒子对出现在很靠近黑洞视界的地方，其中一个粒子可能落入视界，而另一个留在外面。这两个虚粒子都将变成实粒子，向外去的粒子将被遥远的观测者探测到，看上去黑洞视界表面处处都在发射粒子。[46]这个过程应当不断地发生，最后的净结果是所有的黑洞将慢慢地蒸发掉。考虑到量子真空，黑洞就不是真正"黑"的。进一步的研究揭示，真空粒子的发射遵循原先普朗克发现的黑体热力学定律。黑洞等于黑体。糟糕的是，当黑洞大到像 X 射线双星系统中的那么大时，预期的粒子发射速率很慢。为了使霍金发射过程变得可见[47]，我们不得不面对质量只有一座大山或小行星那样的黑洞。它们的视界尺度等于单个质子的大小。今天恒星的死亡是不可能形成这些"微"黑洞的。但是，它们能够在宇宙大爆炸的致密环境中形成——只要有足够的不规则性。如此一来，这些山一般大小的黑洞今天将处在最后的蒸发阶段。该过程的最高潮将是一场戏剧性的爆发，它展现为高能 γ 射线暴，伴随着以近似光速高速运动的电子产生的射电波的出现。它们发射的 γ 射线功率达到 10 吉瓦，维持 400 多亿年的时间，在许多光年以外都能看到这种辐射。射电望远镜能够看到 200 万光年远的仙女座星系中这种原子大小的一次爆发所发出的射电波。

观测者一直在搜寻黑洞爆发的证据，但是一个也没发现。只能说，如果爆发中的微黑洞确实存在，那么它们也是又少又远，在一个直径为一光年的空间球体里，每年出现的数量不会超过一个。

作为自然界基础的重要定律是以某种方式错综复杂地交织在一起的，而霍金辐射过程对我们理解这些方式具有重要意义。这是唯一包含相对论、量子、引力以及热力学的过程的例子。再有，我们看到，它的存在是对"真空以及真空内涨落海洋"的真实性的直接推论。黑洞视界附近引力场的陡峭梯度把虚粒子对拉开，防止它们湮灭返回真空。它们以牺牲黑洞引力能为代价，变成真实的粒子。[48]

在这一章中，我们看到真空登上了故事的中央舞台。它的存在和普遍性原来是一切自然力运转的基础。它影响自然界中电磁力、弱力和强力的强度，并将引力与能量的量子特性联系起来。其中每一种影响都向我们提供了"量子真空和支持其涨落"的真实性的观测证据。这些成功来自一种新的真空概念，它抛弃了真空是完全的空空间这种古老的设想，取而代之的是更现代的观点：真空是一切可以移动的物质都从空间移走后所留下的东西——留下的就是可利用的最低能量状态。值得注意的是，这意味着真空或许会变化，渐进地或突然地。如果它变化了，那么它能够改变整个宇宙的面貌。下一章我们将看到这是怎么回事。

第 8 章

有多少个真空

为什么只有一个专利委员会？ [1]

——"大嗓门议员"萨奇 [①] (Screaming Lord Sutch)

---

① 英国摇滚歌星兼政治家，真名叫戴维·萨奇。

真空景观鉴赏

约克老公爵

他有一万士兵，

他命令他们列队前进攀上山顶，

又命令他们列队下山。

——英国童谣

量子真空那微妙而意想不到的特性使之在 20 世纪 70 年代中期成为基础物理学研究的主导。此后，它变得日益广泛且重要。每天都能看到有关真空某方面的新研究论文发表在物理学家的网站上，那是他们用来向全世界同行发布自己新工作的地方。[2] 是什么引起了这种兴趣的爆发？接受真空的定义——要求真空只是一种能量极小的状态——就是答案。这种定义带来许多奇特的可能性。

关于作为能量极小状态的真空，我们可能会提出的第一个问题是："为什么真空只是这些能量极小的状态之一？"能量"景观"就像真实的地形，可以包含许多谷、峰和起伏山峦。这些起伏山峦可以很规则，就像瓦楞屋顶或鸡蛋盒一样有许多不同的极小，每一个极小都有相同的最小能量（图 8-1）。

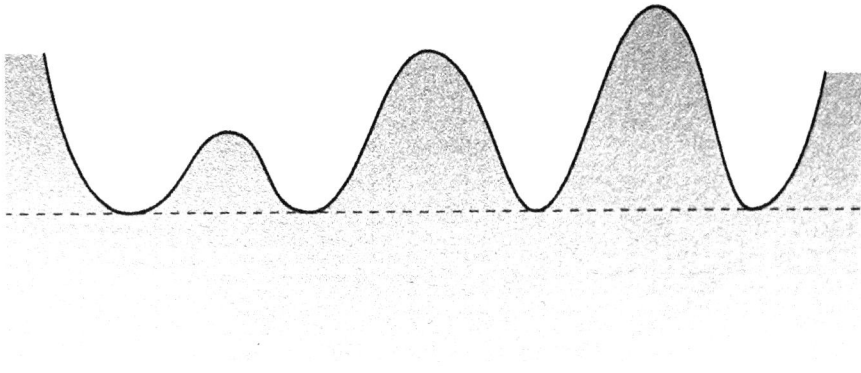

图 8-1　具有许多深度相同的局部极小的真空景观

这种图景暗示了两种新的可能性：如果能够有许多真空，那么我们必须决定我们的宇宙最终将停留在其中哪一个真空上。另外，我们希望知道，是否有可能以某种方式改变真空，从一个极小跳到另一个极小。

在图 8-1 所画的例子里，不同的真空对应于相同深度的极小。对此情况，我们可以再增加一个维度表示可能的变化，在一个二维表面上标记真空的位置，并用表面上的高度表示真空的深度。这与地球表面上的真实景观很像，海平面以上或以下的高度定义为每个地方的高度。当添加上这一额外维度以后，就可用线将该系统高度相同的真空点连接起来。图 8-2 显示了一个简单的例子，底部的真空形成了一个环。环的中央是一个极大，因此能量景观的总体形状很像一顶墨西哥帽。

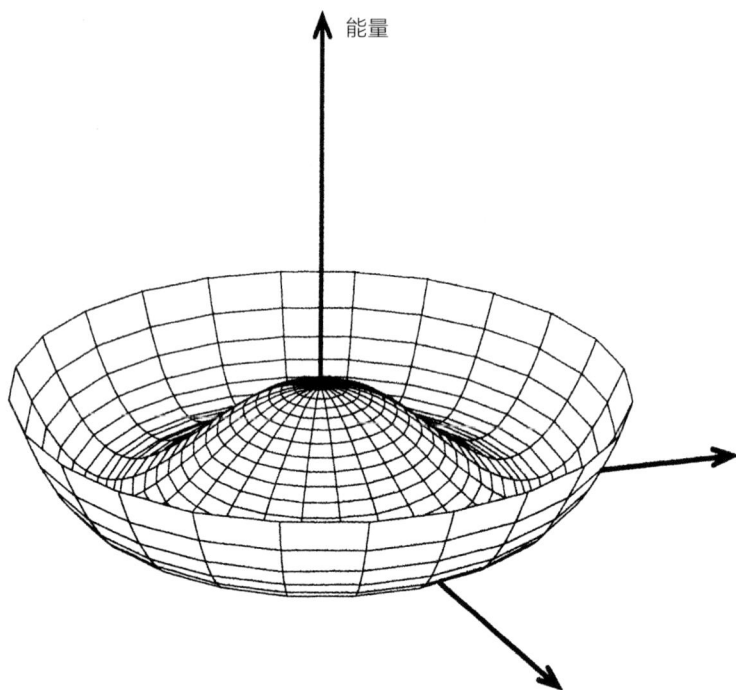

图 8-2　相同深度的极小构成一个连续环

　　还可以想象更不寻常的情况。迄今我们把所有的极小都画在同样的水平高度上，但是并非必须如此。真空只是用景观中出现的局部极小所定义的，没有任何理由认为各个极小必须处于相同的水平高度。如果有一个极小比其余极小有更低的能量，我们将称它为"真"真空或者"全局"真空。另外，各极小还可以有其他更细小的差别，与它们直接毗邻的地形的曲率可以不同（图 8-3），所以当我们离开这个极小时，地形可以陡峭地上升或逐渐地上升。如果处在周边陡峭的真空里，那么比起周边浅平的真空，你更难逃脱。

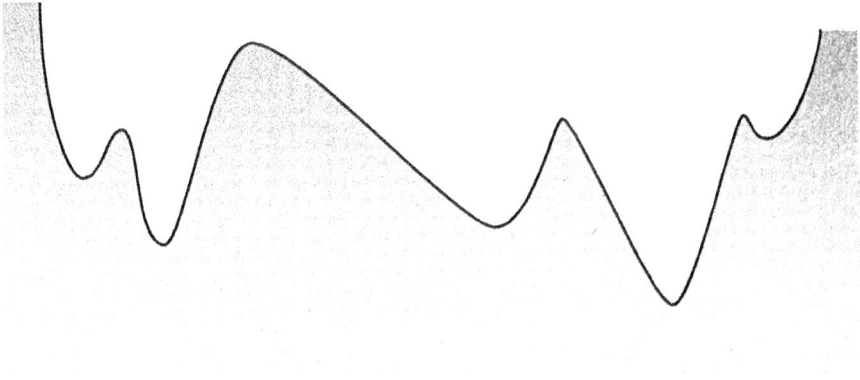

图 8-3　有不同极小和不同梯度的景观

　　我们在上一章考察真空极化对测量自然力强度的某些影响时，已见到力所处的环境温度的影响。因此，我们可以有把握地预计，能量景观依赖于温度。当温度发生变化时，景观的形状会发生很显著的变化。真空的数目以及它们的深度都会改变。如果景观变化很大，某些甚至可能不再是极小。

　　磁学为该过程提供了一个有趣的例子。一根铁棒的磁化能的变化方式强烈依赖于金属温度。当铁棒加热到 750 摄氏度这一称为居里温度的特殊温度以上时，它就不再显示磁性。铁棒不再有磁北极和磁南极之分。高温使得铁棒内所有原子的方向变得随机，所以就铁棒的特性而言不再具有总的方向性。当铁棒冷却到居里温度之下时，自然磁化发生了：铁棒的一端最终出现了磁北极，另一端出现了磁南极。如果你多次重复这个加热和冷却过程，将发现磁北极不一定始终位于这根磁铁的同一端。看一看图 8-4 上标明的居里温度之上和之下的能量景观，我们就能够理解发生了什么。

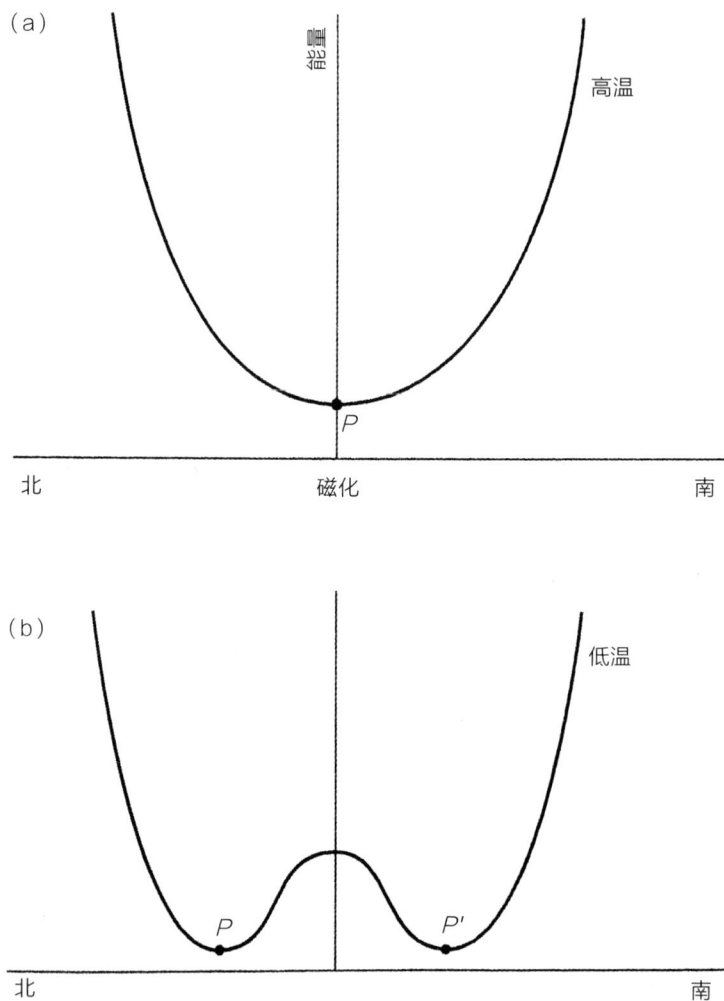

（a）

能量

高温

北　　　　　　　　　　磁化　　　　　　　　　　南

P

（b）

低温

北　　　　　　　　　　　　　　　　　　　　　　南

P　　　　　　　　P'

图 8-4　金属棒的磁化随温度的变化。(a) 在临界温度之上，存在一个不偏爱任何方向的稳定极小 **P**；(b) 在临界温度之下，出现了两个相等深度的极小，上面那个稳定的极小变成一个不稳定的极大。其上的一个点最终将落入两个不对称极小（**P** 和 **P'**）之一，铁棒的一端将是磁北极，另一端是磁南极

　　在居里温度之上，铁棒只有单个极小真空状态。它相对于零点处的极小是对称的，因此该铁棒的一个方向（右）与另一个方向（左）不存在任何的优先。这个极小是一个周边陡峭的山谷，不论从山谷上的什么地方出发，一切东西都将滚入山谷，这告诉我们事情与铁棒是怎样开始的无关。一旦足够热，它就将进入这个无磁化的极小状态，并失去先前任何磁化状态的记忆。但是，当铁棒冷却到居里温度之下时，某些不寻常的事发生了。这种磁化能景观从单一的中央山谷变成两个山谷中间夹一山峰的谷形。原来的极小转而变为不稳定的极大，而在中央极大两边等距离处出现了两个新的更深的极小。对于这根铁棒，这意味着什么？它意味着，对称的无磁化状态已经变得不稳定了。该系统将往下滚入两个新极小中的一个。往两边滚的机会是相等的，这对应于这根被磁化的铁棒最终是右端还是左端作为磁棒的磁北极。从系统处于对称零值的极小状态到不对称的极小状态的转变，是自然界的一种普遍现象，称为对称破缺。

　　对称破缺现象揭示了宇宙行为的某些深远意义。可以肯定，自然定律是对称的。它们对特定的时间、地点和方向都没有偏爱。的确，我们已经发现，这一要求正是推导自然定律表述形式的强大工具之一。爱因斯坦第一个认识到，伽利略和牛顿仅部分采用了这个原理。爱因斯坦将其地位提升为自然定律必须满足的关键要求：对宇宙中的所有观测者来说，自然定律都是相同的，不管他们如何运动或位于哪里。不可能存在这样的"特权"观测者，对他们来说每件事看上去要比其他观测者看到的更简单。对这种观测者的赞同根本上是违反哥白尼的宇宙观的。[3]这个平等原理是得到自然定律最普遍表达的强大指南。但是，尽管自然定律具有对称性，但我们发现，这些对称定律的结果却是不对称的状态和结构。我们每个人都是电磁学定律和引力定律复杂的不对称结果。我们此刻在宇宙中占有一个特定位置，尽管引力定律和电磁定律对于空间位置是完全平等的。自然界的奥秘之一就是，事实上，自然定律的结果并不是必须有相同于定律自身的对称。自然定律的结果比这些定律更复杂，更不对称，因此，它们也更难以理解。在这种方式下，一个宇宙很可能受数量极少而又简单的对称定律（也许就只是一个定律）的控制，这些定律维持着大量的复杂、不对称，甚至能够自我思考的状态和结构。在几十年间，人们试图理解对称定律的不对称结果的兴趣高潮迭起。不那么昂贵的快速计算机的出现大大方便了研究活动，因为一般来讲，对称结果的复杂性对于在没有工具帮助下的纯人工计算来说都太大了，这样不可能详尽地揭示发生了什么。

统一之路

> 无须《大英百科全书》，因有无所不晓的丈夫。[4]
>
> ——《兰开夏邮报》上的私人广告

随着温度的上升，自然力的强度会发生变化，由此能够实现各种自然力的统一。这个过程首先看到的是电磁力和弱力走到一起，在温度达到大约 10^{15} 开时产生了一种统一的电弱力。如果电弱力的增强与强力的减弱这一过程继续进行下去，那么当温度达到约 10^{27} 开量级时，第二次统一就来临了。在这个所谓的"大统一"温度之上，只有单单一种对称力，但在此温度之下，该对称发生破缺，产生不同的强力和电弱力。[5]

对称随温度下降发生的这种变化，会表现在宇宙极早期所有物质的行为上。我们可以想象，宇宙从大爆炸开始膨胀，极高的初始温度和能量足够维持强力和电弱力强度的完全统一。当温度下降到低于一个特定值时，这些力分离并各自走上不同的道路。

自然力在宇宙极早期发生变化的观点，迫使高能物理学家和宇宙学家关注当这些变化以特殊方式出现时某些可能发生的不寻常事件。特别是，如果宇宙中的基本粒子经受了真空状态从高能级到低能级的改变，那么它可能使整个宇宙表现出新奇而非常吸引人的行为。

在逐步探索这些有关宇宙的思想时，人们的兴趣一直集中在假设早期宇宙存在一类物质，由此会产生何种后果上。为了避免表述过于专业，我们把这叫作标量场，意思是在空间中任何一点及在任何时刻，这个场只有一个属性——大小或强度（尺度）。例如，印刷的墨水在你阅读的这一页纸上的密度是一个标量场，房间里的温度也是一个标量场。但是，风速不是标量，因为它由每一点和每一时刻的大小和方向所决定。

在宇宙历史的最早阶段中，温度远比今天高得多，不妨假设有新的物质形式出现，它们具有形形色色的真空景观。让我们在这些能量场中选定一种。该能量场可有任意数量的不同能级的真空状态，它无须与我们今天观测到的某个场精确对应，因为它可以在宇宙早期阶段衰变成辐射或其他粒子，但是，我们关于所有自然力的统一理论最终应当告诉我们它是什么。这类能量场将具有两种能量：与其运动有关的动能和与其位置有关的势能。摆动的钟摆提供了一个简单的相似例子：从最低点摆过时，钟摆运动得最快，其能量全是动能；随着向最高点上升，钟摆逐渐慢下来，在克服向下的重力做功时，钟摆的动能转变为势能；钟摆停在最高点并开始向下运动前的瞬间，其能量全为势能。

早期宇宙能量场的行为类似于钟摆。当能量的动能部分最大时，能量场将变化得很快，但是当势能最大时，它将变得很慢。现在假定，我们刚刚看到的这种势能形状的变化可以在宇宙膨胀的最初瞬间发挥作用。标量场可以在高温开始，它处于类似图 8-5 所示的单一的稳定真空态上，但当温度下降到某个特殊温度 T_c 以下时，一个新的真空态可以在低得多的能量上出现。

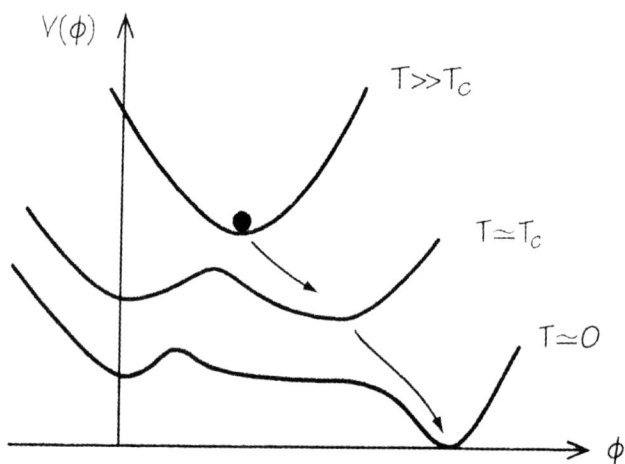

图 8-5　新的极小的出现

接下来会发生什么？如果最初真空态的周围坡度相当平缓，那么标量场有可能对其他粒子和辐射的撞击和能量交换做出响应，越过山峰往下走向新的极小。如果跃迁发生得足够慢，那么，缓慢移动的标量场的势能将很难被它四周到处都在进行的宇宙膨胀所稀释。与此同时，宇宙中所有其他辐射和能量都很快地被宇宙膨胀所稀释，结果造成标量场的影响很快地压倒别的一切，成为宇宙中质量和能量的主导形式。如果发生这种情况，就会有许多戏剧性的推论。宇宙膨胀从逐渐减速变成加速。出现这种新事态，是因为缓慢变化的标量场表现出类似引力排斥的行为，而物质和辐射的其他形式则永远受引力吸引。这种加速将继续下去，只要标量场在势能景观上很慢地落下。当出现这种缓慢变化时，加速膨胀将造成宇宙辐射温度的快速下降。最后，加速终于停止。在到达新的真空态时，标量场还会前后多次振荡，逐渐损失能量，并衰变成其他粒子。大量的能量将从这些衰变中释放，膨胀造成的宇宙温度下降将迅速减缓，膨胀将恢复成正常的减速过程（图 8-6）。

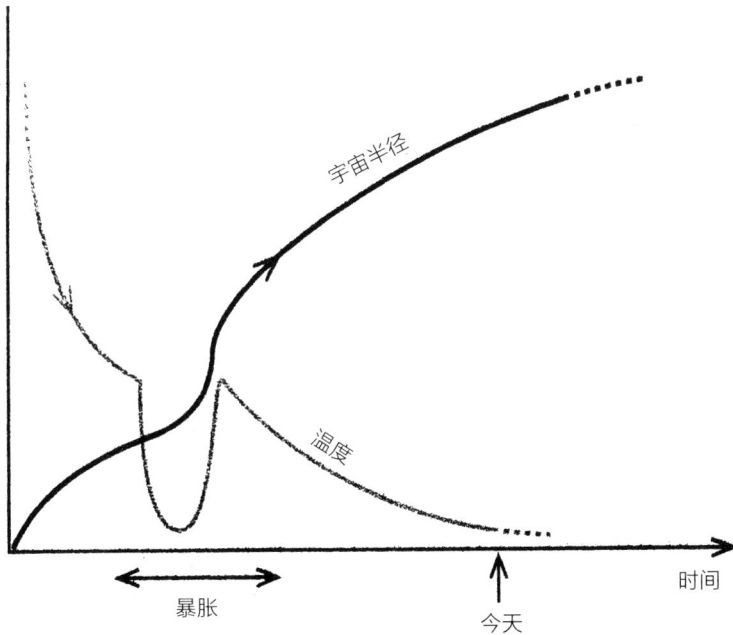

图 8-6　由早期宇宙的暴胀时期产生的膨胀加剧和温度下降。当暴胀结束时，会发生一系列复杂的事件，包括驱动暴胀的标量场的衰变和宇宙变热。随后，宇宙逐渐冷却，继续以较慢的速度膨胀

我们在上面勾画了一系列假想的事件，它们描述的就是众所周知的宇宙学"暴胀"，暴胀是膨胀发生加速期间的一段宇宙史。每当一个物质场像标量场一样缓慢地从一种真空态变为另一种真空态时，就会出现暴胀。事实上，如果只有一个真空态，暴胀也能出现，因此势能景观看上去像浅浅的 U 字形。定居斯坦福的俄罗斯物理学家林德[6]（Andrei Linde）指出，当宇宙渐渐冷下来时，标量场或许正好从"山顶"的能级开始沿着斜坡向下落。如果斜坡足够平浅，标量场能量的改变就会非常缓慢，致使始终都能忽略动能，并出现反引力和暴胀。物理学家在探索出现这一现象的各种不同可能方式时，似乎很难避免暴胀。

关于真空变化的一些宇宙学推论相当新奇，自 1981 年美国物理学家古思（Alan Guth）第一次提出以来，这些推论一直是宇宙学家的兴趣焦点。[7]我们的宇宙正在膨胀，非常接近于那条区分未来将永远继续膨胀还是最终反转为收缩的临界分界线，这是十分奇怪的。"临界"宇宙，或者说中间宇宙，是很特别的。有点神秘的是，我们的宇宙的膨胀如此接近于这条特殊轨迹。比临界更快或更慢膨胀的宇宙随着时间的流逝将离分界线越来越远。

为了使我们的宇宙在膨胀了大约 150 亿年之后仍保持在临界速率的百分之二十之内，宇宙在开始膨胀时必须与临界分界线接近到难以置信的程度。我们完全不知道膨胀为什么会以这种方式开始。暴胀提供了一种诱人的解释。想象一下，我们任意选择一种与临界速率相差很远的方式，让宇宙以这种方式开始膨胀。如果存在一个最终要落向较低真空态的标量物质场，那么宇宙的膨胀将加速。因为只要出现这种情况，膨胀将被快速驱动，越来越接近于临界分界线。

在这种方式下，极为短暂的暴胀足以驱动宇宙的膨胀，使得它在暴

胀结束之前极其接近临界线，以至于随后非暴胀的膨胀对我们离临界线
的距离影响可以被忽略，而我们将发现自己观测到的宇宙正以与临界值
相差不到十万分之一的速率膨胀。

　　事情远不止这些。我们的宇宙还有一个神秘之处，那就是它的膨胀速
率在各个方向上和各个位置都异乎寻常地精确相同。如果观测来自可见
宇宙边缘的辐射，我们就会发现，它们的温度和强度在各个方向上都是
相同的，精确度约为十万分之一。但是，当我们回溯宇宙的历史时，这
一点就变得很难理解了。光信号始终没有时间从宇宙的一端越到另一端。
始终没有时间使宇宙不同地方的温度和密度的差异在明显可用的时间内
被消除。但是，假如暴胀出现得更早，那么接踵而来的如海涌般的加速
膨胀能使在暴胀开始前光信号正好已跨越的那些区域增长得比今天的整
个可见宇宙更大（图 8-7）。如果没有这个暴胀时期，今天这些同步区域的
增长不会超过一米——不足以解释延展 10^{24} 米的天文宇宙的均匀性。[①]

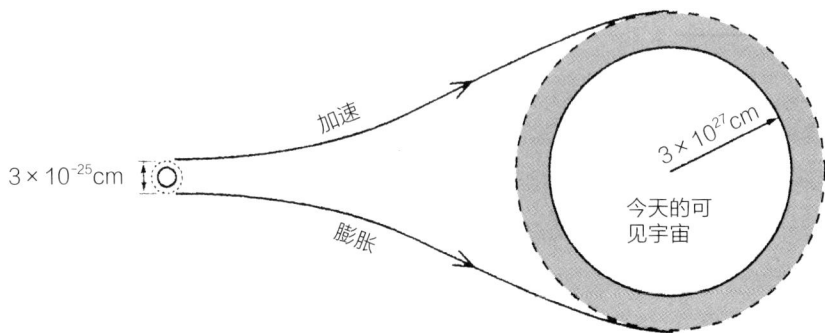

图 8-7　暴胀使一个在膨胀开始时光信号足以同步的小区域增长到比今天的可见宇宙更大的区域。这就解释了今天的可见宇宙的均匀性

① 原文如此，作者可能是采用 100 亿光年粗略估计了现今我们观测到的宇宙大小，今天更普
　遍的是采用 150 亿光年的数值，即约相当于 10^{26} 米的尺度。

我们都记得，爱因斯坦广义相对论隐含的关键思想是，存在于空间中的质量和能量将使空间弯曲。我们把这种弯曲想象为一张橡皮膜上有许多由重物引起的起伏。如果宇宙在暴胀开始前很不规则，它就好像一张高低起伏、凹凸不平的宇宙橡皮膜。在暴胀开始时，在加速膨胀的驱动下，它将产生伸展效应，展平所有的山峰和山谷。它还使整个橡皮膜局部看起来相当平坦。如果你在一个充气气球的表面上画个小方块，当气球膨胀时，这个方块将变得越来越平。具有临界膨胀速率的宇宙是一个在任何时刻，空间都是平直且不弯曲的宇宙。其他更快或更慢膨胀的宇宙分别具有承受膨胀的负曲率空间和正曲率空间。在这两种情况下，局部上，它们将越来越像一个曾经历过更多暴胀的平直表面。几乎所有 [8] 的曲面在小距离上被观察时，局部上都像平直的。

暴胀是一石三鸟。它解释了，宇宙今天在非常接近临界线的轨道上膨胀为什么是一件很自然的事情。它解释了，我们在宇宙各处和各个方向上测量到的密度、温度和膨胀速率平均而言为什么如此平稳。暴胀能使宇宙在恒星形成和产生复杂分子及复杂有机体的生物化学过程所需要的数十亿年中，维持了支撑生命的条件。假如膨胀的轨道不如此接近临界线，那么宇宙或将跟不上临界线，早在恒星能够形成以前便发生坍缩，回到密度高到不适合生命居住的大挤压，或者，它将膨胀得太快，结果既没有星系也没有恒星能够凝聚形成，以创造生命所必需的基石和稳定环境（图 8-8）。

因此，真空的复杂性使暴胀成为可能，它是大自然均匀性的基石，并使宇宙持续数十亿年，提供了催生恒星和生物化学元素所需的条件。

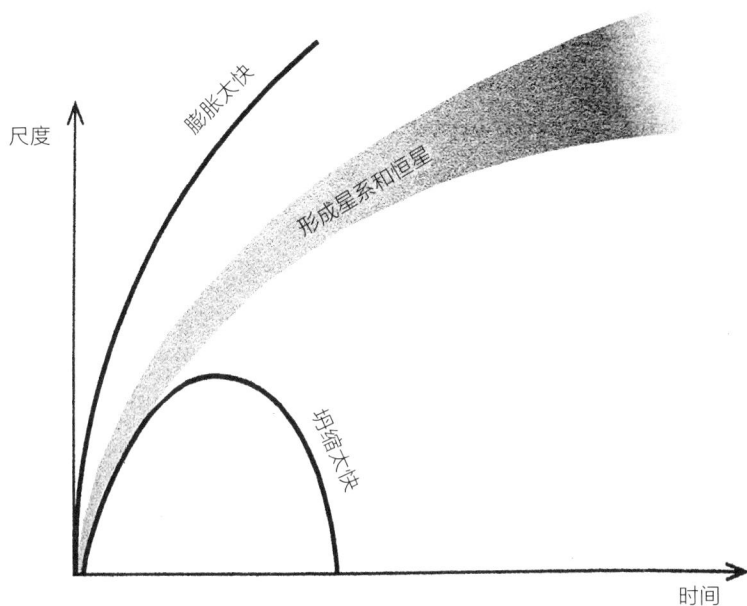

图 8-8 膨胀太慢的宇宙将在星系能够形成之前坍缩，回到大挤压；膨胀太快的宇宙不允许物质岛凝聚成星系和形成恒星

制造你我的真空涨落

在上帝的头脑里，宇宙只是一个转瞬即逝的观念，一个令人相当不舒服的念头，特别是当你准备付房子的定金之时。[9]

——伍迪·艾伦[①]（Woody Allen）

假如这场引发暴胀的真空音乐游戏已经在一个完美平滑且无特征的

① 伍迪·艾伦，当代美国作家、喜剧电影的导演、编剧和演员。

宇宙里开场，那么事情将变得枯燥乏味——几乎不值得大书特书了，确实没有什么值得写的。我们的宇宙虽然极其接近均匀，但它并非那么完美。空间物质密度以恒星、星系、巨大的星系团，甚至星系团的集团的形式表现出与均匀性有小小的偏离。[10] 为了解释它们的存在，膨胀宇宙在其早期高温阶段的密度变化就要比平均值高约十万分之一。在暴胀理论出现之前，这种不规则的起源显得神秘莫测：纯粹的随机涨落没有合适的尺度，也没有关于涨落起源的解释，更不必说它们的确切大小了。暴胀强制提供了一种新的可能性，可同时解释非均匀性的大小和它们在天文观测尺度上的变化情况。

我们回过头再来看一看图 8-7，就能看到暴胀是怎样使我们将一个膨胀开始不久、光信号足以跨越的小区域长成我们今天所见到的这部分宇宙的。今天，我们周围 150 亿光年的空间起源于一个微小区域。我们是它极大膨胀了的像。假如平滑过程十分完美，而且那个微小区域起初也完美平滑，那么随后的暴胀将创造出一个巨大而完美的平滑区域。但是，完美平滑意味着完全不会出现少数物质岛比其他物质岛膨胀得更缓慢的情况，它们也不会从宇宙膨胀中脱离出来，形成星系、触发核反应的恒星或产生碳等生物元素的超新星。宇宙万物将千篇一律——没有结构，没有恒星，完美无缺且不受干扰地对称。

幸运的是，这是完全不可能的，真空中必定存在量子不确定性的涨落。缓慢变化的标量场能够驱动宇宙的加速，它也必定有零点运动。正如海森堡不确定原理禁止我们说"盒子是空的"一样，它禁止我们说"真空的密度或温度是完美平滑的"。必定始终存在一些量子真空涨落。零点涨落造成与完美均匀的微小偏离，所以当暴胀出现时，它将对这种微小偏离产生作用。这些偏离被暴胀扩张，并像伤疤一样留在宇宙的

"脸"上，在最大的天文距离上追踪宇宙密度和温度的微小变化。值得注意的是，我们能够预言这些涨落在暴胀过程中的特定形式和命运。这些真空涨落最终将导致物质凝聚成星系和恒星，行星在其周围形成，生命也得以演化。假如没有真空，生命之书将只是几页白纸。

关于这些扩张的真空涨落，我们需要预言两点：它们平均说来有多强，以及，它们的涨落怎样随观测的距离变化。很遗憾，第一点没有能让我们拿来试验的确切答案。暴胀是一种迷人的思想，因为你对宇宙膨胀最初一刻的基本粒子会发生什么研究得越多，就越难以避免暴胀。几乎任意假定的标量场都将会达到目的。暴胀的结论相当可靠，不依赖于十分特殊的条件。但是，从真空中发掘出来并发生膨胀的涨落，其强度依赖于驱动暴胀的那个特殊标量物质场的质量。我们只能倒过来处理这个情况，计算要多大强度才能生长出我们所见的星系，然后决定正好得到该强度的标量场的质量。这要花点儿时间，因为星系不是从现成的涨落中出现的。涨落可以从很低的强度开始，但是它们渐渐变得越来越强。包含的物质比平均值更多一点的区域将以牺牲其他区域为代价把更多的物质吸向自己——一种引力的马太效应[11]，即"凡有的，还要加给他，叫他有余"，天文学家将此称为引力不稳定性。这个过程像个雪球，最终在几乎光滑的背景宇宙中产生浓密的物质岛。

经过追溯研究，我们能够计算出初始不均匀性需要多小，才能在宇宙冷却到原子得以形成的时间里成长为观测到的恒星和星系。[12] 计算结果告诉我们，真空涨落需要有大约十万分之几的强度。我们可以根据卫星对大爆炸产生的微波背景辐射的观测，对此结论做双重的检验。远古的真空涨落早在曾有星系形成之前就将痕迹留在了这种辐射里。自从这种辐射在 1965 年第一次被发现以来，天文学家一直在不停地搜寻这些泄密的印记。最终，它们被宇宙背景探测器（COBE）卫星发现，卫星的运行轨道能完全摆脱地球大气的失真影响。结果证实，热辐射从大爆炸开始踏上旅程之际，涨落的确拥有符合要求的强度。在勘测相间 10 度以上的天区时测量到这个微小涨落的大小为十万分之几，这为物理学家如何筛选很久之前造成真空暴胀的各种可能的标量物质场，起了指导作用。

幸运的是，可说的还不只这些。虽然我们不能够预言暴胀形成的涨落大小，因为它对驱动暴胀的标量场的特性很敏感，但我们能够预言涨落在天文观测尺度上的变化方式，这一点对暴胀标量场的特性和性质是不敏感的。有一个简单而自然的情况，在这种情况里，涨落的形式很平等，即在最大的天文尺度上，它对每一维空间贡献相同的曲率。经过对相间 10 度以上的天区（满月的轮廓大约为半度）的比较，COBE 卫星以很高的精度证实了这些推测。这是鼓舞人心的，但最吸引人的却是小得多的、包含将会形成可观测的星系团和星系的涨落尺度上。人们对此做了大规模的勘测工作。在南极开展的气球实验"飞去来器"（Boomerang）的探测结果与关于接近临界的膨胀宇宙的预言极其吻合。在图 8-9 中，连续曲线展现了在一个密度稍高于临界值的宇宙中所预言的理论上的涨落曲线形状，而飞去来器的结果与该曲线基本重叠。观测者寻找的关键特征是天区间隔接近 1 度处的温度涨落幅度的峰。确定其精确位置，是对宇宙总密度最精确的探测。这是人们第一次毫无疑义地观测到这个峰。在角度更小的尺度上，数据显示有第二个较低的峰，但为了证实它的存在，需要更精确的观测才能获得令人信服的结果。[①]

---

① 更新的观测已经证明有第二、第三个峰值存在。

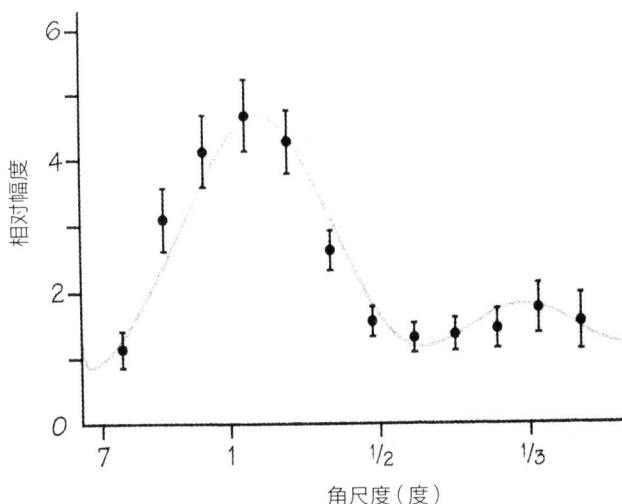

图 8-9　飞去来器项目发现的微波背景辐射温度的涨落变化。[13] 图中展现了一个接近临界的膨胀宇宙所预言的涨落对观测资料的拟合。涨落中第一个峰的角位置是对宇宙总密度最敏感的探测

美国国家航空航天局在 2001 年发射一个新的探测卫星——微波各向异性探测器 [①]，以更高得多的精度探测更大天空角度上的涨落曲线的形状。欧洲空间局在 2009 年发射一个更为强大的探测器——普朗克卫星（Planck Surveyor），细致地观察这些变化。这两个航天计划具有巨大的潜在回报价值，会使我们决定宇宙中是否确凿无疑地存在着清晰的涨落遗迹，并对大爆炸中出现的真空涨落进行直接的探测。

这些观测如果结合第 6 章讨论的对极遥远的超新星的观测，就会变成更强大的宇宙学探针。图 8-10 同时显示了这两种观测得到的信息。图的纵坐标表示以量子真空能形式存在于宇宙中的能量密度的大小，而横

---

① 即 2001 年发射升空的威尔金森微波各向异性探测器（Wilkinson Microwave Anisotropy Probe，简称 WMAP）。

坐标表示普通物质形式的数量。

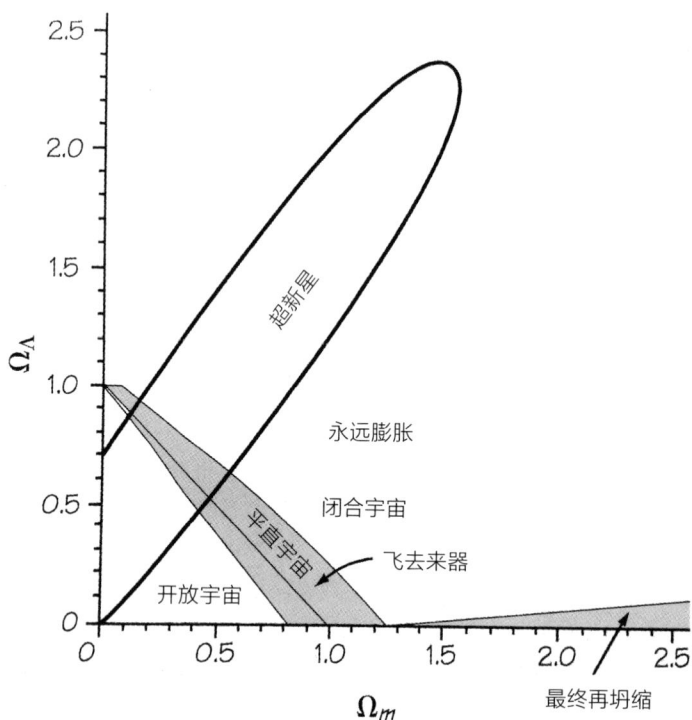

图 8-10　物质（Ω_m）和真空（Ω_Λ）对观测宇宙总能量密度的相对贡献的范围，后者以兰姆达强度的形式表示。[14]"超新星"区域符合参与宇宙膨胀的遥远超新星的退行观测。"飞去来器"区域符合飞去来器气球飞行对小尺度微波背景辐射涨落的观测。"平直"线分离开放宇宙和闭合宇宙。图上还标出宇宙将坍缩回"大挤压"的区域。后面这一区域与两套观测资料都不相符。超新星和飞去来器的重合区要求真空能量对宇宙总密度具有重大的非零贡献

　　飞去来器的观测告诉我们，宇宙位于图 8-10 左下角的狭窄的三角带，而超新星观测要求它位于与三角带垂直的卵形区里。因测量数据有误差，这些观测在图上以区域而不是以单个点或线表示。值得注意的是，这两种观测的最大误差位于相反的方向上。所以综合来看，采用两种观

测的重叠区比单独采纳一种观测能得到高得多的精度，来确定宇宙的位置。重叠区要求真空能量对宇宙做出重要的贡献，如果这些观测都是正确的，那么它不能取零附近的任意数值。

遍地在暴胀

我从未预言过，我也绝不会预言。[15]

——加斯科因①（Paul "Gazza" Gascoigne）

在第一次认识到一场宇宙暴胀带来的好处后不久，人们很快认识到，暴胀的后果要比曾经想象的严重得多。假定宇宙在暴胀前夕处于相当混乱的状态。它可能包含数量巨大又各不相同的物质标量场，其中一些可能以复杂的方式彼此影响。每一个都可能有不同的势能景观，它们将以不同的速度出发，并以不同的速率从势能峰值上缓慢下落。这场"混沌"暴胀的无序景观为我们创造了一幅宇宙图景，在这幅图景里，每一个小到足以被光信号平滑的区域都曾经历了暴胀时期。每个区域经历的暴胀次数是随机的：某些区域经历许多次暴胀，最终膨胀得非常大；有些区域几乎不暴胀，在膨胀后不久，便会开始收缩。这很像随机受热的泡沫，有些气泡膨胀得很厉害，有些气泡则微微膨胀。大多数短寿的暴胀史会产生短暂的膨胀区域，短到看不到有形成恒星或孕育生命的基石。这些仍在诞生的"气泡"装不下任何天文学家。某些大而长寿的气泡或许会

---

① 加斯科因，世界足坛明星，前英格兰国脚。

膨胀上百亿年，为恒星形成生物化学复杂性的基石创造了空间和时间。正是在这些远古大气泡之一里，像我们一样的观测者能够围在一起，观赏宇宙的风景。

由此看来，暴胀摆出了一副不可避免的架势。如果宇宙是无限延伸的，那么任何有机会出现的东西都将在某处出现。结果，该处会有一个区域出现一种物质场，它的势能景观浅到使极慢的变化得以创造许多加速膨胀——即使未必如此（虽然没有理由这么想），这种情况仍将在某些地方发生，而我们将发现自己居住在其中一个区域之中。

这幅景象使我们的宇宙地形图更加错综复杂。自哥白尼以来，人们受到的教育一直是我们在宇宙中的位置并不特殊。我们对可见宇宙的观测表明，宇宙各处和各个方向平均说来都是极其相似的。哥白尼暗示，不论站在宇宙的哪个优越位置，平均说来，我们看到的均匀程度都应当是相同的。因此，我们应当期望宇宙大致上是处处相似的。始终有些怀疑论者，他们不相信这个断言，并指出，我们绝不能相信在自己的视界，即在 150 亿光年之外的宇宙中，事物没有很大的不同。尽管他们的逻辑是正确的，这些人却毫无正当的理由说明遥远的宇宙是不同的。混沌暴胀的宇宙是革命性的，因为它第一次向我们提供了正当的理由，让我们期望视界之外的宇宙有大不相同的结构。即使宇宙并不是从混沌状态开始的，并且只存在一个能量标量场，那它的行为随地点的随机变化也足以创造许多不同的暴胀区域。现在，我们必须假定，我们恰好能够看到一个暴胀区域光滑而几乎平直的内部的一部分。假如我们能等得足够长，也许是再等待一万亿年，膨胀或许会使一个结构完全不同的区域展现出来，它的第一缕曙光慢慢地进入我们的视线。真空结构随地点的少许变化将被从微观尺度放大到巨大的河外星系的空间尺度。宇宙中真空景观

的普适性和多样性有机会膨胀，成为光明和黑暗、空间和物质、行星和
人类这整个宇宙阵列的直接源头。它将使宇宙比我们想象的更为复杂。

多重真空

当你近处有活的恶龙时，切忌对其漠然无视。

——托尔金 [①]（J.R.R. Tolkien）

我们已经看到，势能景观的山谷是怎样具有各种不同极小值的。它
们的大小可以全都相同，也可以全不相同。存在不同真空态的可能性意
义深远，因为如果我们的宇宙拥有不同的可能真空，则意味着量度自然
力强度和特性的物理学常量无须唯一确定。在某些遥远的、有不同数量
暴胀的区域里，这些常量可以各行其是，甚至事实或许已经如此。如果
宇宙的真空能量景观只具有一个极小，那么基本物理学常量和控制自然
力的物理定律的形式必定是处处相同的。

让我们对有许多真空的情况做一番更严密的考察。假定早期宇宙中
栖息着一个物质场，它在有许多极小的高低起伏的势能景观中运动，如
图 8-11 所示。

---

① 托尔金是著名的奇幻系列小说《魔戒》（*The Lord of the Rings*）的作者。本句来自《魔戒》
前传《霍比特人》（*The Hobbit*）的第 12 章，原文为："It does not do to leave a live dragon out
of your calculations, if you live near him." 译为："既然你离一条活生生的恶龙不远，不把它
放在眼里是行不通的。"此语现已成为西方国家的一句警示语，故改译如上。

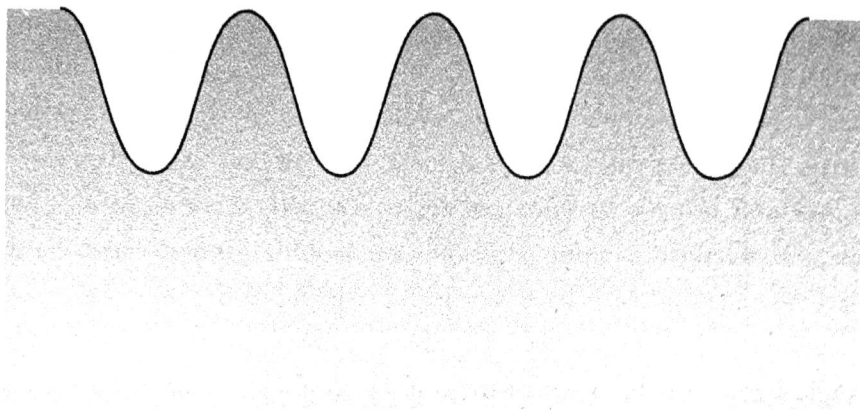

图 8-11 具有许多极小的正弦形真空景观

想象一下，在膨胀开始后不久，宇宙变冷。物质场被随机驱赶到正弦形景观里的某个点，然后开始从斜坡滚下，这时它发现自己正在滚向局部的真空态。在宇宙的其他地方，此物质场将发现自己处在不同的山谷里，它最终将（也许是缓慢地）滚入一个不同的真空态。这一多样性有着深远的意义。这些真空每一个都对应于一个有不同自然力的未来世界。一个区域可以暴胀成这样一个状态：引力是其所存在的自然界中最强的力，那里没有恒星，没有核反应，没有化学过程，也没有生命。真空的多样性与宇宙法则的特征——我们一直称之为自然常量和自然定律——的均匀性之间有着深刻而直接的联系。这不是宇宙的结束。甚至暴胀并增大到天文尺度的空间维度、自然常量和自然力，在不同的山谷里也是不相同的。近几年，物理学家开始严肃考虑一种可能性，即空间（甚至还有时间）包含的维度可能比我们习惯认为的更多。出于某种原因，在空间多于三维的世界里，物理学在高温下看上去更为简单，更加自然地统一。为了使这种高维宇宙符合我们观测的空间，必须假定除了三维以外的其他所有空间维度都小到无法察觉。没有人知道怎样会这样，也许暴胀以迄今未知的某种方式行驶了选择权，只允许空间的三个维度暴胀，变到天文大尺度；而其他维度仍然微小得难以察觉。如果确实有类似这样一个过程在起作用，也许它只在三个维度变得很大时才起作用，或者，它完全是随机的，结果大空间维度的数目在一个无限宇宙中处处变化。另外，我们完全有理由相信，有生命的观测者更喜欢为自己寻找一个有三个大空间维度和单个时间箭头的区域。关于不同的空间维度和时间维度的某些结论如图 8-12 所示。

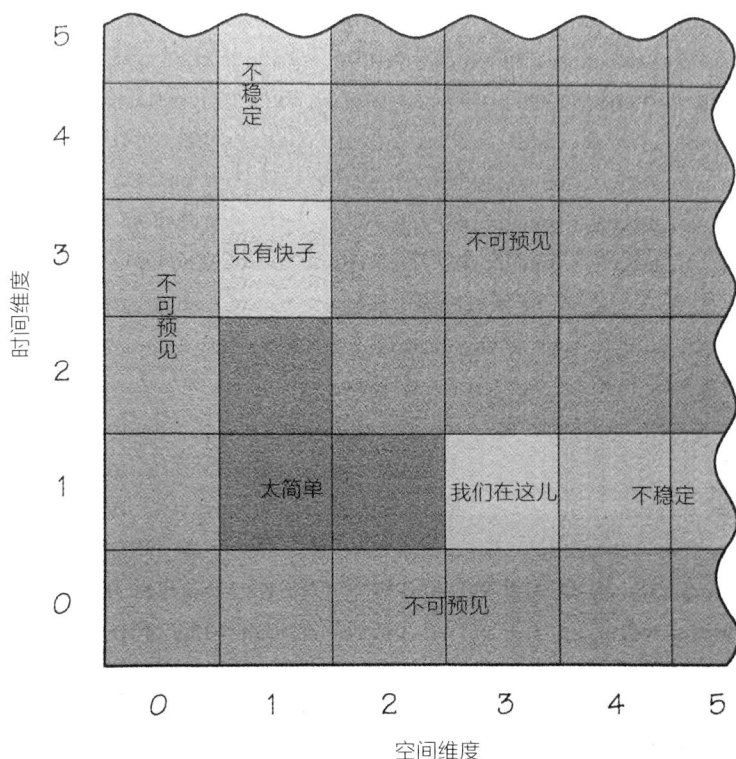

图 8-12　拥有不同空间维度和时间维度的宇宙具有不寻常的特性，除了具有一个时间维度和三个大空间维度的宇宙，其他宇宙似乎都不会发展出复杂的信息处理形式或生命[16]

这种可能性完全改变了我们对于人类在宇宙中的地位的看法。我们之所以能够存在，仅仅是因为不同的自然常量的数值之间在表面上有许多偶然的巧合。如果一成不变地将这些常量的数值掺入宇宙的形成之中，那么我们也许不得不认为，它们允许生命存在（正如已经做的那样）是一件非常幸运的事——当然，假如这些常量不这么做，我们将不会有此争论。

换一种说法，我们或许会认为，生命可能有多种方式，而不仅是基于碳、氮、氧等元素特性的 DNA 分子。实际上，许多科学家（包括作者本人）相信，复杂性很可能建立在另一类化学、物理学或纳米技术的基础之上，只是人们并不清楚它们能否在短于恒星寿命的时间内使生命自发地演化。[17] 有一天，我们或许能发展出一种信息处理形式，它足够复杂，值得冠以"生命"或"人工智慧"的名称，但是，它的产生将不会仅依赖于自然选择。

无穷无尽的暴胀

我们知道我们是什么，但是，我们不知道我们会变成什么。

——莎士比亚

在认识到"混沌"真空景观能够在一个无穷大的宇宙中处处产生不同程度的暴胀之后，在美国工作的两位俄罗斯物理学家林德和维连金

（Alex Vilenkin）意识到，事情可能要更惊人、更壮观。这些无处不在的一阵阵暴胀不需要被限定在过去数十亿年的某个时刻发生，在整个宇宙历史中，它们应该连续地出现。即使在今天，仍可以期望我们视界以外的大部分宇宙处在加速的暴胀状态。

我们假定的标量场似乎只是从势能景观的斜坡直接滚向最近的真空，但当它从山上向下运动时，真空量子图景产生的微小涨落将使标量场下山的路径蜿蜒曲折。值得注意的是，这种简单的向下滚动更像是受这种蜿蜒曲折支配，偶尔，它还会使标量场沿谷上行，而不是下行。这很像沿着很浅的坡度、十分缓慢地向下流的一条河，除了河流稳定的流动之外，还有在水面上漂浮的残骸随机地来回流动。如果总体的流动足够慢，风又足够强，那么某些残骸可能会偶尔向上流动。在宇宙学的情形中，这种情况会引起已经历过暴胀的宇宙子区再次发生暴胀（图 8-13）。

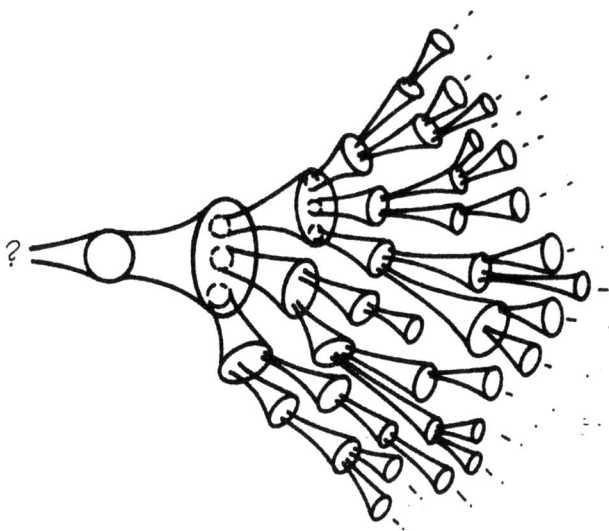

图 8-13 无穷无尽的暴胀

这种波澜壮阔的效应将使暴胀自我产生，每个暴胀区引起其他子区的暴胀，然后依次发生相同的过程。这个过程似乎不会停止，将无穷无尽地进行。我们没有发现这一过程会最终终止的任何理由，也不知道它是否需要有一个开始。随着混沌暴胀的进行，每场暴胀都会产生一个具有不同特性的大区域。某些区域可能暴胀得很厉害，某些可能只暴胀一点点；某些区域可能有很多大空间维度，某些可能只有三个大空间维度；某些区域可能包含我们所见到的四种自然力，某些则可能没那么多。总的效应是，这提供了一个物理机制，它能在单个宇宙的某些地方实现一切（或至少绝大部分）的可能性。

这是一幅引人入胜的图景，它完全革新了我们对宇宙演化——在过去和未来——的复杂性的预期，就像混沌暴胀的可能性革新了我们关于宇宙地形图的认识一样。有些科幻故事常常讲述自然常量的数值出现各种可能变化，从而出现各种可能世界。但是，存在一种能产生选择的机制。

无穷无尽的暴胀不是宇宙学家跑出来蓄意制造的东西，它其实是直接解释许多宇宙观测特征的理论的副产品。暴胀对于决定我们可见宇宙的结构起了决定性的作用，未来的天文观测将能够检验宇宙中辐射涨落的结构是否与此符合。遗憾得很，迄今为止，这张无穷无尽暴胀的宏伟蓝图似乎尚未向观测试验敞开大门。我们还不能看得比约150亿光年更远，这是光信号从我们正在讨论的膨胀明显开始以来所穿越的距离。其他不同的暴胀区域将在这个视界之外，光速的有限性将我们与它们隔离。随着漫长的宇宙时间的流逝，有一天，极遥远的未来观测者或许会荣幸地目睹其中一个奇怪的宇宙岛的初现，在那里，暴胀仍然在继续，或者有着很不同的物理学定律。总体说来，宇宙似乎是处于稳定的状态，但遍布着许多小暴胀泡，每个泡都会永不停止地孵化一系列的"婴宇宙"（baby universes）。大多数宇宙将在那一时刻承受着暴胀。我们生活在其中一个已在过去停止暴胀的区域，不然，要是暴胀还存在，我们就不可能生存。暴胀区域膨胀得太快，不会形成星系和恒星，这些走向支持生命诞生的环境的关键步骤，必须等到暴胀结束才会发生。但是，如果超新星的观测是正确的，那我们或许将在近期目睹我们这部分宇宙恢复暴胀。倘若如此，我们并不知道这是怎么回事。

这是一场宇宙概念的革命，它把人类看作无始无终的宇宙历史中已经产生的一个大疆域里的居民，那里满足恒星、化学和生命演化的特殊需求。这个已经暴胀的局部宇宙包含了我们的可见宇宙，它只是这个故事的一部分。可以预见该宇宙在别的地方将是很不相同的。综合看来，我们的宇宙概念在不断地转变，我们必须想到，自己所看到的似乎不能代表整个宇宙。我们希望用于表征周围的宇宙总体的全部复杂性，都是真空结构的反映。这是一个无穷无尽的能量海洋，它使膨胀宇宙以子区形式产生后代，它们各行其道，变得越来越大，越来越冷，最终在自己内部创造出孕育下一代婴宇宙的条件。

一开始，这些暴胀的繁殖事件似乎是从无中孵化出来的。事实上，不是这么回事。我们也许会想，如果整个宇宙子区出现了，然后开始膨胀，那么我们必定违背了最重要的物理学守恒定律之一。我们最熟悉的定律是能量守恒，这是在19世纪发现的。在所有的自然过程中，我们称为"能量"的物理量是守恒的。我们可以改变它的形式，用不同方式反复地把它变来变去，利用它把质量变成辐射，反之亦然。但是，不论怎么折腾，在我们完成计算后终会发现，总能量是相同的。所以，如果从"无宇宙"走到"宇宙"，我们或许会认为从无那里得到了某样东西——

能量，而我们最基本的守恒定律就被打破了。但是，事情并非如此简单。能量以两种形式出现——动能是正的，而势能是负的。后者是任何一个受到吸引力（例如重力）的物体都具有的。

我们在开始调查宇宙和宇宙中暴胀区域的能量时，发现它们具有很惊人的特性。爱因斯坦的广义相对论保证，宇宙中所有物质和运动具有的总正能量恰好被它们之间的引力所产生的负势能之和抵消，总能量为零。一个膨胀区域能够在毫不违背能量守恒的情况下出现。这是一个相当惊人的结论，表明了大量的暴胀是如何利用一个巨型负势能库来实现的。[18]

暴胀和新兰姆达

然而，我必须考虑每一个问题，无论它有多么复杂，只要考察方式正确，它就不会变得更复杂。

——安德森[①]（Poul Anderson）

在第 6 章，我们第一次提到了兰姆达问题的深层奥秘。爱因斯坦曾经发现，牛顿揭示的引力应当伴有另一种在大距离上增加的东西。尽管后来，爱因斯坦后悔让这个神灵离开了魔袋，称这是他"一生中最大的错误"，还劝其他科学家忽视它，但爱因斯坦反对这一亲手创造的东西，

---

① 安德森（1926—2001），美国幻想和科幻小说作家。

从来没什么说服力。1947 年，他在给同时代的先驱宇宙学家勒梅特的信中失望地写道：

> 自从引入这一概念以来，我一直感到不安。但在那个时候，我根本找不到其他出路，来解释存在有限平均物质密度的事实。我发现它的确十分讨厌，引力的力场定律应由在逻辑上相互独立且有附带联系的两个概念组成。这种逻辑简单性的感觉是否正确，很难争个明白。我不禁强烈感到，我无法相信这种讨厌的东西会在大自然中形成。

你也许不喜欢它，也许希望它自动消失。但不幸得很，至今似乎也没有充分的理由排斥它。

操心这个问题的大多数物理学家在寻找一种缺失的见解，以证明兰姆达必须为零。他们相信这种方法是正确的，因为在我们生存的历元里，即宇宙膨胀开始后大约 140 亿年，一种力"碰巧"在宇宙中变得十分明显，而正是这种力的存在造成了某种奇怪的情况。但是，我们已经看到情况发生了变化。天文学家已经找到有力的证据表明存在非零的兰姆达力。兰姆达力的大小意味着大约在星系还在形成的年代时（天文学家把这称为"最近"），它已开始控制宇宙膨胀的速率了。根据理论家的观点，这是很奇怪的：兰姆达不仅存在，而且有一个特殊的数值，使它能在宇宙孕育生命的历元里起作用。唯一值得安慰的是，如果这些观测是正确的，那么现在需要解释为什么兰姆达有一个很特殊的数值。正确的解释需要一个很独特的目标。人们能够想象出许多站不住脚的证据来"解释"兰姆达为什么等于零，但只有为数不多的证据才能解释不寻常的观测值。

暴胀已经解决了许多难题，它还能帮助我们解释兰姆达吗？不幸得很，几乎看不到暴胀对此能有什么帮助。我们已经看到兰姆达力的强度与宇宙中的真空能量多么相像。如果把我们的势能景观看作驱动暴胀的标量场，那也可以把兰姆达的存在与势能景观的形态特征联系起来。在我们已经举过的例子里（如图 8-5），"真"真空状态的极小被定义为大小为零。但是，这么做是毫无理由的、随意的。最终的极小能量值可以取零线以上的任意大小。我们的物理学知识没有告诉我们它应当是多大。但是，如果这个值在零线之上，如图 8-14 所画的那样，那么它将在宇宙中留下一个能量，其行为就像兰姆达强度。零线以上的高度将决定兰姆达力的大小。

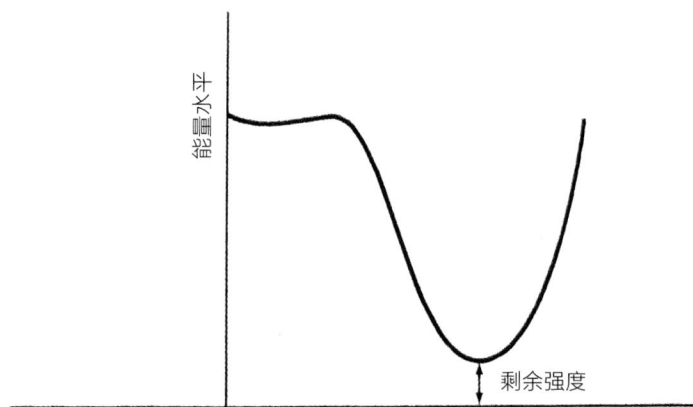

图 8-14　零线以上的高度决定宇宙中兰姆达力的剩余值

　　如果再来考察一番具体的数，情况就愈发变得扑朔迷离。当宇宙变大时，兰姆达的效应相对于我们熟悉的牛顿引力逐步增强。如果它仅是最近（在宇宙膨胀数十亿年以后）才占得优势地位，那么在开始的时候，这个力必定是远远小于牛顿力的。为了解释从超新星观测得到的兰姆达值，图 8-14 中那个最终的极小能量到零线的距离是异乎寻常的：粗略地为 10^{-120}，即 1 被 10 后面跟着 119 个零的数除。这是科学上遇到过的最小数。它为什么不是零？该最小值怎么能调节得这么精确？假如它 10 后面跟着 117 个零，星系就不可能形成。解释如此极端的数需要特别精细的调节。再有，假如这还不算特别糟糕，那么真空似乎有它的自卫机制，防止我们很容易地寻到问题的答案。甚至，即使暴胀确实具有某种迄今未知的不可思议的特性，使得真空能量在暴胀结束时准确地为零，那么它也不会保持下去。随着宇宙继续膨胀和冷却，宇宙经历了几个出现在势能景观中的对称破缺温度，类似于我们在本章开始见到的磁铁的例子中出现的情况。每当这种情况发生，都有一种对真空能量做出贡献的新能量被释放出来，并贡献给一个新兰姆达项，它始终比观测允许的大得多。而且，我们在这里用的是"大得多"一词，不是指它比观测得到的数值只是大几倍。所以，未来计算上的某种小改动，或者观测动向的变化，或许会使理论和观测完全吻合。我们正在讨论的过高估计是用一个 10 后面跟着 120 个零的因子来衡量的！你不可能错得更离谱了。

兰姆达是否存在？如果存在，又是什么使它有如此奇怪的数值？这些困惑似乎都关系到暴胀标量场的势能景观问题。最终的真空态为什么如此难以置信地接近零水平？当标量场开始在它的势能景观中向下落的时候，它是如何"知道"该在哪里结束的？没有人知道这些问题的答案，它们是引力物理学和天文学中未解决的最大问题，其答案的性质可取多种形式。可能存在某种深刻的新原理，把所有不同的自然力联系在一起，而这种联系方式决定了所有感觉到其效应的能量场的真空能的大小。这个原理跟任何已知原理都不相同，因为它需要控制在宇宙膨胀中由对称破缺产生的对兰姆达的所有可能贡献。[19] 它要在巨大能量范围内控制物理学。

还有一种选择，即可能存在不那么有原则性的解答，兰姆达强度完全随机决定。数值非常大的兰姆达的可能性最大，也最持久，但它们会使宇宙膨胀得太快太早，以致恒星、星系和天文学家都不会出现。我们在面前展现了具有各种可能兰姆达值的宇宙，由于像我们的宇宙一样具有特别小的兰姆达的宇宙是唯一能演化出观测者的，这一事实将使这类宇宙从各种可能宇宙中自发地被选出来。事实上，假如兰姆达仅仅比观测所宣称的值大 100 倍或 1000 倍，那么使人类出现的一系列事件可能完全被终止。更大的兰姆达无疑也会如此。这种解决办法虽然可能是真的，但绝不可能预测或解释我们迄今观测到的兰姆达的准确数值，因为生命对兰姆达值并不那么敏感，比如说，兰姆达数值翻一番也不会使生命变得不可能。

摔往楼下

……就在一霎，眨眼之间，……我们也要改变。[20]

——圣保罗（St Paul）

能够表征自然界各种力与相互作用的许多真空的设想，使暴胀成为可能。如何从一种短暂稳定的真空变为另一个真实真空，有许多种选择，而我们迄今对可能是"罪魁祸首"的标量场的性质却一无所知。[21] 根据这种对待真空的观点，我们至今一直以为自己所处的真空态是一个很深、很稳定的真空态，一个"真"真空，是最深的谷底。

假如我们不处于这样一个最底层的真空态，那么会发生什么呢？我们所处的宇宙完全可能是一个暂时稳定的真空，或者说是"伪"真空。

我们并非处在真空图的底层，或许处在更高的地方，处在一个只能稳定一段时期的真空态。这个时期相当长，因为宇宙 140 亿年以来似乎一直具有相同的普遍定律和特性。但是有一天，事情或许会非常突然地变化，没有丝毫的警告。情况可能就像图 8-15 中画的那样。

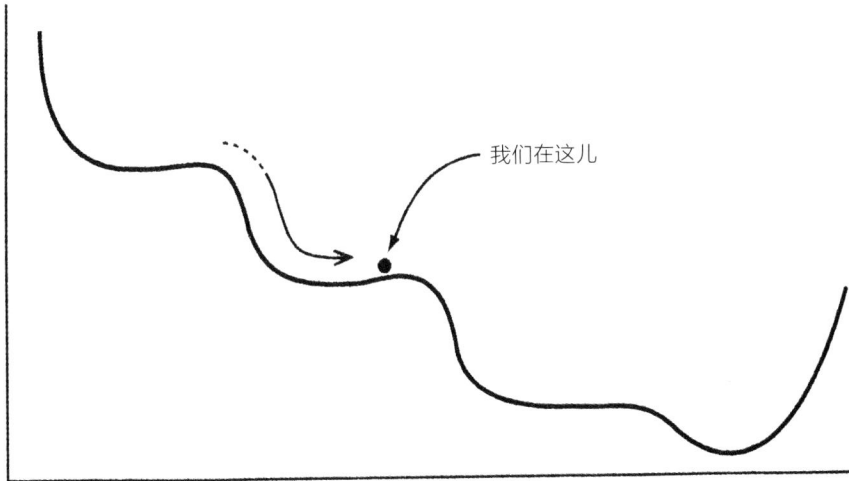

图 8-15　具有许多浅平极小的势能景观或许在逐渐向下演化，在数十亿年的时间里从一个极小演化到另一个极小。我们或许还没有到达底部

　　假如暴胀使我们暂时居留在图 8-15 所示的势能景观中浅浅的平台上，那么我们或许会突然发现自己被轻轻地推出边缘，往下摔向更低的极小。这种轻推可能由宇宙中极高能量的事件造成。如果恒星或黑洞之间的碰撞产生足够高能量的宇宙射线，它们或许能够在一个空间区域里触发向新真空的跃迁。[22] 新真空的特性将决定接下来会发生什么。我们可能会突然发现自己掉入一种真空态，在这种状态里，所有的粒子质量为零、行为像波。我们将在一阵闪光中销声匿迹，没有任何预警。[23] 我们的生物化学生命形式以某种方式依赖于不同自然力的强度和特性之间

的一致性，这意味着，任何真空态的变化对我们说来都像是一场大灾难。我们被留在了一个新世界里，那里可能会有其他形式的生命，但是没有任何理由认为它们是远离我们的生物化学形式的一小步演化。

　　这一真空景观很特别。我们对真空景观的总体形式的认识还不足以判断自己是否已经处在底层，或者，往下是否还有其他的真空，在那里，我们故事里的物质状态会崩溃，无论是偶然的还是预谋的。当人们想象这种自然力的某些基本特性会发生突变的极端可能性时，容易把它描绘成埃尔德里奇（Niles Eldridge）和古尔德[24]（Stephen Jay Gould）所倡导的间断平衡思想的终极延伸。这二人提出，是突如其来的、不时中断的不连续变化，而不是稳步发生的一连串慢变化，推进了地球上通过自然选择进行的生物演化过程。的确，我们能把这描绘成在一个有许多山谷的景观里的移动，在这个景观里，有个人正被一个力拉向前方。在此情景下的变化方式是，这人先是慢慢攀上每座小山，然而一旦到达顶部就突然往下跳，落到下一座山的侧坡，然后是另一段缓慢的攀登（图8-16）。

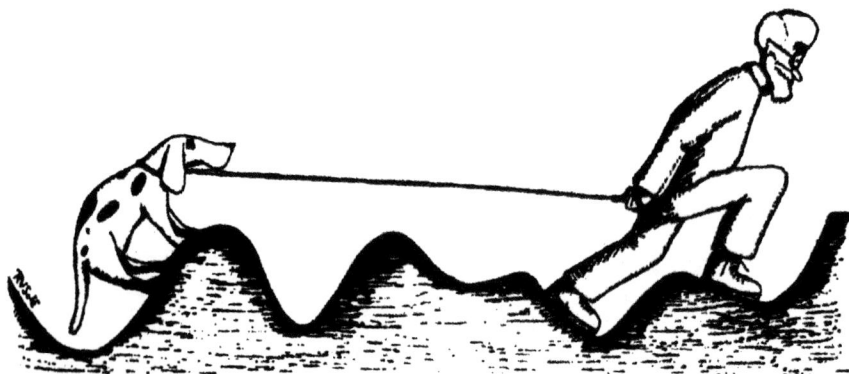

图8-16　在具有许多极小的景观里，一个力在发生作用的典型演化。狗在斜坡上慢慢地攀向山顶，然后突然跳到下一个上坡路上，再次开始缓慢地向山顶攀登[28]

如果宇宙真是这么被牵引的，那或许在未来极长的年代里，都会让我们的后代震惊。问题是，兰姆达力为什么会在如此接近我们的时代时才开始起作用？所以我们认为，"摔下楼"能够出现的纪元应不太可能接近于人类在宇宙中存在的时代——当然，除非这与兰姆达有某种联系，或者，生命的存在能够有意地做点什么，以便突然重重地"摔下楼"去。悲观论者们，不要失去希望。

真空的片段

猫，像它们的影子一样柔软，

宁愿顶风而上。

蜷缩着利索地溜过墙洞，

自己毫发无伤。[25]

——泰辛孟德[①]（A.S.J. Tessimond）

在本章开头，我们描绘了一幅三维的真空景观：想象一顶墨西哥帽，帽顶浅浅下凹，帽檐最低处的一整圈都在同一水平面上（图 8-2）；可以在帽子底部的凹槽里绕着真空态转圈，而不改变能量。1972 年，英国物理学家基布尔[26]（Tom Kibble）意识到，可能存在这种有内部连续关系的真空，这就意味着，真空形状可能在宇宙冷却过程中发生变化，这将产生

① 泰辛孟德（1902—1962），英国诗人，一生发表了三卷诗集，这里引用的是他的《猫，像它们的影子一样柔软》（*Cats No Less Liquid Than Their Shadows*）一诗中的前 4 句。

宇宙中的结构，这些结构保持了其形成时对宇宙能量的记忆。它们就是真空薄片。取决于可能的多重真空的形状和图样，它们可以有三种简单形式：可能是真空能量的线，要么是封闭的环，要么是无限长的线，称为宇宙弦；[27] 可能是无限延伸的真空能薄片，称为壁；还可能呈现为有限大小的真空能球形结，称为单极子。宇宙弦具有厚度，厚度取决于对应于产生宇宙弦的对称破缺发生时的宇宙能量的量子波长。类似地，壁是真空能量膜，其厚度也由这种量子波长决定。

自第一次认识到它们可能存在以来，天文学家就对这三种真空结构着迷不已。不久人们便意识到，假如它们存在，那么它们对宇宙的影响是很不相同的。壁仅是探测极高能的物质理论中可供选择的一种结构——这是幸运的，因为壁对宇宙来说将是一场灾难。在可见宇宙上延伸的一个真空壁将对宇宙膨胀施加摧毁性的引力，使宇宙在不同方向上的辐射强度产生巨大差别。最后，对辐射和膨胀的平滑性的观测得出结论，我们并不处在有宇宙壁的区域里。这个推论是天文观测如何能在超过实验直接所及的能量范围的极高能量情况下，对自然力统一理论的各种可能特性加以约束的一个例子。

下一个要考虑的可能结构是单极子，此物更是问题成堆。与壁不同，在关于宇宙如何从大爆炸的高温环境变化到今天我们居住的低温世界的各种可能理论中，单极子似乎是不可避免的。电力和磁力能存在于我们今天的世界里，是因为在早期宇宙必定形成单极子。糟糕的是，它们的存在是另一场潜在的大灾难。从宇宙膨胀开始到单极子能够形成的这段时间里，光信号能越过的每个区域的内部，单极子就形成于此。这种区域是很小的，因为按照基本粒子的标准，单极子很重，而在宇宙还是能量很大且很年轻的时候，它们会成对出现。这意味着最终膨胀到今天我们称为可见宇宙的 150 亿光年浩瀚的宇宙区域内将包含数量巨大的这种单极子。当把我们将发现的所有单极子的质量加起来时，其总质量会是所有恒星和星系加在一起的质量的数十亿倍。这不是我们居住的宇宙。确实，它不是我们能够居住的宇宙。

20 世纪 70 年代中期，"单极子问题"使物理学家在发展不同的自然力统一理论上陷入了困境。一方面，候选理论曾有许多吸引人的特点，可用来解释宇宙的特性，其中最出色的就是关于"宇宙为什么表现为物质压倒性地超过反物质？"的讨论。但是，这些理论都预言了单极子大灾难。另一方面，实验物理学家没见过单极子。这究竟是怎么回事？

正是这个问题使那时在斯坦福大学的古思首先提出了暴胀宇宙理论。他看到，启动一个加速膨胀时期将解决单极子问题，解决方式与解决宇宙平滑性问题时相同。暴胀的激增能使整个可见宇宙从一个曾经很小的区域开始加速膨胀，这个区域小到光信号就足以保持它平滑和协调——除了有一些小小的零点涨落以外。当宇宙冷到单极子的能量大小时，每当真空能量场所指的方向上出现失配，就形成一个单极子。失配在真空能量中产生"结点"，它们本身就表现为单极子。这些结点只能在光信号在单极子产生前的时间里足以渡越的小区域内被消除。古思看到，暴胀能使今天整个可见宇宙被一个曾经小到恐怕只够包含一个真空能量结点和一个单极子的区域所包围，因此，可以完全忽略它们对可见宇宙膨胀的影响。于是，我们对宇宙神秘地缺乏单极子有了一个自然的解释。

古思提出，这些单极子并不是受到阻止而没有形成（像当时许多人试图予以论证的），也不是在形成后以某种方式湮灭（像另一些人曾试图证明的），它们只是被膨胀移到如此之远，结果超出了今天的可见宇宙的视界。正如可见宇宙的平滑性反映了"那个暴胀"成现在这个宇宙的小区域的平滑性,宇宙缺乏单极子也反映了同一区域内真空场平滑而无结点的特征。

历史上,提出暴胀理论的主要动机是解决单极子问题。最初的额外收获是对可见宇宙的平滑性和平坦性提供了一个解释。但是,随着时间的推移,人们的兴趣焦点投向了暴胀的一个预言:零点涨落将因暴胀而产生能形成星系的微小的不规则性,因为这是一个马上可以对该理论进行检验的关键性观测试验。

最后一个需要评论的真空结构,就是宇宙弦。宇宙弦其实远比壁或单极子有趣。壁和单极子都使宇宙受到物质过剩的威胁,因此不得不被早早抛弃,而宇宙弦却更为精致、微妙。开始时,它们用一个巨大的真空能量线网在宇宙之中穿绕,就像一张宇宙细面网。随着宇宙继续膨胀,这个网表现出复杂的行为。每当发生交叉时,宇宙弦通过成分的交换进行重组,如图 8-17 所示。

图 8-17　宇宙弦在它们交叉时交换环

宇宙弦网以穿绕宇宙的长宇宙弦为代价,产生许多小的宇宙弦环。一旦一个小环形成,它就注定要消失。它会振动和蠕动,逐渐以引力波的形式将所有能量释放出去。如果我们考虑爱因斯坦的弯曲空间图景,那么宇宙环的蠕动就在几何结构上产生波纹——波纹以光速扩散，像池塘表面上的波一样把宇宙弦的能量带走。图 8-18 显示了宇宙弦膨胀的一个计算机模拟。

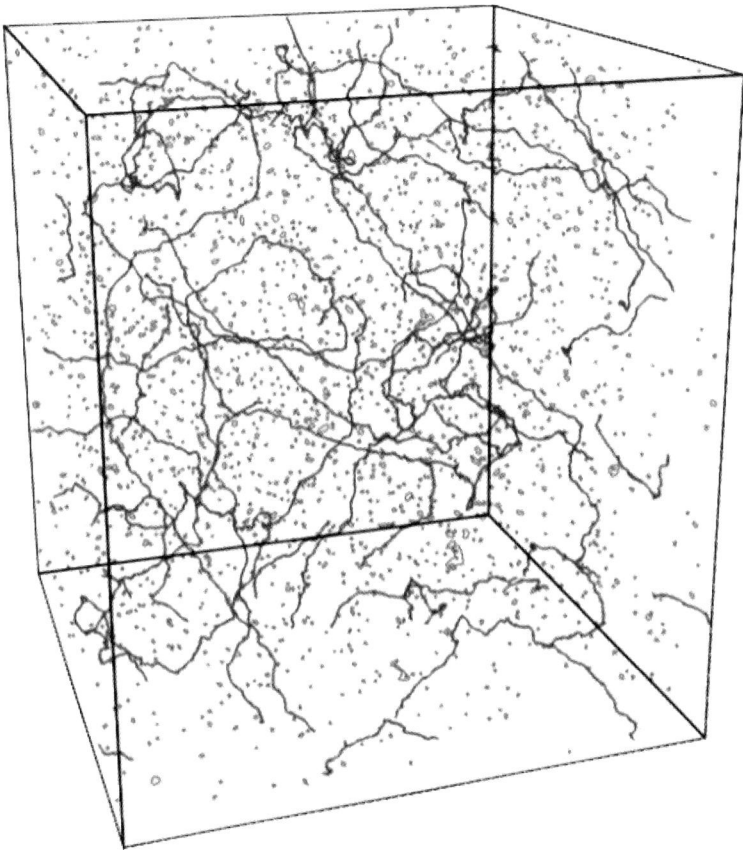

图 8-18   膨胀宇宙中宇宙弦网络的计算机模拟，由谢尔拉德（Paul Shellard）提供 [28]

宇宙弦网在整个宇宙历史上的行为扣人心弦。具有能量的宇宙弦和宇宙环的存在似乎能起到种子的作用，密度涨落能够在它们的周围开始发展，最终形成星系。但是，很难详细计算出会发生什么。一大堆复杂过程起了作用，世界上最快的计算机仍然不能足够快速和足够精确地跟踪所有这些过程，以决定宇宙弦能否产生以我们所见到的格局成团的真实星系。检验这种理论的过程十分艰难，而大爆炸遍地遗留的微波辐射涨落的图像再次提供了帮助。演变的宇宙弦网所创造的引力场，将在微波背景辐射中留下它的特征印迹。这似乎不同于导致了另一种对立理论的暴胀零点涨落所留下的印迹。不过，并非所有人都认可这一点。假如迄今为止，对弦理论的预言所做的计算都是正确的，那么地面探测器提供的证据反而不利于它们，但是下结论还为时过早。这些预言需要更大的计算机模拟做更充分的研究，而且只有卫星的观测结果才是完全可以信服的检验。

很自然，星系起源的宇宙弦图景是与暴胀理论是对立的。在弦理论中，宇宙各处密度的初始不均匀性是由不同地方出现的宇宙环造成的，来自特定能量场连续的真空结构，然而，在暴胀理论中它们产生于零点涨落。这两种思想注定琴瑟不和。正如暴胀将荡除宇宙中已形成的壁和单极子那样，它也将扫除分布各处的宇宙弦——如果它们在暴胀前就已形成。在那种情况下，宇宙弦在星系的形成中将不起任何进一步的作用。因此，如果星系的出现归功于在极早宇宙中形成的一族宇宙弦，那么暴胀根本不会发生，而我们也不可能利用暴胀的其他好处来解释宇宙的各种神秘特性，比如今天的宇宙非常接近临界膨胀速率，或者终极的统一理论（ultimate unified theory）的真空结构有很特别的双重结构。那种结构必须经受一种慢变化，首先能使暴胀出现，接着发生一种特殊变化，它允许宇宙弦出现而不同时出现任何壁或单极子。绝大多数宇宙学家认为这事很难，相当不现实。但是，没有证据证明它不可能。

单个的宇宙弦是奇怪的野兽，它们可以弯折从其附近通过的光束，来显示自己的存在。一根宇宙弦的特征定义为单位长度的质量，单位长度质量越大，总质量和任何一根宇宙弦对其他物质的引力效应也越大。假如一根直线状宇宙弦要通过你正在读的这页纸，那么它对邻近物质的影响将使其一起移动。这就像宇宙弦附近的空间被割去了一块楔形空间，剩下的空间被拉着一起填补这个空隙（图 8-19）。

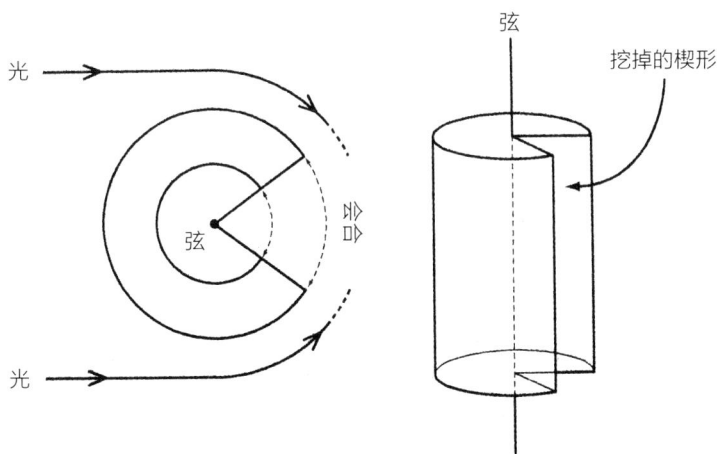

图 8-19　穿过本页纸的一根长长的宇宙弦产生的效应与在这根宇宙弦附件挖掉一块楔形空间的效应相同。当光束从宇宙弦附近通过时会产生聚焦，好像光束经过一个透镜一样

宇宙弦不像我们曾经遇到过的其他任何东西。假如一根真空弦正好通过天文学家正在观测的那部分空间，那么它的引力效应将表现出透镜的行为。这根弦后面的恒星将像成对的星像一样。[29] 一根弯曲的宇宙弦会产生出一排虚假的双像。天文学家一直在寻找这些虚假像，但迄今也没有找到。人们通过哈勃空间望远镜看到了许许多多的多重像，它们显然是引力场的透镜作用所致，但这似乎是很大的居间天体（如星系）而不

是宇宙弦造成的。

　　这些纯粹根据理论推测的可能性，展现了物理学家的真空概念之丰富多彩、无穷无尽。真空概念是人们有关宇宙的最成功理论的基础，并且是宇宙具备现有特性的基本原因。真空可以改变，真空可以涨落，真空可以有奇特的对称性、奇特的地形、奇特的历史。我们观测到周围的宇宙具有越来越多的非凡特征，它们似乎反映了真空的这些特征。我们剩下要问的只是：真空是否有开端？它究竟会不会有终结？

第 9 章

真空的开端和终结

的确，据说对上帝的最高赞美是无神论者对他的否定，后者发现天地万物如此完美无缺，甚至无须其创造者。[1]

——普鲁斯特①（Marcel Proust）

---

① 普鲁斯特（1871—1922），法国著名小说家。

"无中生有"

> 人类自诞生起就一直在玩孩童的游戏……我的许多读者就属于这类人。游戏者洗耳恭听聪明人高谈阔论下一代将发生的事，然后游戏者等待着，等到所有聪明人都去世，就精心地安葬他们。接着，这些人就去干别的事情了，如此而已。但是，对于一个情趣单纯的民族，这其实是充满乐趣的。[2]
>
> ——切斯特顿 [①]（G.K. Chesterton）

为什么是"有"事物而不是"无"？有人把这些问题看作是不可回答的，有人甚至说它们是毫无意义的，而其余人则声称找到了答案。科学已经证明了一个揭示世界的有效方法，因为科学把自身主要限制在事物是"怎样"发生的这类问题上。如果问题要问的确实是"为什么"，那么一般说来，这问的是事物的某一方面，但只要人们对"事件是怎样发生的""什么引起了什么"等问题进行完整的描述，就可以回答这个问题。在深入探索科学理论的根源时，人们发现，存在一类基本原则——自然定律，它们控制了自然界大多数基本粒子的行为。这些粒子的成分、它们能做的事情，以及它们结合的方式，都像是一些能够根据实践检验其结论的公理。在某种程度上，我们可能发现，很难想象事物是别的样子，因为这些自然定律的性质与受其控制的全体基本粒子家族的性质之间的关联变得非常密切。某些定律仅仅对具有特殊属性的粒子起作用，但在其他方面，我们可能会面对一个与我们自己的宇宙稍有不同的宇宙。迄今为止，人们没有找到只要求存在一个可能宇宙的理论。这一问题归

---

① 切斯特顿（1874—1936），英国评论家、诗人、散文家和小说家。

结为宇宙终极理论关于真空景观性质的问题。如果这个真空景观只有单一一个谷，那么只存在一种可能的真空态和定义它的一套可能的自然常数值。如果有许多谷，并有如此多的真空态，那么自然常数就不能用一种可能性单一地加以确定。它们可能有不同的数值，正如我们在前一章所说的，我们宇宙的某个地方现在或许就是这种情况。因此，这一重大的本体论问题已经冒出了一个更为现代的提法："为什么有事物而不是无？"物理学家能够以一种意味深长的方式对此加以评论。根据他们的观点，这个世界的某些方面或许是任何允许有生命的观测者存在的宇宙所不可避免的或必然的特征。

宇宙学家和物理学家从事的就是与这个重大问题有关的科研工作。对宇宙的研究已经揭示了宇宙正在膨胀。我们回到了数十亿年前的宇宙，被带到了密度和温度变成无穷大的时刻，但不可能用同样的方法做进一步追溯。这让我们严肃思考一种可能性：宇宙在过去某个有限时间或许曾有过开端。这只是一种外推，如果要严肃对待这个问题，则需要极为仔细地审查。不过，暂时让我们严肃地思考一下，以便能顺此推论，稍稍进一步深入。如果膨胀确实有过开端，那么我们就面临下一个问题：这个"开端"仅仅是我们今天看到的宇宙的膨胀的开始，还是就各种意义而言，是整个物质宇宙的开始？还有，如果是后者，那么它包括的只是宇宙中的物质和能量，还是包括整个时空结构？再有，如果时空有开端，那么自然界的定律、对称性和常量（人们喜欢这么称呼它们）又会怎样呢？它们也出现了吗？最后，如果所有这些事物或其中某些事物必须在某个确定的历史时刻产生，那么它们从何而来？为什么产生？又是怎样产生的？

人类有个古老的习俗，爱对存在事物的性质及其结局究诘"为什么"

这类重大问题。有人一直生活在受到犹太教-基督教教义强烈影响的社会里，生活在为调和经籍教义与人类对物质世界的早期认识而产生的思想的强烈影响之下。对基督教来说，宇宙原本从无创生的教义几乎是独一无二的。对世界各种神秘信仰的调查惊人地揭示，它们缺乏关键的宇宙学情节，仅装饰着舶来的虚饰，以及荒诞离奇的令人难忘的结构。[3]

　　一个"创生"宇宙常常被想象为一个被重新塑形和构造的宇宙，它们通常源自混沌状态或无结构的虚空。另一种说法是，这个世界或许"产"白其他状态。这些状态的可能性有许多，这个世界可以产自某个远古"子宫"，或者，某位英雄潜入黑暗且浑浊的水中，把它钩钓了出来。它或许孵自原先就存在的蛋，或者来自"双亲"的结合。我们还能找到有关某位超级英雄和黑暗邪恶势力进行较量的各种故事版本，这个世界就产生自这种较量。所有这些场景与分娩、与敌搏斗、繁殖动物和捕鱼等人类生活密切相关。像一个小孩出生那样，事物从无产生，伴随着疼痛和挣扎。这样的诞生常常遭到反对，但最终还是成功了。所有这些例子不全是直截了当的。随着时间的推移，神话的描述变得越来越复杂。世界显露出越来越多的真相，新的问题层出不穷。通常人们只能通过给故事添枝加叶才能应对问题，解释也越发变得煞费苦心。

　　另一些传说认为，宇宙根本没有开端：它始终存在。这些传说常常具有时间和历史循环的情节，这在很大程度上来自农业社会利用的季节循环和人类的生死循环。[4]因此，当终极的现实中存在从过去的永恒持续到未来的永恒时，这个地球世界将仅为了再生而死亡，就像凤凰从其祖先的灰烬中升起。图 9-1 对这些人类的宇宙学传说做了总结。

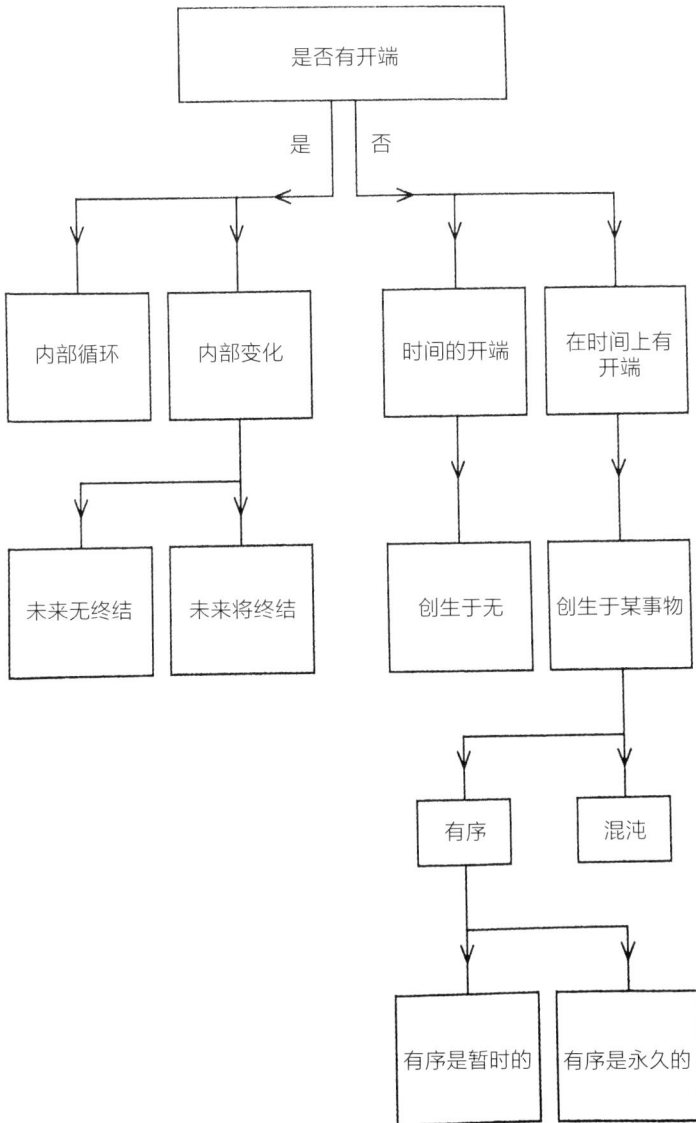

图 9-1　宇宙学传说的普遍模式

在这些传说的叙述中，"创生"一词在艺术意义或实际意义上，常常用来描述世界现有状态的降临。在大多数情况里，原始物质已经存在，通过创造性过程，从混沌状态塑造出秩序。不要追问这些原始物质本身的来源。在世界起源于两位天神的说法中，人们有充分想象的余地，在原本一无所有的地方创生新的事物，这就好比，新生婴儿并非是预先存在物的单纯的重新组合。但是，由无生有的思想受到了这两个预先存在的天神的连累。其后代的某些东西归功于他们，就好像人类结合的后代显示出其双亲的特征一样。这些故事总对"绝对的无"是如何变为"有"这个问题避而不谈。没有一个传说谈论了这个问题。在所有故事中，大多是一个事物通常在一个超人媒质的意愿或行动的帮助下，诞生自其他事物。人们从这些故事中获得一个印象：世界曾有开端这一想法不难接受，但假如说除了从其他一个东西变成现在的样子外，世界无论如何都不会有"开端"，这种想法就很难理解了。正如我们所见，"无"是一个很难理解的概念。它曾被轻易地回避了。

从无创生

起初，有亚里士多德，

处于静止的物体企图保持静止，

处于运动的物体力图保持运动，

很快，所有物体都处于静止，

上帝发现这是令人厌倦的。[5]

——蒂姆·约瑟夫（Tim Joseph）

有一个流行的说法，基督教教义关于从无创生宇宙的信仰，不过是上帝在有限的过去中的某个时刻使宇宙从无中涌现。组成这个世界的每样东西——空间、时间和自然定律——完全是从无中立刻蹦出来的。这些东西不是塑自某些更简单、更无秩序或混沌的一团东西。它们是被创生出来的，并非形成于别的什么东西。

这些说法几乎都有许多不同的变体和解释。但是，这种从无创生的传统教义缺少详情的细节，也远非是宇宙学的。人们怀疑，这些宗教思想已经随着 20 世纪宇宙学的发展，随着描绘膨胀宇宙及其明显开端的图景愈发精确，而逐渐变得非常具体和非常确定。虽然某些现代神学家企图将从无创生的古代传说与现代的宇宙学概念加以调和[6]，但是，让我们回忆一下，在基督教的传说中未曾出现过从无创生的教义，这对于我们按现在的理解维护天文学和宇宙学是非常有益的。这主要是为了对上帝和宇宙之间的关系做一个声明，声明世界是有意义、有目的的，是依赖于上帝的，并彻底划清基督教信仰和教会早期神学发展同时流行的其他宗教信仰之间的界限。[7]特别是，它正式宣称，大自然是不同于上帝的东西——这是一个重要的区别，也让崇拜异教的天神或造物主的行为看上去徒劳无用。它还试图建立有关上帝权力的神学观点。创生而不是形成于原始物质的观点坚持认为，无须其他来源的帮助，上帝控制着物质的存在以及物质的有序格局。

这些意图远比要求支持世界出现于某个明确时刻的任何思想都重要。[8]但是，正是这后一种思想，似乎才常常是力图调解科学和基督教的众多现代教会之间关系的辩护士的兴趣所在。[9]为从无创生的教义进行辩护，肯定毫无新鲜感。这种辩护的第一次发展，是为了让基督教在古希腊–罗马世界中与其他（包括流行的和继承下来的）哲学和宗教加以区分。柏拉图的追随者赞同是造物主将某个预先存在的物质世界塑造成它现有的形状，基督教却主张创生来自原本不存在的物质。相反，亚里士多德提出这个世界过去就是永恒存在，而不是突然出现的。

人们或许会想，早期的基督教是从犹太教那里继承了从无创生的思想，但是，这种思想出现在犹太教经籍中的证据不是无可置疑或一清二楚的。早期犹太教经籍中关于宇宙创生的说法是含糊其辞的。它不是这种神学教义的要素。犹太教对这个问题似乎毫无兴趣。毋庸置疑，任何人都知道耶和华的存在和他的万能，所以也就没有动机去证明他的存在需要一个造物主帮助。虽然这种立场没有明确地形成体系，但很明显，如果非要讨论这个问题，确实能找到为从无创生的概念辩护的证据。公元 1 世纪末，迦玛列 ①（Gamaliel）与一位哲学家进行过世界是否形成于已有物质问题的辩论。[10]这位哲学家把上帝的工作刻画为一个伟大的艺术

---

① 迦玛列一世，巴勒斯坦犹太教声望极高的坦拿（意为"教师"），在《圣经·新约·使徒行传》中曾有两处提及这位律法师。

家用在《创世记》的开篇几节里可得到的物质（颜色）所做的事。但迦玛列反驳了此理论，称这些"颜色"在《圣经》中已清楚地写明是上帝制作的。因此，他拒绝接受把《创世记》的前两节解释为支持世界形成于已有物质的思想。迦玛列宣称，所有被称为原材料的东西都是上帝创造的，借此含蓄地坚持了从无创生的观点。我们似乎又目睹了一个宗教结论的宣判过程，它只是碰巧用上了属于宇宙学范畴的东西，而不是清清楚楚的宇宙学理论，后者要能够用来推测宇宙的其他特征。后来出现了世界有末日的宗教观点，但在任何意义上，它们都不是有关世界开端的教义的推论。

所罗门的一句名言[11]说，这个世界形成于上帝"制作"的无形物质，这句话刊在《旧约·玛加伯下》（*the second book of Maccabees*）中[12]。它常常被引述为陈述从无创生思想的最早、最清晰的经文，它说"世界的创造者"赐予"万物以起源"。经文的上下文是一个故事，在故事里，七个殉教者的母亲鼓励她最年轻的儿子要保持虔诚，恳求他"仰视天，俯视地，观察天地间形形色色的万物！这一切都是天主从无中造成的"，要他确信自己最终将从死亡中唤醒正义。但是，这位母亲的意识里是丝毫没有哲学目的。她只是希望恢复自己对上帝威力的信念。在表达婴儿从"不存在"降生时所用的习惯措辞中，也能找到其他例子。[13]这与棘手的哲学问题关系也不大，对这些问题来说，从无创生的可能性是一种补救措施或反例。

所以，在最早的基督教教义中，完全没有可现成继承的关于世界创生于无的主张。在公元 1 世纪到 2 世纪，因为在《新约全书》的任何篇章中都没有明白无误地讲述"创生于无"的教义，所以这种思想的发展有了很大的自由。神学家们对此开始进行严肃讨论的时间大约在公元 160

年，因为诺斯替教哲学家提出了一些挑战性的问题。

在诺斯替教中，世界"为什么"和"怎样"创生的问题是非常重大的，这倒不是因为诺斯替教徒对宇宙学特别感兴趣，而是因为他们对世界的消极观点。他们需要解释"这个有缺陷的邪恶世界为什么得以存在""它怎么会是完美上帝的所作所为"。诺斯替教主张，世界是一群见识不广的小人（天使）的创造，他们要么不知道真正的上帝，要么反叛了上帝。他们把物质和这个物质宇宙看作只拥有部分实在性的东西，扰乱了创造宇宙的真正计划。之后，拯救计划的主要目的就是毁灭这个有缺陷的物质世界。诺斯替教徒与他们在早期基督教教会中的对手（所有持中间立场的人）之间的辩论经历了复杂的演化，导致在巴西里德斯① （Basilides）、瓦伦丁②（Valentinus）和爱任纽③（Irenaeus）的著作中清晰出现了宇宙创生于无的早期基督教派教义。

在安蒂奥克④，巴西里德斯和他的学派发展了一种与其他众体系不同的诺斯替教体系。它关注的是需要决定创生本身的性质。巴西里德斯提出，最初只有完全不可言喻的"无"。[14] 很可能，他把"无"等同于上帝，有一次他把上帝描述成"不存在的东西"（non-being）。这可能仅仅是一种否定神学的极端用法，人们把上帝勾画为不存在的东西。[15] 与其他诺斯替教不同，巴西里德斯反对"存在某种世界种子萌芽"或"事先

① 巴西里德斯，公元 2 世纪叙利亚人，诺斯替教亚历山大派的创始人，著有赞歌、赞美诗和《新约》福音书的注释 24 卷。
② 瓦伦丁，公元 2 世纪埃及人，诺斯替教罗马派和意大利派的创始人，宗教哲学家，据传著有《真理福音》一书，将基督教神学和诺斯替教教义融为一体。
③ 爱任纽，希腊人，公元 2 世纪基督教的重要神学家，著有许多书介绍诺斯替教教义并予以批驳，他肯定了《旧约》，并初步辨别了当时区分尚不很明确的新、旧约。
④ 现土耳其哈特伊省省会，曾是古叙利亚城市，后曾是罗马帝国叙利亚省首府，也是最早的基督教中心之一，基督的追随者首先在这里被称为基督徒。

已存在无形物质，世界由此形成"这类思想。他认为，这些东西限制了上帝的威力和超人本性。他拒绝"上帝像个人类工匠或艺术家那样干活，用现成的材料塑造世界"的思想。

这是最早明确反对"世界形成于无形物质"这一普遍思想的陈述。至此，事情已很清楚，神的创造必须处在高于艺术家创造的层次上。[16]巴西里德斯的观点开始被广泛接受，世界的形成模型被抛弃了，这使得创生于无的思想在公元 2 世纪的后半叶得以建立。很快，世界形成模型开始被认为不可能与《圣经》上关于创生的概念相一致。先前，人们在定义"无"的概念时规定，"已存在物质所形成的一种形态"能够配合创生于无的观点进行调整。但是，作为非正统的诺斯替教徒的巴西里德斯，是第一个以一种顽固到唯我独尊的方式明确谈论创生于无的基督教神学家。[17]

在不到一代人的时间里，人们的态度发生了惊人的变化。在公元 2 世纪中叶，早期的基督教会对任何独特的创世教义还毫无兴趣，他们满足于把世界形成于已有物质的图景与《创世记》的描述相调和。巴西里德斯的缜密论证让事情发生了逆转。"无中生有"的创生被接受为中心教义，凡是世界形成于某样东西而不是形成于无的教义都被放弃了，它们被视作异教徒向上帝无限权威的挑战，是无神论哲学家的异端邪说。最后的教义出自三种信念的综合：创生"源于无"，上帝是至高无上的造物者，以及抛弃一个诱惑人的旧观念——上帝以类似人类创造活动的方式行事。

基督教关于创生于无的教义是由一个诺斯替教徒引入的，这很奇怪，因为这种教义绝对不是诺斯替教徒的思想。诺斯替教祖传的教义反映了更为深奥、微妙的宇宙学思考，诺斯替教徒发展它们是为了处理自己的复杂教义问题。他们认为，自己所传授的基督教真义的版本完全胜过现有哲学和科学的见识。

塔提安[①]（Tatian）和安条克（这也是巴西里德斯的故乡）的狄奥菲鲁斯[②]（Theophilus of Antioch）的著作第一次清晰地表明了要抛弃世界形成宇宙论。但后来出现了一种观点，认为先是从无创生了无形物质，然后成形为有序宇宙。塔提安声称，物质是由上帝用无制造的，而狄奥菲鲁斯则为从无创生的圣经教义奠定了坚实的基础。

从现代观点看来，人们很容易觉得疑惑，为什么早期神学家对这些事如此小题大做？似乎没什么可以取代从无创生的思想。但奇怪的是，只是为了清晰地刻画这些可以用来取代它的思想，居然要弄出这么一连串复杂的事件。记住，他们这样转弯抹角，理由其实很简单：他们并不是在寻找这样一种教义，也不是对天文学或自然哲学有特殊的兴趣。他们的部分教义是在需要保卫特殊的神学观点时偶然构建的。仅当需要反对"世界源自已存在物质"这一对立的古希腊神学观点时，这些教义才被捏合成一种矫揉造作的形式。创生于无的教义是早期基督教会与古希腊哲学观辩论的一个副产品。

我们还应记得，影响巨大的柏拉图哲学观的混乱背景。柏拉图关于世界的观点是，存在一种看不见且永恒的各种理想"形状"的王国，这些形状是我们在物质世界中所见到的事物的理想蓝本。因此，我们在纸上见到的每个三角形的形状，都是一个理想三角形的形状的不完美表现。这使得有关无的思想很难持久。即使你要想象物质世界尚不存在的那一

---

① 塔提安，公元 2 世纪叙利亚人，编纂有《四福音合参》（*Diatessaron*）和《致希腊人》（*Address to the Greeks*），后面一书介绍基督教关于宇宙起源和魔鬼的教义。

② 狄奥菲鲁斯，公元 2 世纪叙利亚基督教教士，现存著作有《致奥托利库斯》（*To Autolycus*），为基督教教义辩解。

刻，这个永恒的形状仍然存在。完全"虚无"是难以想象的。因此，在混沌或不定形物质中产生有序，这种世界形成的宇宙观可以被解释为原始物质正在成形，它们的图形源自永恒的形状——用我们今天的话来说就是，这是"信息"传递的概念。今天在解决这些问题时，这种柏拉图式的忧虑依然存在，只是形式略有不同。我们可以想象完全不存在物质宇宙，或许，甚至完全不存在自然规律，但我们根本无法想象"一无所有"，因为它意味着"任何事实都不存在"——事实上，甚至"存在无"这一陈述也不能作为一个事实存在。

无的哲学问题，以及我们怎样回避它

> 每一个非惯例的公众活动，无论是错还是对，都是一个危险的先例。因此，永远不要有第一次。[18]
>
> ——康福德①（Francis Cornford）

为什么会有世界？这个问题是 1697 年哲学家莱布尼茨在一本名为《论事物的最终起源》的小册子中提出来的。[19] 莱布尼茨意识到，你是认为世界是永恒的，还是如正统基督教教义所主张的"无中生有"，都无关紧要。所有理论和信仰仍然面临着一个问题：为什么有东西存在而不是无？在莱布尼茨之后的很长时间里，哲学家们对这个问题几乎毫无兴趣，

---

① 康福德（1874—1943），英国著名古典学家和诗人，1899 年至 1943 年任教于剑桥大学三一学院，著有《苏格拉底前后》。

这类问题不属于逐步建立对事物之理解的分析哲学范畴。解决莱布尼茨提出的问题需要一次性理解所有事物。这胃口也太大了。事实上,这就是一个本质上无法解决的问题。[20] 考虑这个问题的哲学家,像维特根斯坦[①][21](Wittgenstein)("世界之神秘,不在乎它怎么样,而在乎怎么会有世界")和海德格尔[②](Heidegger),几乎都没有回答这个问题,他们更好奇的是,为什么这是一个亟待解决的问题? [22]

　　在 20 世纪以前,考虑有明确定义的"数学存在"概念是否有任何宇宙学上的意义,算是对解决上述问题唯一的新贡献了。公理化数学制定了一个自洽的规则(公理)体系,并从它们开始演绎或构建结论,由此产生了仅在特殊意义中"存在"的"创造"数学事实的法则。任何逻辑上自洽的数学表述,都被认为是"存在"的,数学家要做的事情变成了"存在性证明"。很显然,这种"存在"概念远比物理学上的"存在"宽松得多。并不是所有逻辑上可能的事情在物理学上也是可能的,也不是所有现在看上去在物理学上可能的事情,都一定存在。但是,柏格森[③](Henri Bergson)等哲学家明确认为,这种脆弱的数学存在为寻找莱布尼茨问题的满意解提供了一条可行之路[23]:

　　我想知道宇宙为什么存在……它从何而来,又该如何理解事物的存在呢? ……现在,我把这些问题搁置一边,直接去看隐藏在它们背后的东西,我发现:存在的出现就像一件征服无的战利品……若我抚躬自问,身体或意识为什么存在而不是无,我找不到任何答案;但是,诸如 A=A 之类的逻辑原则应当有自我创造的能力,它们在对无的征服中无往不胜,

---

① 维特根斯坦(1889—1951),20 世纪主要哲学家之一。

② 海德格尔(1889—1976),20 世纪德国哲学界最有创见的思想家,他最喜爱的主题之一是"无",1927 年发表了一本重要著作《存在与时间》(*Sein und Zeit*)。

③ 柏格森(1859—1941),法国著名哲学家,生命哲学的创始人之一,非理性主义的主要代表。

这似乎是天生的……因此可以假设，被一切事物所依赖和展现的原理，拥有与圆的定义或 A＝A 公理相同性质的存在性。存在的神秘性消失了……

遗憾得很，这种解释"为什么我们能看到所见到的一切"的方法是注定走不通的。因为公理体系的性质已经完全成了鉴赏性的，所以很显然，任何表述在某个数学体系里都能是"真"的。其实，在一个体系里的真表述在另一个体系里可能是"伪"的。[24]

有一个有趣的插曲：霍奇斯 [①25]（Andrew Hodges）在他写的图灵（Alan Turing）传记中引述了一段很有趣的对话。图灵参加了维特根斯坦于 1939 年在剑桥大学举办的数学哲学讲座，他强烈反对维特根斯坦关于在数学体系中允许矛盾存在的一系列论证。维特根斯坦认为，他能够理解人们为什么不喜欢数学以外的矛盾，但他不能理解数学内部的矛盾有什么害处。图灵被激怒了，指出这种数学内部的矛盾将导致数学外部的灾难——大桥将会倒塌。只有在毫无用处的情况下，矛盾的推论才是无关紧要。最后，图灵拒绝再参加这些讲座。他的失望是可以理解的。在一个公理体系里，只要一个矛盾的表述（例如 0＝1）就能使关于该体系中一个对象的任何说法都被证明是正确的（也可证明是虚假的）。当罗素 [26] 在一次演讲中指出这一点时，他受到了一个家伙的刁难反诘：这人要求他指出，假如 2＋2＝5，那么怎样能证明发问人是教皇？罗素马上回答："假设两个 2 相加得 5，那么 4 就是 5，两数各减去 3，则 1＝2。而你和教皇是 2 个人，既然 1＝2，因此你和教皇就都是 1！"一个矛盾的表述是终极的特洛伊木马。

用数学存在代替物理学存在，这种尝试能走向极端。想象一下，我们面前摆放着所有可能的数学形式，每一个都像一张巨网，网罗了从它们的公理所导出的所有可能的推理。如果数学体系很简单，那么推理的

---

① 霍奇斯，当代英国神学家和逻辑学家，开拓了计算机理论。

复杂性也十分有限。但是如果公理很繁复，那么潮水般的推理将包括具有自我意识能力的极复杂结构。这就像我们正在做一个关于行星系统如何在恒星周围形成的计算机模拟。我们告诉计算机所有的运动规律和引力定律，以及在本次研究中要考虑的其他物理学和化学过程。计算机将进行模拟，或者产生一系列人为事件，最后形成一个结构，比如像地球一样的行星。不难想象，未来的计算能力达到了这样一种程度，可以模拟出极为详尽的细节，能够仿效生物化学的复制过程，并模拟早期的生命形式。最终，计算机的这种模拟能力达到了能展现自我意识的程度，并展现出与模拟中其他具有自我意识的子处理器进行通信的能力。它们甚至能够展开关于这种模拟性质的哲学辩论，比如这是否是为它们而设计的？幕后是否有一个伟大的程序员？实际上，这些"有意识的"子程序将仅仅存在于计算机的逻辑结构中，它们将是这台计算机所探查和加工的部分数学形式。

我们不妨问：包含自我意识结构的可能性，究竟是数学形式的一种普遍性质还是特殊性质？也许有一天，我们能够回答这个问题，但是现在，我们只能做出难以令人信服的陈述。有些提法一直存在争议[27]，算术的哥德尔不完全性的特性[28]或许对意识的运作来说是必需的，就像意识对人类行为的影响一样。如果是这样，这就等同于说，数学体系为了包含具有人类意识复杂性的结构，它就必须足够丰富，以便把算术也包含进来。因此，比算术更小的、不具备不完全性的欧几里得几何学，将是一个过于简单而不会拥有自我意识的逻辑系统。假如这种方法能进一步发展，我们或许能够分离出一种数学结构集合，它有可能编制出有意识的子程序。有意识的生命将仅在这种数学意义下"存在"在这些数学形式中。

大多数哲学家对这类方法十分厌恶，他们知道，真正的物理学存在与数学存在迥然不同。用雷舍尔（Nicholas Rescher）的话来说[29]，……从纯逻辑得到的真实存在充斥了太多的魔术把戏。那种帽子里不可能有兔子。

数学存在允许任何事物"存在"。如此一来，总能够构造出某种公理体系，在这种体系中，任何表述都是真的（而且总能找到其他体系，在那些体系中任何表述可以是假的）。因此，这类存在实际上什么都没解释。我们想知道，我们在周围见到如此多的事物为什么能够被解释为"仅有一套公理体系的特殊逻辑规律体系"的现实存在。这些公理并不过分出奇，这一事实表明，人们能够用相当简单的思想（即人类可理解的思想）把这个世界刻画到十分惊人的程度。

现代宇宙学的"无中生有"

> 然后上帝创造了玻尔，
> 这样就有了这个原理，
> 而这个原理就是量子，
> 一切全被量子化，
> 但某些东西仍然相互关联，
> 于是上帝看到，这真让人困惑。[30]
>
> ——蒂姆·约瑟夫

爱因斯坦的广义相对论让人们第一次实现了对整个宇宙的数学描述。完全用直接计算的方法只能找到爱因斯坦方程非常简单的解，但幸运的是，这些简单解也出色地描述了过去很长一段时间里的宇宙可见部分——在一个膨胀宇宙中，遥远的星系团正以越来越大的速度彼此远离。偏离能轻而易举地被引入这些完全对称的特解中，而且只要偏离够小，就能很好地描述宇宙中实际的不均匀性。

当人们试图重建这些宇宙学的历史时，遇到了一个不可思议的情况。如果物质和辐射依旧表现出它们今天这样的行为，而且爱因斯坦理论依旧成立，那么在过去某个时刻，这种膨胀必然遇到一种有无限密度和无限温度的状态。在第一次意识到这种情况时，它激起了许多截然不同的反响。爱因斯坦[31]认为，这只是因为所考虑的包含了物质的膨胀宇宙中没有压力，而压力是很重要的。他认为，假如把压力加进去，它将阻止宇宙坍缩到无限密度，就像空气压力阻止我们把一个充气气球压缩到很小的体积一样——会出现反"弹"。但这种直觉是完全错误的，当正常压力被加进宇宙模型中时，就会使奇点变得更糟，因为在爱因斯坦理论里，所有形式的能量，包括与压力有关的能量，都是有质量的，并通过弯曲空间表现出引力作用。这个无限密度的奇点状态依然存在。有些人反对说，这种奇点"开端"的出现只是因为我们把膨胀宇宙看成是球形的，它在各个方向上以完全相同的速率膨胀。假如各个方向上的速率稍有不同，那么当沿着时间线将膨胀倒退回去时，物质不会都在同一时间终止在相同的地方，奇点就可以避免。遗憾的是，人们已经证明这也是无法阻止出现奇点开端的。所有转动的、不对称的、不均匀的宇宙都有相同的特征：一个明显的开端。只要宇宙中存在物质，那其中的物质密度就是无穷大的。

接下来，为了避免这种结局，人们把希望寄托在一种更微妙的可能性上。这种可能性或许在于退化成奇点的模型宇宙中测量时间和绘制空间的方式，就像在地球表面上的测量会采用坐标一样：经线在两极交叉，在映射坐标上产生一个奇点——但是，地球表面上什么"奇怪"的事都没有发生。同样，在宇宙明显的开端处恐怕也没有发生任何戏剧性的事，你只是用一种新方式改变了时间和空间的测量，然后按照要求，无限重复这个过程，一直进行到过去。

对宇宙学家来说，这些可能性产生了很大的不确定性，这种情况一直持续到 20 世纪 60 年代中期。彭罗斯 [①][32]（Roger Penrose）开创的方法消除了这些不确定性。他以一种全新的方式看待这个问题，并考虑了对所有物质粒子和光束都成立的各种可能的历史集合。在忽略了所有有关宇宙形状和均匀性的问题以及测量时间的方法后，彭罗斯指出，如果爱因斯坦理论是正确的，如果时间旅行是不可能的，而且引力始终是吸引性的，那么只要宇宙中有足够多的产生引力的物质和辐射，这个历史集合中就至少有一个必定存在过的开端——不可能无限地追溯。观测表明，宇宙中很容易找到足够多的物质来满足彭罗斯提出的这一条件[33]，而且所有形式的物质（已知的或假设的），都显示出吸引作用。

这一推理从许多方面看都是非同寻常的。它设法得出了一个有力而普遍的结论，因为它放弃了这样一个思想：是无穷大密度，即"大爆炸"自身，表征了宇宙的开端。相反，它采取了更简单、更中肯的"历史有开端"的思想：时空宇宙曾有边界。或许，有开端的历史同时也具有无穷大密度，但那是一个完全不同，而且困难得多的问题，仍然完全无法解决。[34] 还有，它仅仅要求一部分而不是全部的历史具有开端。简单膨胀的宇宙完美地描述了我们今天的宇宙，它具有以下特征：在过去某个

---

① 彭罗斯，英国数学家、相对论学家，当代最著名的宇宙学家之一，2020 年荣获诺贝尔物理学奖。

有限时刻，全部历史都要在密度变得无穷大时趋向终结。彭罗斯的方法没有告诉我们这些历史开端的性质，而只是告诉我们，当他的假设都能成立时，这些开端必定出现。

有趣的是，这些原理预言了奇点，但完全没有解释奇点为什么出现。奇点标志着宇宙在时间上的边界（图 9-2）。完全没有以前，完全没有历史有开端的理由，完全没有宇宙的动机。这是对实实在在的从无创生的描述。

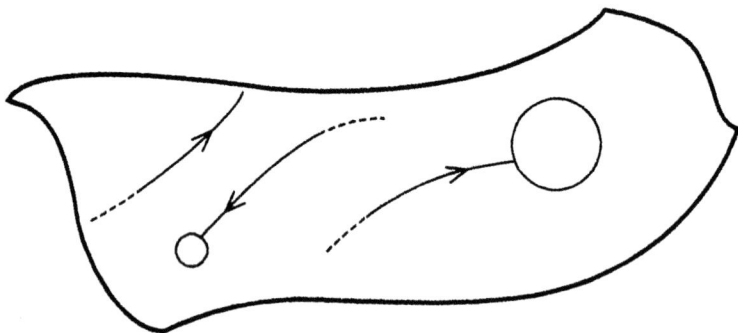

图 9-2　奇点是时空边界的一部分。如果我们把时空比作一张纸，那么时空边界可以位于物质密度变得无穷大的地方，甚至能够位于密度有限的地方，因为在这张纸上有"洞"

这些进展在神学家和自然科学哲学家中引起了相当大的兴趣[35]，他们把这看作宇宙确实曾有时间开端的论据。从 20 世纪 60 年代中期直到 1978 年前后，这些数学原理被广泛地引用，作为宇宙曾有开端的证据。但我们必须意识到，它们是数学原理，而不是宇宙学理论。这些结论是从假设开始，根据逻辑推理得到的。这些假设是什么？我们应不应当相信它们？遗憾的是，现在人们认为，这两个关键假设很可能是不成立的。我们期望有一个改进理论来取代爱因斯坦的广义相对论方程，它要成功地包含引力的量子效应。当密度低的时候，比如像宇宙现在这样，这个新理论将正好拥有类似爱因斯坦理论的性质。的确，最近关于基本粒子和引力的超弦理论具有良好的特性，在低能条件下可简化为爱因斯坦方程，它们是最有希望的、关于所有自然力的一种终极理论。人们普遍期望，这个改进了的新理论将不包括爱因斯坦理论独有的奇点历史，不过，只有在我们有了这个新理论后，才能确定。

利用彭罗斯和霍金的定理，可更直接地否决宇宙有开端的结论。关键的假设是引力始终是一种吸引力。在这些定理第一次获得证明之时，这个假设被认为是极为可靠的，没有任何特别的理由怀疑它。但是，情况已经发生了变化。我们对粒子物理理论的认识和对联系各种自然力的方式的认识已经取得了飞速的进展，它们已经揭示，我们应当期望大自然包含以排斥方式响应引力场的物质形态。另外，这些场是很吸引人的。它们也包括驱动暴胀的那些标量场。的确，使宇宙得以加速膨胀的整个暴胀过程，就是这些场的排斥引力作用的结果。由此，人们的观点发生了翻天覆地的变化。在 20 世纪 70 年代末以前，普遍认为宇宙中所有物质都应当展现出引力吸引作用，奇点理论的假设也完全成立，但是自 1981 年以来，人们的看法已经完全反过来了：所有物质未必且没必要都展现引力吸引。的确，如果关于当今宇宙膨胀加速现象的观测是正确的，那它们就证明了存在展现出排斥引力的物质。正是宇宙学的真空能量将排斥的兰姆达力贡献给了牛顿引力。[36]

奇点定理的逻辑是：如果它们的假设成立，那么过去必定有奇点。如果假设不成立——就像我们现在相信的那样，那么我们不能说没有开端，只能说没有这些定理。某些展现出引力排斥物质的宇宙仍然具有密度为无穷大的开端，但它们并非是必需的开端。我们已经举了一个特殊例子，它似乎就不需要开端。几乎可以肯定，那种自我再生的永恒暴胀宇宙完全没有开端，它能够无限地继续到过去。

因此，宇宙学家不再认为奇点定理的那些陈旧结论可能与我们的宇宙相关。在这些定理中最重要的假设——引力的吸引性质，以及爱因斯坦广义相对论在回溯到能量高到必须引入量子引力效应的最早时刻时，仍然是真理——可能不再正确。那么，取而代之的将是什么呢？

宇宙并非源自其他东西吗

> 我们是音乐的创作者，
> 我们是好梦的幻想家，
> 徘徊在孤寂的浪花旁，
> 停坐在荒芜的小溪边；
> 世界的失败者和遗弃者，
> 沐浴着苍白的月光：
> 然而在貌似永恒的世界，
> 我们是它的鼓动者和震撼者。
>
> ——奥肖内西[①]（Arthur O'Shaughnessy），《颂歌》（Ode）

假如我们这个由恒星和星系组成的膨胀宇宙不是自发地从无而生，

---

① 奥肖内西（1844—1881），英国诗人。《颂歌》这首诗中有一名句："我们是音乐的创造者。"

那么它会由什么产生呢？一种古老的设想是，它不曾有过开端。宇宙始终存在着。其中，有一种人们一直感兴趣的说法：宇宙的历史在循环，就像凤凰周期性地消失在大火之中，又从灰烬中再生。[37]膨胀宇宙的现代宇宙学模型中有一个情景与此相似。如果我们考虑一个有膨胀历史的闭合宇宙，它膨胀到极大后又回缩到零（图9-3），那么会出现一个诱人的可能性。

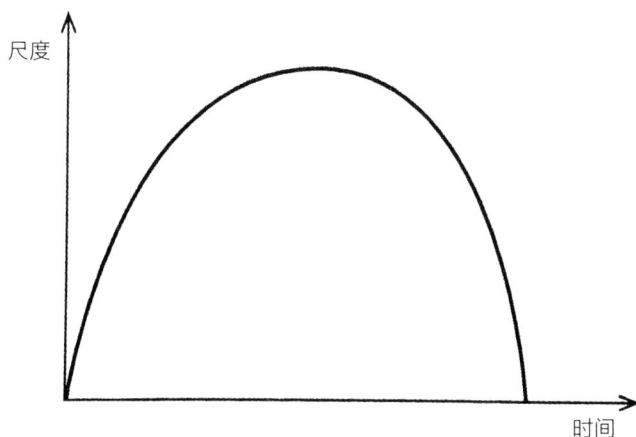

图 9-3　循环一次的闭合宇宙

　　如此一来，我们会见到一个循环一次的宇宙，从奇点开始，在奇点结束。[38]但是，假定这个宇宙再次膨胀，并一次又一次地重复这种行为，那么我们没有任何理由必须生活在第一次循环之中。我们可以想象过去曾有过无数次的振荡，未来还会出现无数次类似的振荡。我们忽略了一个事实，奇点出现在每次循环的开始和末了。很可能，排斥引力正好在达到无穷大密度的这一点之前阻止了宇宙，或者出现某个更奇怪的通道"经过"奇点，但这纯粹是推测。

　　然而，这种推测并不是完全没有约束的。我们不妨假设，大自然运行的基本原理之一——热力学第二定律控制着从一个循环到另一个循环的演化。该定律告诉我们，一个封闭系统的总熵（即无序）绝不会减少。[39] 有序形态的物质逐渐转化为无序的辐射，辐射的熵将逐渐增加。结果是宇宙中物质和辐射施加的总压力增加，于是正如图 9-4 所示，这也增大了下一次在膨胀极大点处的宇宙的尺度。[40] 随着这些循环不断地进行下去，宇宙变得越来越大。有趣的是，这个宇宙膨胀得越来越接近我们所看到的作为暴胀结果的临界平直状态。如果沿着越来越小的循环回溯时间，那么，这个宇宙根本不需要在过去某个有限时刻拥有开端，虽然生命的存在仅仅是在循环变得足够大和足够老，并让原子和生物元素得以形成之后的事。

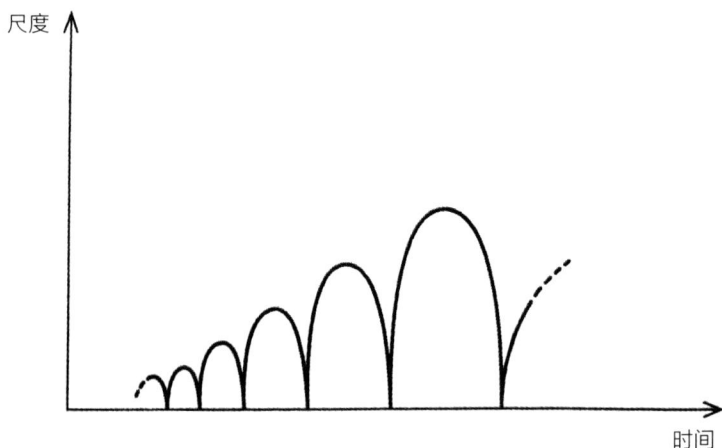

图 9-4　一个多次循环的闭合宇宙，循环的尺度不断增大

　　长期以来，这一系列事件常常被看作宇宙不曾经历无限序列振荡的证据，因为熵的不断累积最终将使恒星和生命不可能存在[41]，而我们对宇宙中每个质子测量到的平均光子数（约10亿个）给出了曾产生过多少熵增加的量度。但是，现在我们知道，这个量度并不需要随一次次的循环而不断增加，它不是这种不断增加的熵的度规。在宇宙反弹时，所有东西都混了进来，因此，质子和光子的相对数是由以前出现的物理过程确立的。这类过程的一个问题可能是黑洞问题。一旦大黑洞形成，比如我们在许多星系（包括银河系）的中心所看到的，它们将随着一次次循环在宇宙中堆积起来，质量变得越来越大，直至吞没宇宙。除非每次反弹时能够将它们破坏掉，或者分离成我们看不到、引力也"感觉"不到的众多"宇宙"。

达布罗夫斯基（Mariusz Dąbrowski）和我本人发现，这种循环宇宙的故事有个古怪的结尾。我们证明了，如果爱因斯坦的兰姆达力确实存在，那么不管它取多么小的正值，它的排斥引力效应最终将终止循环宇宙的振荡。振荡变得越来越大，直至宇宙变得足够大，使兰姆达力超过物质的引力。到那个时候，它将把宇宙抛入一个绝不可能摆脱的加速膨胀状态之中，除非产生兰姆达力的真空能在遥远的将来神秘地衰减掉，如图9-5所示。因此，反弹宇宙最终能够从无限振荡的未来中逃脱出来。如果过去的振荡是无穷无尽的，那么我们或许能期望在最后一次永远膨胀的循环中找到我们自己，只要这是一个允许生命演化和延续的循环。

宇宙避免拥有开端的另一种方法是经历一系列奇异的演化阶段，那是我们在上一章探讨的无穷无尽的暴胀历史所引发的。似乎没有理由认为，从已暴胀过的区域内部产生的一系列暴胀始终应当有一个总的开端。对任何一个特定区域，一次暴胀量子事件可能具有一个有明确开端的历史，但作为过程的总体，它恰恰能以稳步的方式无穷无尽地进行，无论是过去还是现在。

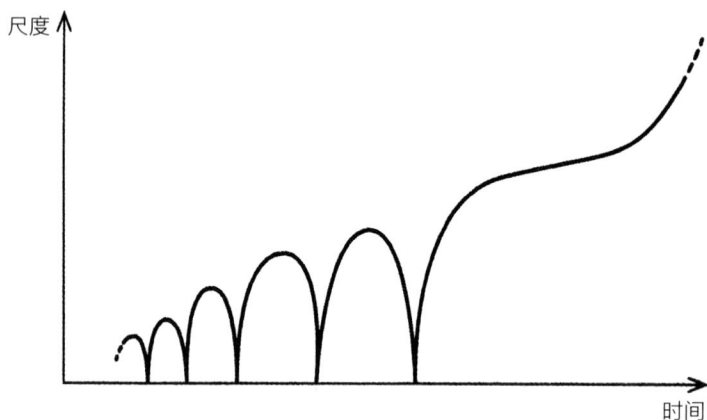

图 9-5　一个多次循环宇宙最终因兰姆达力的存在而变成膨胀宇宙

现代宇宙学一个最有趣的研究点是，"无中生有"的传统以怎样的方式影响宇宙学家寻找早期宇宙数学模型的方向。在 20 世纪 70 年代，霍金定理和彭罗斯定理所预言的奇点很幸运地被许多宇宙学家认定为爱因斯坦引力理论的真正预言，虽然他们的理论真正预言的只是在过去某个有限时刻，当密度变得太高而不能再忽略引力的量子效应时，爱因斯坦理论无法再很好地描述宇宙。在其他的物理学领域中，如果出现"物理上的可测量成为无穷大"的预言，那这将是相关理论不再适用于它正被应用的场合的信号。物理学家必须对其精心改进，使这些方程适合于更广范围的物理现象。但是，对许多科学家来说，物质密度无穷大的出现和时空开端的出现是可以接受的。预言失败，常常被视为宇宙具有开端的结果，而不是因为该理论不完善。这恐怕是因为"宇宙有开端"的图景令大多数西方人感觉轻松，因为他们一直受到这种宗教传统的熏陶。

出于类似的原因，宇宙始终存在的思想似乎常常遭到更多的反对。邦迪、霍伊尔和戈尔德的稳恒态宇宙论同样遭到了科学家和非科学家的反对。反对来自信仰的两个极端：某些基督教徒反对它，是因为它否定从无突然创生的真实性，而某些人不喜欢它，是因为它否认了向更美好的世界进步和发展的可能性。

一开始，宇宙没有开端对科学研究而言似乎是一个优点——完全不存在棘手的初始条件需要推理或解释。但这是一种错觉。我们仍然必须解释宇宙在过去的无限时间里为什么具有特殊的性质，如膨胀速率、密度等。

有若干种特殊情况或许造就了今天的宇宙膨胀，图 9-6 列出了一部分情况。它们在观念上很不相同，并有极抽象的不同后果，但是，它们都跟我们对宇宙今天和过去的行为的观测完全相容。

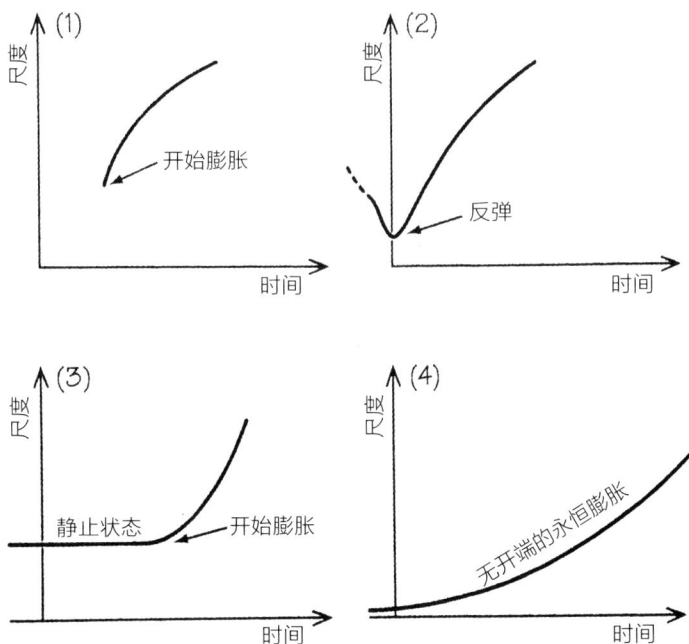

图 9-6　适合我们宇宙的某些不同"开端"，它们都与今天观测到的宇宙状态相一致

真空的未来

没有星星，也没有日出，

没有黎明的更替；

没有海水的荡漾，

没有景色，万籁俱寂；

没有冬叶，没有春竹，

没有白昼，没有繁华，

只有永恒的长眠

沉浸在无穷无尽的夜晚。[42]

——斯温伯恩[①]（Algernon Swinburne）

我们已经看到宇宙的真空能量如何阻止宇宙存在一个开端，如何影响宇宙早期暴胀时刻，以及如何驱动宇宙今天的膨胀。但是，真空能量最激动人心的效应——它对宇宙未来的主宰——尚待来临。恒星、行星、辐射和黑洞，一切对宇宙物质密度的贡献均因膨胀而稀释，但表现为爱因斯坦兰姆达力的真空能量却保持不变。如果正如观测所表明的，真空兰姆达力最近开始加速了宇宙膨胀，那么它将成为未来宇宙压倒性的主宰。宇宙将永远继续膨胀和加速。温度将更快地下降，恒星将耗尽它们的核燃料储备，并暴缩，形成由紧紧挤压的冷原子和聚集的中子组成的致密遗骸，或者大黑洞。即使是庞大的星系和星系团也将紧随其后，随着其成员恒星的运动逐渐因引力波和辐射的外流而减慢，自身向内旋落。所有恒星都将被巨大的中央黑洞所吞没，后者变得越来越大，直至它们

---

① 斯温伯恩，英国诗人和批评家，没有宗教信仰，主张无神论。

够得着的所有物质全被耗尽为止。最终，所有这些黑洞将通过霍金蒸发过程蒸发掉。量子真空的作用是把有序的质量和能量还原成自由辐射。但是，对兰姆达真空能量来说，它有可能阻止这个过程。当黑洞辐射掉自己的质量时，它们的温度将逐步升高，从很低的温度一直升到宇宙学常量所提供的真空能量的温度。然后，黑洞将待在与它有相同温度的真空里，蒸发过程将被真空能量的吸积所平衡。当每个黑洞都达到这种状态时，它们将随着宇宙永无止境地不断加速，继续被束缚在真空能量中。相反，如果不存在真空能量，那么黑洞能够完全蒸发掉，产生的宇宙将包含大量没有相互作用、没有结构的稳态基本粒子和辐射。黑洞或许也可能不会完全蒸发，而留下极少量残余的稳定物质，或者留下更永久的东西，像通往另一个宇宙（或者我们自己这个宇宙的另一部分）的虫洞，甚至留下一个真正的奇点。天晓得会是怎么样。

宇宙真空能量最迷人的一件事是，在决定空间形状和宇宙膨胀速率的斗争中，它最终将战胜其他一切形式的物质和能量。不管真空能量成为主宰之前的早期宇宙的结构如何，就像条条大路通罗马，所有永远膨胀的宇宙都逼近一个很特殊的加速宇宙，称为德西特宇宙——这是著名的荷兰天文学家德西特（Willem de Sitter）在 1917 年发现的爱因斯坦广义相对论的一个解。与众不同的是，它被认为是最对称的可能宇宙。

加速宇宙所具有的这种特性——失去了关于如何开端的所有记忆——有时被称为宇宙无毛特性。之所以选择这样一个古怪术语，是为了紧扣"所有的加速宇宙都将变得相同"这样一个事实：它们不保留任何可识别的特征（用发型做比喻）。它们不可抗拒地滑向相同的未来状态，这暗示着，宇宙开始加速时丢失了信息。膨胀是如此之快，宇宙间传递的信号内容很快地消失了。一切看上去都越来越光滑；膨胀速率在各个方向上的所有差别全被快速抹掉；没有新的物质能够从宇宙物质分布中凝聚出来；局部的引力已经输掉了与压倒性的兰姆达排斥力进行的最后抵抗。

这一点对于思考遥远未来的"生命"有着重要影响。如果生命需要以某种方式储存和处理信息，那么我们可以问：宇宙是否始终允许这些事件发生？在不存在真空能量、膨胀最终不会加速的情况下，戴森[43]（Freeman Dyson）、蒂普勒（Frank Tipler）和我[44]指出，对于这种相当基本的"生命"形式，存在一系列使之永恒的可能性。它可以把信息储存在基本粒子状态里，那是极其优异的信息存储器，远远胜过我们今天的计算机中用于存储数据的存储器。为了无限期地独立处理信息，生命体系需要产生并维持宇宙温度和能量与理想均匀状态的偏离。[45]若不存在加速膨胀的真空能量，这一点也许始终能够实现。利用宇宙在各个方向上膨胀方式的细微差异，使不同方向上的辐射冷却速率稍有不同，由此产生的温度梯度能够用来做功或处理信息。当然，这并不意味着任何形状或形式的生命都将永存[46]，更不意味着它必须永存，而仅仅意味着它在逻辑上和物理学上是可能的——假定现有的物理学定律在宇宙没有充满真空能量的情况下成立的话。

但是，蒂普勒和我还指出[47]，如果真空能量存在，那么什么都变了——向更坏的方向变化。一切演化不可避免地走向德西特加速宇宙所表征的均匀状态。信息处理不可能继续到永远：它必定要停止。当物质宇宙越来越趋近于均匀状态时，现有的可用能量越来越少。如果真空能量存在，如果宇宙没有足够的物质在真空能量得以控制宇宙膨胀[48]并使之开始加速之前将宇宙膨胀反转为收缩，那么宇宙似乎注定了遥远的未来将是一个无生命的未来。最终，加速使通信出现障碍，我们将无法收到来自宇宙足够远处的信号，这与生活在黑洞里一个样，能够影响我们（或我们的后代）并且能够与之联系的宇宙部分将是有限的。要避免这种灾难性的未来，就必须使普遍存在的真空能量衰减。现在我们认为真空能量必定是永恒不变的，但是它也可能会缓慢而不可察觉地衰减。或许有一天，它会突然衰变成辐射和普通形态的物质，宇宙将被保留下来收拾残局，利用引力缓慢地聚集物质和处理信息。不过，衰变或许并不是这样开始的。我们已经看到，宇宙会突然跌入更低的能量状态，同时伴随着物理学性质的突然变化。甚至真空也能衰变成一种比兰姆达力有更强排斥性引力的新型物质。如果它的压力更负，那么未来可能存在某些更激动人心的东西。这种膨胀能够在未来某个有限时刻遇到一个密度为无穷大的奇点。[49]

最后还有个推测，须铭记勿忘。在做科学研究时，我们习惯于忽略发生概率很低的事件，尽管原则上它们能够发生。例如，物理学允许我的书桌升起来，浮游在空中，它所要求的只是所有分子在随机运动过程中的同一时刻恰好都"向上"运动。这是极其不可能发生的，甚至在 150 亿年的宇宙历史中都不会出现，所以在一切实际工作中，我们可以忽略它。但是，当我们在无限的未来中操心所有这类事件时，荒诞离奇的、不可能的物理学事件最终都有很大的可能性会发生。处于真空景观底部的能量场最终将迈出荒诞离奇的、不可能的一步，正好向上跳回到山顶。一个暴胀宇宙能够为我们再次从头开始。还有更不可能的是，我们整个宇宙将有极微小的概率经过量子跃迁变为另一类宇宙。经过如此极端的改造，任何宇宙居民都将不复存在。的确，随着一个系统变得越来越大，这个系统戏剧性地出现量子跃迁性事件的概率变得越来越小。非常可能的是，宇宙中的物体，像岩石、黑洞或人，在宇宙整体发生这种变化之前，都将被重新塑造。这种可能性之所以重要，未必是因为在有无限时间使之能够发生时我们能够说会发生什么，而是因为我们说不上会发生什么。在有无限时间等待的情况下，任何能够发生的事件最终都将发生。更糟（或更好）的是，它将无休止地经常发生。

总体说来，宇宙或许能自我再生，但那仅仅是提供了另一些具有新开端的膨胀区域。它们的某些居民或许将掌握触发这些局部暴胀所必需的技术，通过生命的改进来筹划和操纵它们的结果。对我们而言，存在一种奇怪的对称。宇宙或许曾经源自于量子真空，尚保持着对真空能量的一点记忆。因此，在遥远的未来，真空能量将再次展现它的风采，并再次加速膨胀，这一次的加速可能将持续到永远。总之，自我再生或许会激起新的开端、新的物理学、新的维度，但在我们这部分宇宙里，沿着我们的世界线，结局似乎将是相同的，没有恒星，没有生命，直至永远。也许值得庆幸的是，我们根本不会在那里出现。

注释

我得说，电视很有教育意义。无论什么时候谁打开它，我就去图书馆读书。

——格鲁乔·马克斯[①]（Groucho Marx）

有些喜欢脚注的学者会在一页上写六个注释，相当于同时写了两本书。有些学者，他们刻板的文章需要在脚注部分保留一些激情和乐趣。有些学者写些陈旧、冗长乏味的脚注，像有人在茶余饭后不可避免想起的故事。有些学者写些含糊其辞的脚注，这些脚注改变了文章内容的意义。有些学者写些不负责的离题脚注，留给他们的读者的是目瞪口呆、惶惑迷离。

——范洛伊奈恩[②]（M. -C. van Leunen），《学者手册》

第 0 章　无之论：飞往“无”处

[1]　1927 年的有声电影《爵士歌王》（*The Jazz Singer*）中主角乔尔森的开场白。

[2]　P.L. Heath，in *The Encylopedia of Philosophy*，entry on *Nothing*，vol.5 & vol.6，Macmillan，NY (1967)，ed. P. Edwards，p.524.

[3]　的确，还有谁能知道呢？

[4]　nil 表示零、无值；none 表示没有一个、毫无。nowt 这个表示“无”的词在英格兰北部的方言中仍很流行，起源于古代的斯堪的纳维亚语。它有许多其他

---

① 马克斯（1890—1977），美国好莱坞最著名的三人喜剧演员之一。

② 范洛伊奈恩（Mary-Claire van Leunen），著有《学者手册》（*A Handbook for Scholars*）和《如何抛弃摘要》（*How to Have Your Abstract Rejected*）等。

的意义：小牛、公牛（阉牛是英格兰北部的地租或税金，可用牲畜支付），或者笨蛋、蠢人。nulliform 表示没有任何恰当的形式。nullity 表示无效。

[5]　缺乏任何统一图景、计划或目的的世界。作为宇宙结构的一种对照，这种用法能够在詹姆斯（William James）的《心灵》（*Mind*）一书中第 192 页上找到，他在书中写道："世界……是完全支离破碎的，是一个混沌，是一个空虚世界，我不会屈从于……它的随意动摇。"

[6]　排斥一切宗教信仰和道德戒律的人，有时支持极端形式的怀疑论，否认一切事物的存在。

[7]　维护异教教义的人，认为在基督的本性中没有凡人的东西，只有超人的本能。

[8]　与不重要的事打交道的人。

[9]　无所事事的人。

[10]　没有宗教信仰或政治信仰的人。

[11]　没有任何宗教信仰的人。

[12]　不相信神灵存在的人。

[13]　zeros 是零红利的优先股，是一种由分股资本投资信托基金发行的低风险投资：低风险是因为信托基金发生危机时它们通常首先获得支付。它们不支付收益（因此是"零"），但是它们在不同年份到期被出售时会产生再投资零红利的收益。

[14]　可参阅《牛津英语词典》（*OED*）。

[15]　Pogo，20 March 1965，援引自 Robert M. Adams，*Nil: Episodes in the literary conquest of void during the nineteenth century*，Oxford University Press，NY (1966)。

[16]　J.K. Galbraith，*Money: Whence it Came, Where it Went*，A.Deutsch，London (1975)，p.157.

[17]　prope nihil。长期以来有这样一种观点：无（nothing）是个很小的正数，比人们想的小得多，但依然是个最小的东西。法文 rien（即 nothing）据说来自拉丁文 rem，是单词 thing 的单数宾格，而且古法语在肯定语句中确实常常使用 rien 这个词，如 Justice amez so tôte rien（热爱正义胜于一切）。

[18] R.M. Adams，*Nil: Episodes in the literary conquest of void during the nineteenth century*，Oxford University Press，NY (1966)，p.3，p.34.

[19] R.F. Colin，"Fakes and Frauds in the Art World"，*Art in America* (April 1963).

[20] H. Kramer，*The Nation* (22 June 1963).

[21] B. Rose (ed.)，*Art as Art: The Selected Writings of Ad Reinhardt*，Viking，NY (1975).

[22] J. Johns，*The Number Zero* (1959)，私人收藏。

[23] −273.15 摄氏度。

[24] M. Gardner，*Mathematical Magic Show*，Penguin，London (1985)，p.24.

[25] 援引自 N. Annan，*The Dons*，Harper Collins，London (1999)，p.264。

[26] E. Maor，*To Infinity and Beyond: a cultural history of the infinite*，Princeton University Press (1987).

第 1 章　零：整个的故事

[1] A. Renyi，*Dialogues in Mathematics*，Holden Day，San Francisco (1976)。这段引语取自一段虚构的苏格拉底式对话。

[2] J. Boswell，*The Life of Johnson*，vol. Ⅲ．

[3] R.K. Logan，*The Alphabet Effect*，St Martin's Press，NY (1986)，p.152，部分是对里德（Constance Reid）的意译。

[4] 一条方便的经验法则是摩尔定律，以英特尔公司奠基人摩尔（Gordon Moore）的名字命名，他在 1965 年提出，每块新的芯片大致比原先的容量扩大一倍，并在 18 到 24 个月内投入市场。

[5] 你正在读这本书，这个事实说明我的计算机已幸存下来了。但是，我依旧怀疑这全在计算机科学家的预料之中，因为让我困窘不安的是，我发现，告诉我需要调整的计算机其实并不需要调整，而向我保证不要作调整的计算机却需要调整。

[6] J.D. Barrow，*Pi in the Sky*，Oxford University Press (1992).

[7]　　"分数"（score）一词具有有趣的多种意义。它意指计数，如记分时所用；也指打标记；它还表示 20。分数原先是在计量财产时用的木签上所做的数量标记。

[8]　　象形文字这个术语是希腊人引入的，用来描述古埃及语言和数字。因为希腊人不识埃及寺庙中发现的符号，所以他们相信它们是些神圣的符号，并称之为有语法的象形文字（grammata hierogluphika），即"雕刻的圣符"，因此有了我们所说的"象形文字"（hieroglyphs）。

[9]　　G. Ifrah, *The Universal History of Numbers*, Harvill Press, London (1998). 该书转译自该作者早先的著作 *From One to Infinity: a universal history of numbers*, Penguin, NY (1987) 的法语原版，并作了扩充。

[10]　《但以理书》第五章，25—28。这是但以理对伯拉撒①壁上碑文的解释。

[11]　有过许多研究，尝试解释六十进制的出现。很清楚，60 对任何涉及衡量、度量和分割的商业结算来说是个很有用的数字，因为它有许多因数。这种进制可能是从某种原先已有的衡量和度量制演化来的。还有一种可能性也很有趣，即它是两种早期文明所采用的两种进制合并的结果——这似乎不像是与当今习惯使用的十进制合并的结果，因为这需要先存在一个六进制。从来就没人知道地球上是否存在过这种进制，也没有恰当的理由说明它为什么应当存在。更可能的想法是，它似乎是十二进制与五进制合并而成的。五进制是很自然的用手指计数的结果，而十二进制对贸易来说是很诱人的，因为 2、3、4 和 6 都是 12 的因数。我们仍然可以看到它在英制单位中应用的遗迹（1 英尺等于 12 英寸，1 先令等于 12 旧便士，论"打"买卖鸡蛋），只是苏美尔人将它的应用扩大到时间、长度、面积和体积的量度上。代表一、二、三的词正好对应于一、一加一和很多的概念，这是一种很传统的形式。但是，代表六、七、九等的词却具有"五和一""五和二""五和四"这样的形式。这是过去存在过五进制的证据。当然，这些说法或许完全是后来编造的。选择 60 作为基数可能是因为某个君主做了个梦，或者是因为一个天文巧合，再或者是因为曾有一种失传了的崇拜数字的神秘信仰。我们知道，某些巴比伦人的神就是用

———————————
①　巴比伦伽勒底国的末代国王。

数字表示的，天主安努（Anu）就是用基数 60 表示的，因为它看上去是一个尽善尽美的数字。地位较低的神被赋予其他较小的数字，每一个数字都有某种意义。很难说出神学意义与数字意义哪个在先。

[12]　到了公元前 2700 年，他们已经将该符号转过了 90°。这似乎是因为文书们的工作台从小手提桌演变到又大又重的厚板桌，而厚板桌不容易手动扭转方向。参阅 C. Higounet，*L'Écriture*，Presses Universitaires de France，Paris (1969)。

[13]　进一步节省的办法出现在公元前 2500 年前后，当时用一种速记的乘法法则来书写很大的数字，例如写 4×3600 这样的数可以在翅膀符号内写 4 个 10 的符号，并将它放在 3600 的右面。

[14]　源自表示楔形的拉丁词 cuneus。

[15]　R.K. Guy，"The Strong Law of Small Numbers"，*American Mathematical Monthly* 95，pp.687—712 (1988).

[16]　事实上，楔形符号也被用来把巴比伦数字系统扩展到大数镜像中的分数，所以一个垂直的楔形不仅仅代表 1、60、3600 等，也代表 1/60、1/3600 等。实际使用时，整数与分数是这样区分的：整数的书写从右到左按大小的升序书写，而分数从左到右按大小的降序书写。

[17]　非天文学家好像没有这么用过，还误导了某些历史学家，使他们得出巴比伦的零绝不会用在符号串末尾的结论（不像我们现在的零）。它在角度测量时还用在数字的第一个位置，如 [0; 1] 表示零度加 1/60 度，即 1 弧分。对巴比伦不同生活圈子实际使用的不同结算系统最详尽的分析，请参阅以下详细研究：H.J. Nissen，P. Damerow & R. Englund，*Archaic Bookkeeping: writing and techniques of economic administration in the ancient near east*，University of Chicago Press，(1993)。

[18]　某些巴比伦文字包含微妙的数字双关语、暗号和命理学。

[19]　John Cage，"Lecture on Nothing"，*Silence* (1961).

[20]　他们的计时系统有一些差别。

[21]　在玛雅语里对应"天"的词是"金"（kin）。

[22] F. Peterson，*Ancient Mexico*，Capricorn，NY (1962).

[23] G. Ifrah，*From One to Zero*，Viking，NY (1985).

[24] B. Datta & A.N. Singh，*History of Hindu Mathematics*，Asia Publishing，Bombay (1983).

[25] 参阅 Datta & Singh，同上。

[26] Subandhu，引自 G. Flegg，*Numbers Through the Ages*，Macmillan，London (1989)，p.111。

[27] The Satsai Collection；参阅 Datta & Singh，同上，p.220。

[28] 未婚妇女是黑色的，但已婚妇女则是耐久的红色。这些标记象征湿婆[①]的第三只眼睛——智慧之眼。

[29] S.C. Kak，"The Sign for Zero"，*Mankind Quarterly*，30，pp.199—204 (1990).

[30] G. Ifrah，同上，p.438。这些同义词不限于数字零。梵文有丰富的同义词，所有印度的数字都有不同的意义。例如，描述数字 2 的词语的含义包括了孪生儿、配偶、双眼、双臂、双踝关节和双翅等。

[31] 在印度，零作为一个数同时被当作数字词汇和数字符号使用。数字词汇基于十进制，其读法与今天一样，如 121 读为 "1—2—1"。当零用在这种结构中时，它被叫作 sunya、kha、akâsha，或者其他同义词之一。参阅 A.K. Bag，*Mathematics in Ancient and Medieval India*，Chaukhambha Orientalia，Delhi (1979)，以及 "Symbol for Zero in Mathematical Notation in India"，*Boletin de la Academia Nacional de Ciencias*，48，pp.254—274 (1970)。

[32] J.D. Barrow，*Pi in the Sky*，Oxford University Press (1992)，pp.73—78；N.J. Bolton & D.N. Macleod，"The Geometry of Sriyantra"，*Religion 7*，pp.66 (1977)；A.P. Kulaicher，"Sriyantra and its Mathematical Properties"，*Indian Journal of History of Science*，19，p.279 (1984).

[33] G. Leibniz，引自 D. Guedj，*Numbers: The Universal Language*，Thames and Hudson，London (1998)，p.59。用二进制，即用 0 和 1 表达数字的发

---

① 印度教三大神之一，专司破坏之神。

明归功于莱布尼茨。他在 17 世纪末写的一封信里描述了这一发明，还给出一张以 2 为底的指数表，从 2 到 214，参阅 L. Couturat，ed.，*Opuscules et fragments inédits de Leibniz*，extraits des manuscripts de la Bibliothèque Royale de Hanovre par Louis Couturat，Alcan，Paris (1903)，p.284。印度似乎更早发现了二进制的相关描述，也许早在公元二三世纪。它用于平加拉 (Pingala) 所著吠陀诗集中有韵诗的分类，参阅 B. van Nooten，"Binary Numbers in Indian Antiquity"，*J.Indian Studies*，21，pp.31—50 (1993)。

[34]　G. Ifrah，同上，pp.508—509。

[35]　Plato，*The Sophist*，Loeb Classical Library，ed. H.North Fowler，pp.336—339.

[36]　T. Dantzig，*Number: The Language of Science*，Macmillan，NY (1930)，p.26.

[37]　我在"千年发明"的选举中就把票投给了它，在《共和报》(*La Repubblica*) 票选"最伟大发明"的活动中也选择了它。

[38]　希伯来语的标题是 *Sefer ha Mispar*，参阅 M. Steinschneider，*Die Mathematik bei den Juden*，p.68，Biblioteca Mathematika (1893)；M. Silberberg，*Das Buch der Zahl，ein hebräisch-arithmetisches Werk des Rabbi Abraham Ibn Ezra*，Frankfurt am Main (1895)；D.E. Smith & J. Ginsburg，"Rabbi Ben Ezra and the Hindu-Arabic Problem"，*American Mathematical Monthly* 25，pp.99—108 (1918)。

[39]　他还使用阿拉伯字 sifra，意指"空"。

[40]　现知包含有阿拉伯数字的最古老的欧洲手抄本《维吉里法典》(*Codex Vigilanus*) 发现于西班牙北部的洛格罗尼奥，注明的日期为公元 976 年。内有一张 1 到 9 的数字列表，但没有零。该手抄本现保存在马德里的埃斯库里亚尔。

[41]　B.L. van der Waerden，*Science Awakening*，Oxford University Press (1961)，p.58.

[42]　有趣的是，18 世纪这种希腊数字用法甚至在希腊语被禁止使用时也是被许可的。

[43]　印度的零符号向东方和向西方传播。在 8 世纪，汉语中的数字表达尚是空白，这跟巴比伦语很像。因此，数字 303 是以字的形式出现，也被写成简单的

"标杆"数字 ||| ||||。表示零的圆圈符号直到 1247 年才出现，我们发现那时的 147 000 表示为 | ≡ ∏ 000，参阅 D. Smith, *History of Mathematics*, Dover, New York (1958)，vol.2, p.42。

[44] 《牛津英语词典》(*OED*)。

[45] 《李尔王》(*King Lear*) 第一幕第四场。

[46] 他更以斐波那契 (Fibonacci) 之名为数学家所熟知。

[47] John of Hollywood (1256), *Algorismus*, 引自 *Numbers Through the Ages*, ed. G. Flegg, Macmillan, London (1989), p.127。

[48] 引自 *Numbers Through the Ages*, 同上, p.127。

[49] 有个无须计数的有趣例子，一个农夫想弄清楚他是否丢失了绵羊。早晨，每当一头绵羊进入草场时，他就放一颗石子到石堆里，一到黄昏，每当一头羊离开草场，他就从石堆里取走一颗石子。这样，他要做的只是在最后一头羊离开后，看一看还有没有石子留下。这个例子讲的是农夫怎样在无须理解数学的情况下就能利用数学，它使人联想起瑟尔 (John Searle) 反驳具有语义能力的人工智慧的"中国房间"(Chinese room) 推理；参阅 J.R. Searle, *The Mystery of Consciousness*, Granta, London (1997)。

[50] K. Menninger, *Number Words and Number Symbols*, MIT Press, MA (1969).

[51] "computer"（计算机）一词原指一个从事计算工作的人，直到 20 世纪 40 年代英国研制出第一台能计算的机器之后，这个词才被用来指能够计算的机器。具有讽刺意味的是，今天它只用于描述"非人工"的计算工具。在此期间，有过许多其他机械式"加法机"和非编程工具，例如现在众所周知的"计算器"(calculator)。作为描述人工计算器的词，computer 一词派生于 computare，即中世纪拉丁语中表示"切割"的词，它模仿在筹码上刻槽，其方式类似于英语单词 score（分数）既指计数又指作标记（并表示数量 20）。中世纪拉丁语中表示"计算"的词是 calculare，而拉丁语 calculus ponere 意指取走或放上一块卵石，模仿了计算板上作为筹码的石块的移动。这里我们可以看到牛顿和莱布尼茨发明的微积分 (differential and integral calculus) 这个名

称的来源 [以及埃尔热[①]（Hergé）的卡尔库拉斯（Calculus）教授名字的来源]。

[52]　P.A.M. Dirac，*The Principles of Quantum Mechanics*，Oxford University Press (1958).

第 2 章　无事生非

[1]　Leonardo da Vinci，*The Notebook*，E.Macurdy 编译，London (1954)，p.61。

[2]　J.L. Borges，*The Library of Babel, in Labyrinths*，Penguin，London (2000).

[3]　"Me and Bobby McGee"(1969) 中的词句。

[4]　此短语在现代物理学的通俗解说里几次出现 [例如戴维斯（Paul Davies）和特里菲尔（James Trefil）所著的书，他们用它作书名]。它被用作同义字来表示自然定律，或者宇宙潜藏的结构特征，它们可能部分（或完全）与定律无关，例如时空的存在和维数。

[5]　唯一与直觉稍有不同的性质便是要求我们定义零阶乘 $0!=1=1!$，因为阶乘的运算是由 $(n+1)!=(n+1)\times n!$ 递归地定义的。

[6]　要得到这些操作的更详细的说明，见 J.D. Barrow，*Pi in the Sky*，Oxford University Press (1992)，pp.205—216。

[7]　希尔伯特（David Hilbert）是 20 世纪上半叶世界一流数学家之一。

[8]　M. Friedman，ed.，*Martin Buber's Life and Work: The Early Years 1878—1923*，E.P.Dutton，NY (1981).

[9]　J.-P. Sartre，*Being and Northingness* (transl. H.Barnes)，Routledge，London (1998)，p.16.

[10]　Sartre，同上，p.15。

[11]　B. Rotman，*Signifying Nothing: The Semiotics of Zero*，Stanford University Press (1993)，p.63.

[12]　*The Odyssey*，Book Ⅸ，lines 360—413，*Great Books of the Western World*，

①　埃尔热是著名漫画系列《丁丁历险记》（*Les Aventures de Tintin et Milou*）的作者。

vol.4，Encyclopaedia Britannica Inc.，University of Chicago (1980).

[13] 希腊文是 ουτις，其意为无人。

[14] G.S. Kirk & J.E. Raven, *The Presocratic Philosophers: a critical history with a selection of texts*，Cambridge University Press (1957).

[15] 其片段引用于 S. Sambursky, *The Physical World of the Greeks*，Routledge，London (1987)，pp.19—20。

[16] Sambursky，同上，p.22。

[17] Sambursky，同上，p.108。

[18] B. Inwood，"The origin of Epicurus' concept of void"，*Classical Philology* 76，pp.273—285 (1981); D. Sedley，"Two conceptions of vacuum"，*Phronesis*，27，pp.175—193 (1982).

[19] 留基伯和德谟克利特的著作除了几个片段之外，其余的已不复存在。德谟克利特的思想部分地从其他人，特别是卢克莱修、亚里士多德及继承后者成为柏拉图学园主持人的西奥弗拉斯塔（Theophrastus）的评注中推想出来。当考虑他对原子是否能观测到的观点时，参考确实仍存在的德谟克利特著作的某个片段是有意思的。他看来似乎已采取了相当"近代"（至少是 19 世纪）的康德式观点，认为我们对事物所能了解的东西与它们的真正本质之间有差别。"显然不可能了解万物真正是怎样的，"他写道，因为"我们实际上什么也都不准确地知道，除了当事物根据具体条件发生变化时，以及当事物的组分在身体上流动和撞击它时……因为真理躲藏在深渊里"。S.Sambursky，同上，p.131。

[20] 德谟克利特赋予他的原子的性质仅有大小和形状；为了测定它们在重力作用下的运动状态，伊壁鸠鲁还容许它们具有重量。

[21] Lucretius Ⅱ，308—322.

[22] 在 J. Robinson, *An Introduction to Greek Philosophy* (1968)，Boston，p.75 中所引用的亚里士多德的话。

[23] S. Sambursky, *Physics of the Stoics*，Routledge，London (1987); R.B. Todd，"Cleomedes and the Stoic conception of the void"，*Apeiron*，16，pp.129—136

(1982).

[24] F. Solmsen，*Aristotle's System of the Physical World*，Cornell University Press，Ithaca (1960)；R. Sorabji，*Matter, Space & Motion*，Duckworth，London (1988)；E. Grant，*Much Ado About Nothing: Theories of Space and Vacuum from the Middle Ages to the Scientific Revolution*，Cambridge University Press (1981).

[25] C. Pickover，*The Loom of God*，Plenum，NY (1997)，p.122 中所引用。

[26] 在 19 世纪和 20 世纪里，数学家已了解了构造所谓"空间填充"曲线的系统方法，此类曲线最终将通过一个具体区域里的每个点。

[27] 例如，见 *The Complete Works of John Davies of Hereford*，Edinburgh (1878)，以及作为评述，见 V. Harris，*All Coherence Gone*，University of Chicago Press (1949)。

[28] 按亚里士多德的意思是有效的动机。

[29] 关于这些论点的详细讨论见 W.L. Craig，*The Cosmological Argument From Plato to Leibniz*，Macmillan，London (1980)。

[30] R. Adams，*Nil: Episodes in the literary conquest of void during the nineteenth century*，Oxford University Press，NY (1966)，p.33.

[31] 例如基于以下理由，假如空空间是一个物体，那么当另一物体放入空空间时，便在同时同地有两个物体，而假如两个物体能如此重合，那么为何并非所有物体都能这样？他认为这不合理。

[32] 令人感兴趣的是，亚里士多德系统地表述了我们现在所称的牛顿第一运动定律——物体在不受力的作用下以恒速运动，可是他把它作为归谬法的一个结果摒弃了。

[33] 它在那时被重新发现了。它出现在卢克莱修的《物性论》(*De Rerum Natura*)，BK I，p.385，而该著作在欧洲直到 15 世纪才为人所知。

[34] 《物性论》，BK I，pp.385—397。

[35] 关于这些内容和其他许多中世纪对空间、无穷大和虚空本性所做经典研究，见一本很好的书：Edward Grant，*Much Ado About Nothing: theories of Space*

and Vacuum from the Middle Ages to the Scientific Revolution，Cambridge University Press (1981)，p.83。

[36]   Grant，同上，p.89。

[37]   伽利略在他的《关于两门新科学的对话》（*Discourse Concerning Two New Sciences*）的第一天中讨论过此问题。

[38]   这让人想起彭罗斯引入的宇宙监督假说（cosmic censorship），该观点认为造化厌恶在时空里创造奇点，这些奇点从很远处便可见到，且能出于某种原因影响到那里的事件。人们假定"宇宙监督员"（不是一个人，而是爱因斯坦方程的一个内在性质，人们猜测，它对爱因斯坦广义相对论的物理学自洽性来说是必需的）能遮掩由一个事件视界所形成的所有奇点。此视界阻挡来自奇点的信息（在那里物理学定律被破坏了），阻止信息向外传递，以致影响了远离奇点的事件。最简单例子是黑洞的事件视界。在黑洞里，除非量子引力效应始终进行干预，以阻止在黑洞中心形成一个密度无穷大的真正的物理学奇点，否则总有一个事件视界阻止外面的观测者看到黑洞，或受到它的因果性影响。

[39]   亚里士多德当然不相信这种想象中的宇宙外虚空，而且他评论说，某些人错误地推论出它的存在，不过是因为他们不能想象某些事物的终结。

[40]   这条引语通常归属于库萨的尼古拉斯（Nicholas of Cusa），可是它早在 12 世纪就广泛地被引用。Grant，同上，pp.346—347 中把利尔的阿兰（Alan of Lille）作为该引语的已知最早来源；对此问题的详细研究还可见 D. Mahnker，*Unendliche Sphäre und Allmittelpunkt*，Hale/Salle：M. Niemeyer Verlag，1037 (1937)，pp.171—176。

[41]   这些目的论的详细说明见 J.D. Barrow & F.J. Tipler，*The Anthropic Cosmological Principle*，Oxford University Press (1986)。

[42]   I. Newton，Opticks，Book III Pt.I，*Great Books of the Western World*，vol.34，W. Benton，Chicago (1980)，pp.542—543.

[43]   见 E. Grant，同上，p.245；A.Koyré，*From the Closed World to the Infinite Universe*，p.297 note 2，Johns Hopkins Press，Baltimore (1957)；W.G. Hiscock，ed.，

David Gregory，*Isaac Newton and their Circle: Extracts from David Gregory's Memoranda*，1667—1708，Oxford (1937)，为编者刊行。

[44] 林赛（Robert Lindsay）引用于 1999 年 1 月 15 日英国广播公司的电视节目 *Parkinson*。

[45] R.L. Colie，*Paradoxia Epidemica: the Renaissance tradition of paradox*，Princeton University Press，NJ (1966)，pp.223—224。也见 A.E. Malloch，"The Techniques and Function of the Renaissance Paradox"，SP，53，pp.191—203 (1956)。

[46] 大多数评论家认为系戴尔（Edward Dyer）所写，而萨金特（R.B. Sargent）在 *The Authorship of The Prayse of Nothing*，The Library，4th series，12，pp.322—331 (1932) 中认为系唐斯（Edward Daunce）所写；这里所引用的一段是诗的第二节。也见 H.K. Miller，"The Paradoxical Encomium with Special Reference to its Vogue in England，1660—1800"，*MP*，53，p.145 (1956)。

[47] *Facetiae*，chap. 2，pp.389—392，London (1817)，引用于 Colie，同上，p.226。

[48] J.Passerat，*Nihil*，引用于 R.Colie，同上，p.224。

[49] 第一幕第二场第 292 行。

[50] 此故事的主要来源是意大利短篇小说家本德洛（Matteo Bandello，1485—1561）所写的一部小说和一首意大利的叙事诗——亚里奥斯托（Ludovico Ariosto）的《愤怒的奥兰多》（*Orlando Furioso*, 1532）。

[51] P.A. Jorgenson，"Much Ado about Nothing"，*Shakespeare Quarterly*，5，pp.287—295 (1954).

[52] *Much Ado About Nothing*，第四幕第一场第 269 行。

[53] *Macbeth*，第一幕第三场第 141—142 行。

[54] *Macbeth*，第五幕第五场第 16 行。

[55] Colie，同上，p.240。

[56] *Hamlet*，第三幕第二场第 119—128 行。

[57] 第一幕第一场第 90 行。

[58] R.F. Fleissner，"The 'Nothing' Element in *King Lear*"，*Shakespeare Quarterly*，13，pp.62—71 (1962)；H.S. Babb，"*King Lear*: the quality of nothing"，in *Essays in Stylistic Analysis*，Harcourt，Brace，Jovanovich，NY (1972).

[59] 威尔伯恩（David Willbern）也曾提出在莎士比亚时代的剧作中，无（nothing）令人觉得像"注意"（noting，因此是"Much Ado about Noting"），这便增添了深一层的对比。这个"注意"是如今的通常意义再加上注视（observing）、偷听（eavesdropping）和无意中听到（overhearing）等意思，见 R.G. White，*The Works of William Shakespeare*，Boston (1857)，Ⅲ，p.226。然而这似乎低估了莎士比亚笔下的多重含义所具有的独创性，且产生了一个不够诱人的剧名。此见解似乎并未被其他的评论家采纳；见 D. Willbern，"Shakespeare's Nothing"，in *Representing Shakespeare*，eds. M.M. Schwarz & C. Kahn，Johns Hopkins University Press，Baltimore (1980)，pp.244—263；B. Munari，*The Discovery of the Circle*，transl. M. & E. Maestro，G.Witterborn，NY (1966)；H. Kökeritz，*Shakespeare's Pronunciation*，Yale University Press，New Haven (1953)。威尔伯恩还对莎士比亚做了心理分析，很多人觉得这种分析不具说服力。另有若干此类的全面研究着眼于莎士比亚对无的感觉，见 D. Fraser，"Cordelia's Nothing"，*Cambridge Quarterly*，9，pp.1—10 (1978)，L. Shengold，"The Meaning of Nothing"，*Psychoanalytic Quarterly*，43，pp.115—119 (1974).

[60] Sartre，同上，p.23。注意萨特把"虚无化"（nihilate、nihilar）定义为："虚无化就是通过它使意识存在的那种行为。虚无化就是以不存在的外形包装。"

[61] 邓顿（John Dunton）的庞大的总纲领 *Athenian Sport: or, Two Thousand Paradoxes merrily argued to Amuse and Divert the Age* (1701) 拉下了幕布。

[62] G. Galileo，*Dialogue Concerning Two World Systems*，transl. S.Drake，California University Press，Berkeley (1953).

[63] Galileo，同上，pp.103—104。

[64] 中世纪历史学家格兰特（Edward Grant）评述说："……近 2000 份亚里士多德

著作的拉丁文原稿已被确认。如果这一数量的原稿历经数世纪的磨难保留下来，似有道理假定另有数千原稿已腐烂了。现存的原稿是亚里士多德的著作对中世纪和文艺复兴时代的知识分子的生活具有普遍影响的证明。可能除了盖伦（Galen）之外……没有其他希腊或伊斯兰的科学家曾留下类似的原稿。" E. Grant，*The Foundations of Modern Science in the Middle Ages*，Cambridge University Press，NY (1996)，pp.26—2.

第 3 章　构建"无"

[1] Radio 3 broadcast *Close Encounters with Kurt Gödel*，reviewed by B. Martin，*The Mathematical Gazette* (1986)，p.53.

[2] 关于世界的物质组成的这个观点，其奇妙之处在于，它是斯多葛学派彼时纯粹作为一种宗教信仰而创造的，既没有也不可能有任何实验证据支持它。然而，结果证实它关于物质的等级式结构的总体概念是正确的。

[3] G. Galileo，*Dialogues Concerning Two New Sciences* (1638)，Britannica Great Books，University of Chicago (1980)，p.137. 也见 C. Webster，*Arch. Hist. Exact. Sci.*，2，p.441 (1965)。

[4] 这便是亚里士多德所称的一种"有效动机"。

[5] 一种面值 1 英镑的英国金币，为了与非洲交易而最初于 1663 年铸造。1717 年以后，它在英国成为合法货币，其币值相当于目前英国币制中的 21 先令，即 1.05 英镑。它仍被拍卖行使用并用于确定某些赛马的奖金。

[6] 宣布托里拆利的发现的那些信件的翻译，见 V. Cioffair，*The Physical Treatises of Pascal etc.*，Columbia University Press，NY (1937)，p.163. 原件见 E. Torricelli，*Opera*，Faenza，Montanari (1919)，vol.3. pp.186—201。

[7] W.E.K. Middleton，*The History of the Barometer*，Johns Hopkins Press，Baltimore (1964).

[8] 假如水银柱具有高度 h、密度 d，重力加速度是 g，而管的横截面为 A，那么柱里水银向下的重力由 $hAdg$ 给出。当水银柱达到平衡状态时，此向下的力为

水银柱施加的压强 P 产生的向上的力 PA 所平衡。注意这两个力都正比于 A，因此不管面积 A 值是多少，水银的高度在平衡状态下是相同的。

[9]   S. Sambursky, *Physical Thought from the Presocractics to Quantum Physics*, Hutchinson, London (1974), p.337.

[10]   S.G. Brush, ed., *Kinetic Theory*, vol. I, Pergamon, Oxford (1965), 内含玻意耳的原来那些论文的摘要；尤其可见他的书 *New Experiments Physico-Mechanical, touching the spring of the air, and its effects* 中的 "The Spring of the Air"。玻意耳对气压的研究工作被讨论于 M. Boas Hall, *Robert Boyle on Natural Philosophy*, Indiana University Press, Bloomington (1965); R.E.W. Maddison, *The Life of the Honourable Robert Boyle*, F.R.S., Taylor & Francis, London (1969); J.B. Conant, ed., *Harvard Case Histories in Experimental Science*, Harvard University Press, Cambridge Mass (1950)。极好的历史资料，见 S.G. Brush, *The Kind of Motion We Call Heat: a history of the kinetic theory of gases in the 19th century*, vol. I, New Holland, Amsterdam (1976)。

[11]   M. Boas Hall, *Robert Boyle on Natural Philosophy*, Indiana University Press, Bloomington (1965).

[12]   这是基于如下的推论：当压强与气体所占的体积都发生变化，而温度不改变时，压强和体积的乘积保持常量。此结果被称为玻意耳定律，尽管他本人并没有发现它（或宣称发现了它）。他只不过证实了汤利（Richard Townley）的早期实验。关于此情节，见 C. Webster, *Nature*, 197, p.226 (1963); *Arch. Hist. Exact. Sci.*, 2, p.441 (1965)。

[13]   O. von Guericke, *Experimenta nova (ut vocantur) Magdeburgica de vacuo spatio primum a R.P.Gaspare Schotto*, Amsterdam (1672) 的德译本为 F.Danneman, *Otto von Guericke's neue "Magdeburgische" Versuche über den leeren Raum*, Leipzig (1894)。

[14]   O. von Guericke, *The New (so-called) Magdeburg Experiments of Otto von*

Guericke，transl. M.G.F. Adams，Kluwer，Dordrecht (1994)，原版于 1672 年出版，K. Schott，Würzburg，front plate。

[15]　O. von Guericke，同上，p.162。

[16]　他的论文集的第 2 卷阐述了他关于空虚空间的性质和范围的见解。他相信星星组成的宇宙为一个无限的虚空所围绕。

[17]　O. von Guericke，*Experimenta nova*，p.63. 该英译文出自 E. Grant，*Much Ado About Nothing*，p.216。

[18]　A. Krailsheimer，*Pascal*，Oxford University Press (1980)，p.18.

[19]　B. Pascal，*Penssca*，transl. A. Krailsheimer，Penguin，London (1966).

[20]　帕斯卡画像，由尚帕涅（Philippe de Champagne）所绘，梅耶（H. Meyer）雕刻；承画像馆的埃文斯（Mary Evans）允准复制。

[21]　帕斯卡曾计划撰写一本论真空的书，书名为《真空的论著》(*Traité du vide*)，但从未完成。其序言尚存，而其余部分遗失了。两篇遗著发表于 1663 年，一篇的论题有关大气压，标题为《液体的平衡》(*L'Équilibre des liqueurs*)，另一篇则有关水压机，以《空气团的重量》(*La Pesanteur de la masse d'air*) 为标题。

[22]　Spiers，I.H.B & A.G.H. (transl.)，*The Physical Treatise of Pascal*，Columbia University Press，NY (1937)，p.101.

[23]　改编自 H. Genz，*Nothingness*，Perseus Books，Reading，MA (1999)，p.113。

[24]　诺埃尔写给帕斯卡的第二封信，载在 B. Pascal，*Oeuvres*，eds I. Brunschvicq and P. Boutroux，Paris (1908)，2，pp.108—109，transl. R. Colie，*Paradoxia Epidemica*，Princeton University Press (1966)，p.256。

[25]　Oeuvres，2，pp.110—111.

[26]　这是因为宇宙在膨胀，所以它的大小与它的年龄相联系。为了使比氢和氦重的元素的核有足够时间在恒星内部形成，几十亿年是必需的，所以宇宙的大小必定有几十亿光年，见 J.D. Barrow & F.J. Tipler，*The Anthropic Cosmological Principle*，Oxford University Press (1986)。

[27]   G. Stein，*The Geographical History of America* (1936).

[28]   F. Hoyle，*Observer*，1979 年 9 月 9 日。

[29]   由宇宙自开始膨胀以来（即宇宙的年龄）的约 130 亿年期间，光能行进的距离
        来确定。

[30]   暗物质有可能由我们已知存在的轻得多的中微子补充。我们仅知它们的可能
        的质量上限。实验得到的限制很弱。然而，尽管这些轻中微子能以自然的方
        式补充暗物质的数量，但它们使发光物质团簇而成的形态并不像众多真正的
        星系群所展示的那样。大型计算机模拟表明，作为对照，重得多的类中微子
        粒子（WIMPS＝weakly interacting massive particles，弱相互作用大质量粒子）
        似乎能产生与观测到的亮星系团簇十分吻合的形态。

第 4 章　渐渐趋向以太

[1]   D. Gjertsen，*The Newton Handbook*，Routledge & Kegan Paul，London
       (1986)，p.160.

[2]   牛顿第一定律对相对于"绝对空间"处在加速运动状态的观测者来说并不成
       立。例如，如果你从一枚旋转的火箭的窗户向外看，你会看见物体都绕着你
       转动，因此即使没有受到作用力，它们也表现为被加速了。如此一来，牛
       顿定律将被看作仅对一类特殊的宇宙观测者——"惯性"观测者——是正确
       的，他们相对于"绝对空间"的运动是不加速的。爱因斯坦的广义相对论取
       代牛顿理论的一个方面是，它提供的引力和运动的定律对所有观测者都是
       正确的，不管他们的运动如何——自然定律对其总是比对其他人显得简单的
       观测者，是不存在的。见 J.D. Barrow，*The Universe that Discovered Itself*，
       Oxford University Press (2000)，pp.108—124，对这方面的发展做了较详尽
       的讨论。

[3]   实验的精度不保证我们能检测出一个物体在空气中与在真空中下落时的微小
       变化。

[4]   Opticks (1979 年版)，p.349.

[5] 本特利是一位杰出的古典学者，他在准备关于自然神学的玻意耳讲座时，征求了牛顿的意见。他渴望提出一种新形式的目的论：关于运动和引力的定律的特殊数学形式是一位有才智的设计师存在的证据——但牛顿并不赞同此观点。此类观点的详细讨论，见 J.D. Barrow & F.J. Tipler，*The Anthropic Cosmological Principle*，Oxford University Press (1986)。

[6] I.B. Cohen，*Isaac Newton's Papers and Letters on Natural Philosophy*，Harvard University Press (1958)，p.279，1693 年 2 月 25 日的信。

[7] R. Descartes，*The World, or a Treatise on Light* (1636)。

[8] 在物理学家对大自然的概念中，"美"或者"优雅""经济"等其他一些人性化的见解起着很多的作用（例如，见 S. Chandrasekhar，"Beauty and the Quest for Beauty in Science"，*Physics Today*，July 1979，pp.25—30）；然而，在创造性过程进行了很久之后，物理学家时常把它过分浪漫化了。戴森对狄拉克和爱因斯坦在这方面的工作有一个有意思的见解，认为他们最重要的工作没有受到美学的影响，而是被实验的支配。此外，当他们被自己方程中对美感的追求所压倒时，他们的有益的科学贡献便终止了。对于爱因斯坦的理论中的美学吸引力，实验物理学家、操作主义哲学家布里奇曼（Percy Bridgman）在他的著作《一个物理学家的反省》[*Reflections of a Physicist*，Philosophical Library Inc.，New York (1950)] 中做出了另一个有意思的评论。他把追求"美"的方程视作一种危险的形而上学的消遣："我觉得许多宇宙学家在对数学的态度中，形而上学的成分很多。这里所说的形而上学，是指有效性'存在'的假设，但就这些有效性来说，可能没有操作性……总而言之，我应把坚信宇宙按正确的数学原理运作，且它的推论是人类有可能凭借一种侥幸的伎俩系统地表述这些原理，叫作形而上学。我相信这种态度就是许多宇宙学家对爱因斯坦广义相对论微分方程的普遍感情。例如，我询问过一位著名的宇宙学家：要是爱因斯坦方程使他增添如此多的烦恼，为什么他不放弃它们。他回答说，这种事是不可想象的，这些方程正是我们能真正确信的独一无二的东西。"

[9] *Opticks*，Query 18.

[10] 同上，Query 21。

[11] 正如早先他最初向玻意耳提出的那样。

[12] 同上，Query 21。

[13] 1896 年对都柏林三一学院的菲茨杰拉德（George FitzGerald）所说的话。

[14] E.R. Harrison, *Darkness at Night*, Harvard University Press (1987), p.69.

[15] 我们把这称为奥伯斯佯谬（Olbers' Paradox），虽然哈雷（他因发现一颗彗星的周期性而闻名于世，此颗彗星现以其名字命名）似乎是第一位强调其意义的天文学家，他于 1714 年把它称为一个"形而上学的悖论"。有关天空黑暗悖论的富有启发性的讨论，见 E.R. Harrison, *Darkness at Night*, Harvard University Press (1987)。不推荐 S. Jaki, *The Paradox of Olbers' Paradox*, Herder and Herder, NY (1969) 中的说明，其中提出的对此佯谬的解答是不正确的，见 Harrison，同上，p.173。

[16] J.E. Gore, *Planetary and Stellar Studies*, Roper and Drowley, London (1888).

[17] J.E. Gore，同上，p.233，引用于 E.R. Harrison, *Darkness at Night*, pp.167—168。

[18] S. Newcomb, *Popular Astronomy*, Harper, NY (1878).

[19] 此图根据 E.R. Harrison, *Darkness at Night*, p.169 上的图改制。

[20] 1998 年 1 月 17 日《独立报》，星期六增刊，第 10 页。

[21] 这种形式的目的论第一次郑重其事地出现在本特利关于玻意耳的演讲中。这些演讲从牛顿给本特利的信件中可很清楚地知道。牛顿极其赞同他的工作被用来做这样一种宗教辩护，即使他本人并未就此论题发表什么看法。详细讨论见 J.D. Barrow & F.J. Tipler, *The Anthropic Cosmological Principle*, Oxford University Press (1986)。

[22] J. Cook, *Clavis naturae; or, the mystery of philosophy unvail'd*, London (1733), pp.284—286.

[23] W. Whewell, *Astronomy and General Physics considered with reference to natural theology*, London (1833). The 3rd Bridgewater Treatise.

[24] 休厄尔详细地为以太假设辩解，指出与光学现象的复杂性相比，由力学定律

支配的以太假设显得简单，并能解释这些复杂的光学现象。此外，休厄尔假设必定存在几种不同的以太流体，以解释声、电、磁和化学现象的不同传播性质，这是因为它们的效应在定性上看来是如此不同。

[25]　B. Stewart and P.G. Tait，*The Unseen universe; or, physical speculations on a future state*，London (1875).

[26]　F. Kafka，*Parables*.

[27]　菲涅耳（Fresnel）的以太是静止不动的。斯托克斯（Stokes）想象当地球每天绕自身的轴自转以及每年绕太阳公转时，它拖动以太向前。麦克斯韦提出以太是由充满着自转涡旋管道的流体组成的一种电磁介质，就像电磁场的一个模型。

[28]　B. Jaffe，*Michelson and the Speed of Light*，Doubleday，NY (1960)；H.B. Lemon and A.A. Michelson，*The American Physics Teacher*，4，pp.1—11，Feb.(1936)；R.A. Millikan and A.A. Michelson，*The Scientific Monthly*，48，pp.16—27，Jan. (1939).

[29]　J.R. Smithson，"Michelson at Annapolis"，*American Journal of Physics*，18，pp.425—428 (1950).

[30]　J.C. Maxwell，*Encyclopaedia Britannica*（第 9 版），论"以太"的文章。

[31]　光干涉首先由托马斯·杨（Thomas Young）于 1803 年演示。

[32]　我们假定一条光路与以太的运动方向是平行的。一般说来，它不应是这样的，但这容易体现在计算中，而并不改变零结果的有效性。

[33]　A. Michelson，"The Relative Motion of the Earth and the Luminiferous Ether"，*American Journal of Science*，series 3，22，pp.120—129 (1881).

[34]　R.S. Shankland，"Michelson at Case"，*American Journal of Physics* 17，pp.487—490 (1950).

[35]　A. Michelson and E. Morley，*American Journal of Science*，series 3，34，pp.333—345 (1887).

[36]　洛伦兹提出质量和时间的数值也在变化。质量、长度和时间的变化现在被普遍称为洛伦兹变换，并且是爱因斯坦狭义相对论的组成部分。

[37] 洛伦兹似乎认为，把以太看作如同真空的表示是不妥当的。它具有的属性太多了。见 A.J. Knox，"Hendrik Antoon Lorentz，the Ether，and the General Theory of Relativity"，*Archive for History of Exact Sciences*，38，pp.67—68 (1988)。

[38] 由英国海军作战处长官发布的无线电对话，被引用于 *The Bilge Pump*，the newsletter of the Sunshine Coast Squadron in British Columbia，October 1994。

[39] A. Einstein，"Zur Elektrodynamick bewegter Körper"，*Annalen der Physik*，17，pp.891—921. 由于有失窃的危险，该卷期刊常被图书馆管理员从开放的书架上撤去。

[40] M 表示矩阵（matrix）或奥秘（mystery）。

[41] 此讨论应与后来库恩（Thomas Kuhn）引进的"范式"（paradigm）讨论比较，后者在某些范围内流行。库恩普及了科学"革命"的思想，其中新范式周期性地肃清旧范式。库恩的思想受到他对哥白尼"革命"历史的研究的强烈影响，这场革命推翻了在它之前的托勒玫天文学体系。然而，这个例子是特殊的，而且对我们看到的自牛顿以来物理学理论的发展来说不是典型的。这些理论的发展并未涉及推翻旧理论或范式。倒不如说，旧理论被揭示为新的、更普遍、可更广泛应用的理论的一种极限情形。

[42] 被引用于 Jaffe，同上，p.168。

[43] A. Einstein，"Über die Untersuchung des Ätherzustandes im magnetischen Felde"，*Physikalische Blätter*，27，pp.390—391 (1971).

[44] Einstein Archive FK 53，1899 年 7 月给马里奇的信。

[45] 1905—1916 年期间，爱因斯坦在其科学论文和在大众媒体上都始终坚定地否认物质以太的存在。

第 5 章 零究竟发生了什么

[1] A. Marvell，*The Poetical Works of Andrew Marvell*，Alexander Murray，London (1870)，"Definition of Love"，stanza Ⅶ.

[2] 哲学家康德以为，欧几里得几何学是从人的角度可想象的唯一的几何学。它

像一种束缚，迫使我们按它的方法进行思考。随着新几何学的产生，欧氏几何不久便被证明为完全不正确的。其实，康德本来不需要数学的新发展来告诉他这一点。通过在一面弯曲的反射镜里看欧几里得几何学的任一例子（例如在平坦表面上的一个三角形），本应很清楚，反射定律保证在曲面上必定存在几何"定律"，它们是那些存在于平坦表面上的定律的反映。

[3] Euclid，*Elements, Great Books of the Western World*，Encyclopaedia Britannica Inc.，Chicago (1980)，vol.11.

[4] 欧几里得原始的公理陈述为"如果一条线 A 与两条线 B 和 C 相交使 A 的一侧的内角之和小于两个直角，则 B 和 C 在该侧相交"。在许多几何学教科书里可找到具有如下形式的较简单的陈述："通过不在给定线 L 上的任一点恰有一条平行于 L 的线。"欧几里得的其他 4 条公设是：1) 从任一点可作一条直线；2) 在一条直线中可连续地产生有限直线；3) 以任意的中心和半径可画一个圆；4) 一切直角彼此相等。

[5] B. de Spinoza，*Ethics* (1670)，in Great Books of the Western World，vol.31，Encyclopaedia Britannica Inc.，Chicago (1980).

[6] 要做到这一点，可以声明：经过不在给定线 L 上的任一点，必有多于一条的线平行于 L，或者没有一条线能平行于 L。

[7] 如果有可能推导出 0=1，则此体系是不自洽的。注意，如果能推出此类不成立的任何陈述，那么我们可用它推出按该体系的说法，任何陈述都能成立。

[8] J. Richards，"The reception of a mathematical theory: non–Euclidean geometry in England 1868—1883"，in *Natural Order: Historical Studies of Scientific Culture*，eds B.Barnes and S.Shapin，Sage Publications，Beverly Hills (1979)；E.A. Purcell，*The Crisis of Democratic Theory*，University of Kentucky Press，Lexington (1973)；J.D. Barrow，*Pi in the Sky*，Oxford University Press (1992).

[9] R.L. Graham，D.E. Kunth & O. Patashnik，*Concrete Mathematics*，Addison Wesley，Reading (1989)，p.56.

[10] 其实，人们发现欧几里得用直观选择的公理有一些奇怪的遗漏。例如，直到

1882 年，帕施（Moritz Pasch）才注意到有些看来"显然"成立的东西无法根据欧几里得的经典公理证明。有一个例子：如果 A、B、C 和 D 都是排列在一条直线上的点，使得 B 位于 A 和 C 之间，而 C 位于 B 和 D 之间，证明 B 必定位于 A 和 D 之间。如果需要的话，这一条必须作为额外的公理添加到欧几里得几何学中。其他观察到的事实（并未被欧几里得系统地表述为公理，可也不能由他所选择的公理证实）还有：通过一个圆的中心的一条直线必定与此圆的圆周相交；与一个三角形的一条边相交，但并不与此三角形的任何顶点相交的直线，必定与此三角形的另一条边相交。

[11] 在数学家发现非欧几何的历程中，有一件怪事：大家为此花费了这么长时间，非欧几何却被证明有很大争议。美术家和雕刻家在数世纪以前就发现了曲面上画线和角的规则。在我的著作《天空中的 π》（*Pi in the Sky*）里，有一幅古印度早期的坐禅默想的象征图，称为斯里扬特拉，其中有一组三角形图案，其排列方式让许多线相交于单独一点上。这样的图案一般是画在平坦表面上的，然而由岩盐制作的这幅画有个不平常之处：它是在弯曲的球面上制成的，为了制作它，谅必要了解不少非欧几何学。另一件有意思的事情是，弯曲的反射镜、玻璃或磨光的金属早就存在了，不知数学家了解非欧几何学为何这般迟缓。如果你在一面弯曲的反射镜中看画在平坦表面上的一个欧几里得直角三角形，那么你将看见这个三角形及支配其性质的规则（如勾股定理）在曲面上的直接映像。在反射镜中被扭曲的三角形里，这些规则直接反映出了其对应体——必定有一套支配反射镜中的三角形性质的规则。这种相互联系最终为贝尔特拉米（Beltrami）、庞加莱（Poincaré）和克莱因（Felix Klein）更有条理地总结出来，他们证明欧几里得几何学和非欧几何学是同等一致的（equiconsistent），也就是说，一种几何学想在逻辑上有自洽性就需要求另一种几何学也有自洽性。

[12] 显而易见，此元素必定是唯一的。因为假如有两个元素 I 和 J，都具有单位元素的性质，那么 I 必定等于 I 同 J 的结合，而后者必定等于 J，所以 I 与 J 相同。

[13] 假如我们把零包括在内，那么可形成如 2/0 的分数，它们不是有限分数，于是

破坏了封闭性。

[14] 其实，德国数学家克莱因于 1872 年启动了一个计划，即"埃尔兰根纲领"（Erlangen programme），目的是通过把几何学定义为具有某些变换性质的数学结构，统一所有几何学的研究。例如，我们可把欧几里得几何学定义为在空间的旋转、反射、相似和平移变换下其性质保持不变的数学结构的研究。

[15] 出人意料，奥地利数学家哥德尔证明：如果一个数学结构丰富得足以包含算术，则它所定义的公理不可能是不自洽的。如果假定它是自洽的，则此结构就如下的意义而言必定是不完全的：必定存在以此结构的语言构造的陈述语句，使用此体系的推理规则，它既不能被证明是成立的，也不能被证明是不成立的。欧几里得几何学和非欧几何学都没有丰富到包含算术结构，所以这条不完全性定理并不适用于它们。详见 J.D. Barrow，*Impossibility: the limits of science and the science of limits*，Oxford University Press (1998)，chapter 8。

[16] 这种确定公理的自由度使某一陈述在一个公理系统里是"成立的"，而在另一个公理系统里则是"不成立的"。

[17] 注意，虽然我们引进的群的简单数学结构需要存在一个单位元素，它在某些情形里看来像是零或算术上的零，但不是所有数学结构都具有一个零元素。

[18] F. Harary & R. Read，*Proc. Graphs and Combinatorics Conference*，George Washington University，Springer，NY (1973).

[19] M. Gardner，*Mathematical Magic Show*，Penguin，London (1977).

[20] B. Reznick，"A Set is a Set"，*Mathematics Magazine*，66，p.95 (April issue 1993).

[21] 此书的全名为 *An Investigation of the Laws of Thought on Which are Founded the Mathematical Theories of Logic and Probabilities*。在他较早出版的书《逻辑的数学分析》（*The Mathematical Analysis of Logic*）中，他也发展了其中的一些概念。

[22] 对有限集而言，这是显然的事，而正如康托尔所证明的，对于无限集而言也是这样（这不那么明显）。它意味着有一个永无止境上升的无穷大阶梯，每个

无穷大比前一个大（在明确定义的意义上，即元素与元素之间没有一一对应）。一个给定集的所有子集所组成的集合称为它的幂集（power set）。

[23]　这些图以它们的发明者维恩（John Venn，1834—1923）命名。

[24]　此构造的基本概念由德国逻辑学家弗雷格（Gottlob Frege）发现，然后由罗素重新发现。这里给出的形式算是比较简单的，它是由冯·诺伊曼（John von Neumann）作为对弗雷格方案的改进而引入的。

[25]　R. Cleveland, "The Axioms of Set Theory", *Mathematics Magazine*, 52, 4, pp.256—257 (1979).

[26]　R. Rucker, *Infinity and the Mind*, Paladin, London (1982), p.40.

[27]　D.E. Knuth, *Surreal Numbers: How Two Ex-Students Turned On to Pure Mathematics and Found Total Happiness*, Addison Wesley, NY (1974). 在此引语中，康威的姓名中的大写字母恰好给出了希伯来语中耶和华（Jehovah＝Yahweh，对上帝的称呼）这个字的辅音。

[28]　J.H. Conway, *On Numbers and Games*, Academic, NY (1976).

[29]　D.E. Knuth，同上。

[30]　在此书的跋中，高德纳写道："我断定创造性无法使用一本教科书讲授，然而，一种'与课本唱反调的'东西，比如这本小说，倒可能是有用的。所以我试图撰写与朗道（Landau）的《数学的基础》（Grundlagen der Mathematik）正好相反的书；我的目的在于证明数学如何能'从教室里走出来而进入生活中'，并鼓励读者自己试试去探索抽象的数学概念。"高德纳在对话中选中了朗道，不过他的目标很可能是布尔巴基学派的数学表示方法。

[31]　负数类似地定义为：$-x=\{-R \mid -L\}$。

[32]　如果 x 和 y 由 $x=\{x^L \mid x^R\}$ 和 $y=\{y^L \mid y^R\}$ 给出，则它们的和 $x+y=\{x^L+y, x+y^L \mid x^R+y, x+y^R\}$；它们的积 $xy=\{x^Ly+xy^L-x^Ly^L, x^Ry+xy^R-x^Ry^R \mid x^Ly+xy^R-x^Ly^R, x^Ry+xy^L-x^Ry^L\}$。

[33]　J.H. Conway, "All Games Bright and Beautiful", *American Mathematics Monthly* 84, pp.417—434 (1977).

[34] A. Huxley，*Point Counter Point*，Grafton，London (1928)，p.135.

[35] J. Hick，*Arguments for the Existence of God*，Macmillan，London (1970).

[36] Anselm，Proslogion 2.

[37] C. Hartshorne，*A Natural Theology for our Time*，Open Court，La Salle (1967). 更详细的讨论可在如下著作里找到：J.D. Barrow & F.J. Tipler，*The Anthropic Cosmological Principle*，Oxford University Press (1986)，pp.105—109。

[38] B. Russell，"Recent work on the principles of mathematics"，*International Monthly*，4 (1901).

[39] G. Cantor，*Grundlagen einer allegemeinen Mannigfaltigkeitslehre*，B.G. Treubner，Leipzig (1883)，p.182；英译本为：*Foundations of the Theory of Manifolds*，transl. U. Parpart，the *Campaigner* (The Theoretical Journal of the National Caucus of Labor Committees)，9，pp.69—96(1976)。这里的英译文出自 J. Dauben，*Georg Cantor*，Harvard University Press，Mass. (1979)，p.132。

第 6 章 空宇宙

[1] P. Kerr，*The Second Angel*，Orion，London (1998)，p.201.

[2] 这里用"强"这个字，意指引力梯度能够诱导粒子以接近光速运动。

[3] 光在介质中的运动速度慢于它在真空中的速度。光在介质中能够以超过该介质中光速的速度运动。出现这种情况时，会产生一种辐射，称为切伦科夫辐射，人们可以对此进行常规观测。实验物理学家常用它探测来自空间的高速粒子。

[4] 我们把质量和能量放在一起讨论，因为按照爱因斯坦著名的公式 $E=mc^2$，它们是等价的，这里 E 是能量，m 是质量，c 是真空中的光速。

[5] 这种涟漪称为引力波。它们以光速运动，可视为引力场影响的传播。转动的长程效应称为惯性参考系的拖曳（dragging），它拉着物体在与附近引力源相同的转动方向上转动。这两种现象在牛顿引力理论中都是没有的。

[6] 弯曲的空间很容易想象，但是弯曲的时间听起来十分陌生。实际上，它等于时间流逝速率相对于距离所有质量无限远的地方（即平坦空间处）的时间流逝

速率的变化。一般说来，时钟测量的时间在强引力场中的流逝较弱引力场中更慢。这也已经被观测到了。

[7]　这一图景有一个有趣且有争论的结论：它意味着时空是一个基本概念，而不是单独的空间或时间，或两者的叠加。时空模块（the block of spacetime）可以有无限多种不同的方式被切割成一堆弯曲的薄片，所有薄片外表上都差不多。这对应于一种时间选择。每片薄片上的事件都是同时发生的，但不同的运动观测者产生不同的薄片、不同的时间标准，以及进行着他们认定同时发生的不同观测。这种时空模块图景意味着未来就“在不远处”。相反，在其他学科里，时间流是与充分展开的事件以及信息、熵和复杂性的增加相关联的，丝毫没有未来在不远处等待的含义。关于时空模块的理论含义和哲学含义的有趣讨论，见 C.J. Isham & J.C. Polkinghorne，“The Debate over the Block Universe”，in *Quantum Cosmology and the Law of Nature* (2nd edn)，eds R.J. Russell，N. Murphy and C.J. Isham，University of Notre Dame Press (1996)，pp.139—147。

[8]　所有的基本力似乎都有输运相互作用的“传递”粒子（即“交换”粒子）。带电粒子之间的电磁相互作用的传递粒子是光子，光子不带电荷，所以不会发生自相互作用。引力由引力子传递（与前面讨论的引力波是一回事），引力子具有质量和能量，所以它能感受到引力，会发生自相互作用。你可以建立一个只包含引力子的引力世界，但无法建立一个只包含光子的电磁世界。

[9]　Isaiah 34 v.11—12.

[10]　J.D. Barrow，*The Origin of the Universe*，Orion，London (1994).

[11]　只要当质量和能量的分布随薄片而改变时，能量、电荷和角动量守恒。

[12]　M.J. Rees & M. Begelman，*Gravity's Fatal Attraction*，Scientific American Library，New York (1996)，p.200.

[13]　C.S. Peirce，*The Collected Papers of Charles Sanders Peirce* (8 vols)，ed. C.Hartshorne et al，Harvard University Press，Cambridge，Mass. (1931—1950)，vol.4，section 237.

[14] E. Mach，*The Science of Mechanics*，first published in 1883，reprinted by Open Court，La Salle (1911).

[15] J.D. Barrow，R. Juszkiewicz & D. Sonoda，"Universal Rotation: How Large Can It Be ?"，*Mon. Not. Roy. Astr. Soc.*，213，pp.917—943 (1985).

[16] 下一章将讨论的暴胀宇宙理论，让人认为宇宙转动将是很小的。暴胀（宇宙膨胀加速期）出现前存在的任何转动在暴胀期间将被大大减小。此外，可认为产生暴胀的物质场是不能转动的，所以暴胀不可能以能够产生密度变化和引力波变化的方式产生转动。的确，观测到的宇宙大尺度转动对暴胀理论来说将是致命的。参阅 J.D. Barrow & A. Liddle，"Is inflation falsifiable ?"*General Relativity & Gravitational Journal*，29，pp.1501—1508 (1997)。

[17] 当然，如果你对均匀性和各向同性的小偏离如何会产生，以及它们为什么具有所观测到的图像之类的特殊问题感兴趣，那么你不用做出这样的假设。相反，你可以假设不规则是很小的（但不是零），而宇宙平均而言是均匀且各向同性的。

[18] A. Friedmann，*Zeitschrift für Physik*，10，p.377 (1922) & 21，p.326 (1924).译本载于 Cosmological Constants，eds J. Bernstein and G. Feinberg，Columbia University Press (1986)。R.C. Tolman，*Relativity, Thermodynamics and Cosmology*，Oxford University Press (1934).

[19] 另一种收缩假设被排除了，因为它将导致已有的高密度的"挤压"。

[20] 弗里德曼是一位勇敢的科学气球飞行员，曾创造过当时的世界高度纪录。用现代标准来看，这些飞行是很莽撞的，飞行员常常得在极端恶劣气候条件下承受无法避免的昏厥期。这些冒险传记的细节可参阅，E.A. Tropp，V.Ya. Frenkel & A.D. Chernin，*Alexander A.Friedmann: The Man Who Made the Universe Expand*，transl.A. Dron and M. Burov，Cambridge University Press (1993)。

[21] R. Rucker，*The Fourth Dimension*，Houghton Mifflin，Boston (1984)，p.91.

[22] G. Lemaître，"Evolution of the expanding universe"，*Proceedings of the*

National Academy of Sciences，Washington，20，p.12 (1934).

[23] 对于压力为 p、能量密度为 ρc^2（其中 c 为光速）的流体，引力为吸引（排斥）的条件为 ρc^2+3p 为正（负）。在均匀和各向同性的宇宙中，宇宙学常量等价于压力 $p=-\rho c^2$ 的流体，因此，它是引力排斥的。

[24] 开端在过去某个密度很高（无穷大？）状态的膨胀宇宙，这一描述是霍伊尔于 1950 年在一次电台广播中杜撰的，以便将它与稳恒态理论相比较。

[25] W.H. McCrea，*Proc.Roy.Soc.A* 206，p.562 (1951). 麦克雷不知道勒梅特早期的文章（参见本章注释 22）中谈到过把兰姆达项解释为广义相对论中有压力和密度的流体。

[26] A. Sandage，*Astrophysical Journal Letters* 152，L.149—154 (1968).

[27] D. Sobel，*Longitude*，Fourth Estate，London (1995).

[28] 统计置信度为 95%。

[29] S. Perlmutter et al，"Measurements Ω of Λ and from 42 high-redshift supernovae"，*Astrophysical Journal*，517，pp.556—558 (1999). B.P. Schmidt et al，"The high-Z supernova search: measuring cosmic deceleration and global curvature of the Universe using type Ia supernovae"，*Astrophysical Journal* 507，pp.46—63 (1998).

第 7 章　绝对不可能空的盒子

[1] B. Hoffman，*The Strange Story of the Quantum*，Penguin，London (1963)，p.37.

[2] 爱因斯坦 1952 年给利普金（D.Lipkin）的信，引自 A. Fine，*The Shaky Game*，University of Chicago Press (1986)，p.1。

[3] 我自己的描述（引用了许多其他人的书作为参考文献）可以在下列书中找到：J.D. Barrow，*The Universe that Discovered Itself*，Oxford University Press (2000).

[4] 引自 N.C. Panda，*Maya in Physics*，Motilal Bonarsidass Publishers，Delhi (1991)，p.73.

[5]　爱因斯坦 1919 年 6 月 4 日给玻恩的信，引自 Max Born，*The Born-Einstein Letters*，Walker & Co.，New York (1971)，p.11.

[6]　R. Feynman，*The Character of Physical Law*，MIT Press，Cambridge，Mass. (1967)，p.129.

[7]　W. Heisenberg，*Physics and Beyond: Encounters and Conversations*，Harper and Row，New York (1971)，p.210.

[8]　H.A. Kramers，引自 L.Ponomarev，*The Quantum Dice*，IOP，Bristol (1993)，p.80。

[9]　黑体是理想的光吸收体和发射体。

[10]　零摄氏度等于 273.15 开氏度。

[11]　它的数值经测量为 $h \approx 6.626 \times 10^{-34}$ 焦·秒。

[12]　有人曾预计在大部分波长范围上该辐射谱应当满足普朗克公式，但是关键在于，它在某个波长范围内与普朗克曲线吻合到什么程度。之所以会产生这一兴趣是因为，假如宇宙史曾经历过与星系形成有关的剧烈事件，那么温度更高的其他辐射源会叠加到大爆炸遗留下来的原始辐射上。这会使该辐射谱稍微偏离普朗克谱的形状。观测已经表明，即使到很高的精度上都不存在这种与纯普朗克谱的偏离。这向我们揭示了有关宇宙史的一些重要事情。

[13]　J.C. Maxwell，*Treatise on Electricity and Magnetism*，Dover，NY (1965).

[14]　零点能的思想是普朗克在 1911 年首先引入的，他试图解释物质和辐射是如何相互作用从而产生黑体的普朗克谱的。普朗克首先指出，当辐射以分立的一份份量子包的形式释放时，辐射的吸收能连续地取各种数值。该假设（三年后被普朗克放弃）导致下列结论：即使温度处于绝对零度，系统也具有能量 *hf*/2。1913 年，爱因斯坦和施特恩①（Otto Stern）指出，仅当零点能也被考虑在内时，才能够从普朗克黑体分布获得准确的能量经典（非量子）极限（*Annalen der Physik*，40，pp.551—560[1913]）。进一步的讨论见 D.W. Sciama，*in The Philosophy of Vacuum*，Oxford University Press (1991)，pp.137—158.

---

①　施特恩（1888—1969），物理学家，著名的施特恩–革拉赫分子束实验的提出者之一。

[15]   H.B.G. Casimir, "On the attraction between two perfectly conducting plates",
Koninkl. Ned. Akad. Wetenschap. Proc., 51, pp.793—795 (1948); 卡西米尔对
这些效应的研究首先针对一种特殊情况——两个极化原子之间的吸引力。吸
引力产生后,卡西米尔再用平行金属板替代极化原子。参阅 H.B.G. Casimir
& D. Polder, "The Influence of Retardation on the London-van der Waals
Forces", *Phys. Rev.* 73, pp.360—372 (1948); G. Plumien, B. Muller & W.
Greiner, "The Casimir Effect", *Phys. Rep.*, 134, pp.87—193 (1986)。这个
效应的完整计算需要考虑几个重要细节,例如当尺度小到单个原子甚至更小
时,不能把金属板当作理想导体。该领域最完整的著作是 P.W. Milonni, *The
Quantum Vacuum: an introduction to quantum electrodynamics*, Academic,
San Diego (1994)。简单的描述可参阅 T. Boyer, "The classical vacuum",
Scientific American (Aug. 1985)。

[16]   公式给出 0.2 牛顿每平方米。这些数据取自斯巴内的实验研究。

[17]   J. Ambjorn & S. Wolfram, Ann. Phys., 147, p.1 (1983); G.Barton, "Quantum
electrodynamics of spinless particles between conducting plates", *Proc. Roy.
Soc. A*, 320, pp.251—275 (1970).

[18]   M.J. Sparnaay, "Measurement of the attractive forces between flat plates",
Physica, 24, p.751 (1958).

[19]   S.K. Lamoreaux, "Demonstration of the Casimir force in the 0.6 to 6 μm
range", *Phys. Rev. Lett.* 78, pp.5—8 (1997); 81, pp.5475—5476 (1998).

[20]   仔细的计算必须考虑下列情况:与我们描述过的简单计算所做的假定不一样,
实验并不在绝对零度下进行,金属板(由镀膜石英制成)也不是理想导体。

[21]   C.I. Sukenik, M.G. Boshier, D. Cho, V. Sandoghdar & E. Hinds,
"Measurement of the Casimir-Polder force", *Phys. Rev. Lett.*, 70, pp.560—
563 (1993).

[22]   H.E. Puthoff, "Gravity as a zero-point fluctuation force", *Phys. Rev. A*,
39, pp.2333—2342 (1989); R.L. "Forward, Extracting electrical energy from

the vacuum by cohesion of charged foliated conductors", *Phys. Rev. B*, 30, 1700—1702 (1984); D.C. Cole & H.E. Puthoff, "Extracting energy and heat from the vacuum", *Phys. Rev. E*, 48, pp.1562—1565 (1993); I.Y. Sokolov, "The Casimir Effect as a possible source of cosmic energy", *Phys. Let. A*, 223, pp.163—166 (1996); P.Yam, "Exploiting zero-point energy", *Scientific American*, 227, pp.82—85 (Dec.1997).

[23] J. Schwinger, "Casimir light: field pressure", *Proc. Nat. Acad. Sci. USA*, 91, pp.6473—6475 (Dec.1994); C. Eberlein, "Sonoluminescence as quantum vacuum radiation", *Phys. Rev. Lett.*, 76, pp.3842—3845 (1996).

[24] K.A. Milton & Y.J. Ng, "Observability of the bulk Casimir effect: can the dynamical Casimir effect be relevant to sonoluminescence?", *Phys. Rev. E*, 57, pp.5504—5510 (1998); V.V. Nesterenko & I.G. Pirozhenko, "Is the Casimir effect relevant to sonoluminescence?", *Sov. Physics JETP Lett.*, 67, pp.420—424 (1998).

[25] J. Masefield, *Salt-water Ballads*, "Sea Fever" (1902).

[26] P.C. Causeé, L'Album du Marin, Charpentier, Nantes (1836).

[27] S.L. Boersma, "A maritime analogy of the Casimir effect", *American J.Physics*, 64, p.539 (1996). 作者说，阿姆斯特丹船舶博物馆的鲁尔夫泽马（Hazelhoff Roelfzema）使他注意到科塞（Causea）书中的这个问题。

[28] 布尔斯马计算的吸引力 $F=2\pi^2 m\eta hA^2/(QT2)$，其中 m 为每条船的质量（假定两条船有相同的质量），A 为船在浪涛中颠簸的角度（以弧度表示），h 为船的定倾中心的高度，T 为船的振荡周期，Q 为振荡的品质因子，η 为摩擦损失能量的效率。代入 $m=700$ 吨，$h=1.5$ 米，$A=8$ 度（$=0.14$ 弧度），$T=8$ 秒，$Q=2.5$，$\eta=0.8$，则 $F=2000$ 牛。

[29] 见 J. Wintraub, *Peel Me a Grape* (1975), p.47。

[30] W. Lamb & R.C. Retherford, *Phys. Rev.*, 72, p.241 (1947). 理论解释参阅 T.A.Welton, *Phys.Rev.*, 74, p.1157 (1948)。

[31]　P. Kerr，*The Second Angel*，Orion，London (1998)，p.316.

[32]　想知道为理解世界还需要了解什么，可参阅 J.D.Barrow，*Theories of Everything*，Vintage，London (1988)。

[33]　因为粒子的量子波长反比于它的质量。

[34]　F. Close & C. Sutton，*The Particle Connection*，Oxford University Press (1987).

[35]　尽管有内在的微弱性，但引力在控制大块集聚物质的行为中战胜了电磁力，因为电荷分为两种：正电荷和负电荷。我们很难把大量的非零电荷物质集合到一起。引力作用于物质，而相比之下，物质都以正的面目出现，所以它的效应在大量物质集聚时是累积的。

[36]　老子，《道德经》，第 11 章。

[37]　这个数首先是索墨菲（Arnold Sommerfeld）在 1911 年定义的，称为精细结构常数，它等于 $2\pi 2e^2/hc$。这些进展详见 J.D. Barrow & F.J. Tipler，*The Anthropic Cosmological Principle*，Oxford University Press (1986)，第 4 章。

[38]　C. Pickover，*Computers and the Imagination*，St Martin's Press，NY (1991)，p.270.

[39]　正电子是电子的反粒子，它们具有相同的质量，但电荷的符号相反。当电子遇到正电子时，它们将湮灭，产生两个光子。电荷相消变成零。

[40]　术语"黑洞"是美国物理学家惠勒（John A.Wheeler）于 1968 年在一篇文章中首创的，详见 "Our Universe: the known and the unknown"，*American Scholar*，37，p.248 (1968)，它重印于 *American Scientist*，56，p.1 (1968)。他还杜撰了另一个术语"虫洞"（wormhole）。

[41]　黑洞的半径 R 正比于其质量 M，因此，其密度正比于 M/R^3，并按 $1/M^2$ 变化。所以，黑洞质量越大，其密度就越小。

[42]　这种黑洞"杀手"的特征表现为，施加在有限大小物体上的吸引力（称为"潮汐力"）有强烈变化。但一个大小为零的点粒子不会有这种变化，它在引力的作用下自由地落入黑洞时，将不会有任何感受，无论是大黑洞还是小黑洞。

有限大小的物体将被拉长，因为物体接近黑洞的部分比远端部分受到更强的拉力。黑洞的密度（参见本章注释41）可以很好地度量这种潮汐力的强度。质量为太阳质量一亿分之一的黑洞可撕裂落入其视界的恒星，更大的黑洞能够吞没落入视界的整个恒星，而不会将它们撕裂。

[43]　J.P. Luminet，*Black Holes*，Cambridge University Press (1992).

[44]　M. Begelman & M.J. Rees，*Gravity's Fatal Attraction*，W.H. Freeman，San Francisco (1996).

[45]　S.W. Hawking，"The Quantum Mechanics of Black Holes"，*Scientific American*，January (1977).

[46]　黑洞不会因俘获一对粒子中的一个而增加质量。考虑到正反粒子对的势能变化，此过程将使黑洞损失质量。粒子对将情愿保持一定距离，这会使它们的总能量为零。

[47]　黑洞的温度反比于它的质量。将黑洞质量全部辐射完所需的时间正比于其质量的立方。

[48]　在爱因斯坦引力理论中，引力的局部效应应该无法与以适当速率加速运动时，物体所经受的效应区分开。因此，在很短的时间间隔中，我们不可能区分物体处在一个在引力作用下自由下落的小电梯里，还是处在一个向下加速运动的电梯里。如果我们将此应用于真空中的黑洞，我们将无法把存在于非常接近视界的黑洞引力场中的情况，与一个以等于由视界处引力所产生的加速度运动的观测者所经历的情况区分开来。事实上，正如昂鲁（Bill Unruh）和戴维斯（Paul Davies）首先指出的，这完全与预想的一致。如果一个观测者以均匀的速率 A 加速通过一个量子真空，那么该观测者将探测到温度为 $T=hA/4\pi ck$ 的热辐射，其中 c 为光速，k 为玻尔兹曼常量，h 为普朗克常量。

第 8 章　有多少个真空

[1]　引自《观察家报》（*Observer*，4 July 1999）。

[2]　与许多学科的情况相反，物理学和天文学等学科的研究杂志大量过剩。所有

研究文章都"发表"了电子版，并根据评语、注明出处的要求或勘误进行校订——而这些也都是用电子邮件送交作者的。

[3]　注意，著名的牛顿运动定律并不满足爱因斯坦的这一观点。牛顿第一运动定律，即"一切不受任何力作用的物体将保持静止状态或匀速直线运动"，就不是一个所有观测者都认为正确的定律。牛顿解释说，只有相对于绝对空间不做加速运动或转动的观测者，才能观察到这种情况，这就是所谓的"惯性观测者"。例如，如果一名宇航员在转动的飞船里朝窗外看，他将看到附近一颗卫星正加速通过窗口，即使卫星根本没有受到力的作用。转动的飞船里的宇航员不是一个惯性观测者。

[4]　引自 *Observer*，12 December 1999，p.30。

[5]　J.D. Barrow，*Theories of Everything*，Vintage，London (1991)；B.Greene，*The Elegant Universe*，Vintage，London (2000).

[6]　A. Linde，"The Self-Reproducing Inflationary Universe"，*Scientific American*，no.5，vol.32 (1994).

[7]　A. Guth，*The Inflationary Universe*，Vintage，London (1998).

[8]　分形面则并非如此。在各种放大的尺度上它们都有结构。

[9]　W. Allen，*Getting Even*，Random House，NY (1971)，p.33.

[10]　星系团集团的等级划分并不明确。星系团形成所谓的"超星系团"，似乎是最后一个等级。

[11]　该术语是社会学家默顿（Robert Merton）杜撰的，已经获得荣誉和奖金的人似乎采用这种办法就能获取更多的荣誉和奖金。它取自《圣经·马太福音》第13 章第 12 节中耶稣的话："凡有的，还要加给他，叫他有余。凡没有的，连他所有的也要夺去。"

[12]　在宇宙的年龄大约为 1000 万年之时。

[13]　P. de Bernadis et al，"A flat universe from high-resolution maps of the cosmic microwave background radiation"，*Nature*，404，pp.955—959 (2000).

[14]　根据在加州大学圣塔芭芭拉分校物理系网站上提供的飞去来器合作项目的数据。

[15] *The Independent*, quoted in third Leader article in Review section, p.3, 13 November 1999.

[16] J.D. Barrow, "Dimensionality", *Proc. Roy. Soc. A.*, 310, p.337 (1983); J.D. Barrow & F.J. Tipler, *The Anthropic Cosmological Principle*, Oxford University press (1986), Chap. 6; M. Tegmark, "Is 'the theory of everything' merely the ultimate ensemble theory ?", *Annals of Physics* (NY), 270, pp.1—51 (1998).

[17] 建立在硅化学基础上的关于生物化学家的科幻故事，曾一度引起了人们的兴趣。这些东西看上去没有什么发展前途，但具有讽刺意义的是，借助碳基生命的催化，硅物理看来最可能实现人工生命形式之路。

[18] 暴胀期间，标量物质场单独贡献的压力是负的，所以膨胀物质能量的变化实际上提供了做功的能量。

[19] 科尔曼（Sidney Coleman）提出一个这种类型的不完全解决办法。他建议，假如宇宙的拓扑足够复杂，具有许多洞、柄和管（"虫洞"），那么任何兰姆达项的存在都会产生一个相反的应力，极准确地抵消该兰姆达项。于是，在宇宙膨胀并变得很大时测量到的兰姆达最可能的数值将非常接近于零。遗憾的是，这种看上去很吸引人的想法没有能经受住详尽研究的考验，迄今没有任何类似的普遍证据能告诉我们兰姆达的数值为什么如此之小。

[20] I Corinthians chap. 15 v. 51—52.

[21] 最新版本的暴胀，如混沌暴胀，能够用单个真空凑合。

[22] P. Hut & M.J. Rees , "How stable is our vacuum ?", *Nature*, 302 (1983), pp.508—509; M.S. Turner & F. Wilczek, "Is our vacuum metastable ?", *Nature*, 298 (1982), pp.633—634. 更多关于世界可能"突然"死亡的评述，见 J. Leslie, *The End of the World*.

[23] 美国公众曾担忧美国国家实验室计划的一系列高能粒子碰撞实验会引发这种灾难。

[24] N. Eldridge & S.J. Gould, "Punctuated equilibria: an alternative to phyletic

gradulism", in T.J.M. Schoof (ed.), *Models in Paleobiology*, W.H. Freeman, San Francisco (1972), pp.82—115.

[25]   A.S.J. Tessimond, *Cats*, p.20 (1934).

[26]   T. Kibble, "Topology of Cosmic Domains and Strings", *Journal of Phycics A*, 9, pp.1387—1397 (1972).

[27]   不要将这些与超弦和超弦理论相混淆。超弦理论允许宇宙弦存在，但不是必然允许的。

[28]   引自 P. Bak, *How Nature Works*, Oxford University Press (1997), p.39。

[29]   这种引力透镜现象是爱因斯坦预言的，现在已相当普遍地被观测到了，但是，就观测到的情况而言，人们相信它是由非宇宙弦天体产生的。在我们自己的银河系和大麦哲伦云（附近的一个小星系）里，引力透镜现象是质量类似于恒星的一些非发光天体产生的。

第 9 章　真空的开端和终结

[1]   M. Proust, *Le Côté de Guermantes* (1921), transl. as Guermantes' Way, by C.K. Scott Moncrieff (1925), vol.2, p.147.

[2]   G.K. Chesterton, *The Napoleon of Notting Hill*, first published in 1902, Penguin, London (1946), p.9.

[3]   E.O. James, *Creation and Cosmology*, E.J. Brill, Leiden (1969); C. Long, *Alpha: the Myths of Creation*, G. Braziller, New York (1963); C. Blacker & M. Loewe (eds), *Ancient Cosmologies*, Allen & Unwin, London (1975); M. Leach, *The Beginning: Creation Myths around the World*, Funk and Wagnalls, New York (1956).

[4]   M. Eliade, *The Myth of the Eternal Return*, Pantheon, New York (1954); 也可参阅 J.D. Barrow & F.J. Tipler, *The Anthropic Cosmological Principle*, Oxford University Press (1986)。

[5]   T. Joseph, "Unified Field Theory", *New York Times*, 6 April 1978.

[6] 一系列有趣的文章载于 R. Russell，N. Murphy & C. Isham，*Quantum Cosmology and the Laws of Nature*，2nd edn，University of Notre Dame Press，Notre Dame (1996)。

[7] A. Ehrhardt，"Creatio ex Nihilo"，*Studia Theologica* (Lund)，4，p.24 (1951)，and *The Beginning: A Study in the Greek Philosophical Approach to the Concept of Creation from Anaximander to St.John*，including a memoir by J. Heywood Thomas，Manchester University Press (1968)；D. O'Connor & F. Oakley (eds)，*Creation: the impact of an idea*，Scribners，New York (1969).

[8] 对于圣奥古斯丁而言，时间与世界必须同时出现的思想也被包括进来，这种思想被搞得更加复杂了，从而，这也回避了在世界出现"之前"存在什么东西的问题。

[9] S. Jaki，*Science and Creation*，Scottish Academic Press，Edinburgh (1974)，and *The Road of Science and the Ways to God*，University of Chicago Press (1978).

[10] G.F. Moore，*Judaism in the First Centuries of the Christian Era I*，Cambridge，Mass. (1966)，p.381.

[11] Wisdom chap. 11 v. 17.

[12] 7 v. 28.

[13] G. May，*Creatio ex Nihilo*，trasl. A.S. Worrall，T & T Clark，Edingburgh (1994)，p.8.

[14] H.A. Wolfson，"Negative Attributes in the Church fathers and the Gnostic Basilides"，*Harvard Theol.Review*，50，pp.145—156 (1957)，J. Whittaker，"Basilides and the Ineffability of God"，*Harvard Theol.Review*，62，pp.367—371 (1969).

[15] 这句话有一个优美的表达："最初就没有别的人与他同在；他没有可居之地，也没有出世之地或安息之地；没有原形供他制作楷模；工作之时没有艰难折磨他；没有东西供他支配，做他想创造的东西；没有同伴与他一起劳作，做

他制作的东西。谈论任何这类东西，都是愚蠢的。"见 the Tripartite Tractate of Valentius in the Jung Codex，引自 May，同上，p.75，由阿特里奇（H.W. Attridge）和帕格尔斯（E. Pagels）翻译。

[16]　四个世纪以后，菲洛波努斯①（John Philoponus）仍然用这个论据来反驳同样的提议。他把艺术家的创造性定义为以一种新方式重新安排现有要素的活动，把自然界的创造性定义为从无生命物质中展现生命。神的创造则高于这两者，因为它可以"无中生有"。

[17]　尽管如此，他的世界观的其他方面不同于基督教的主流传统。巴西里德斯似乎是一个相信上帝除了献出初始条件之外对萌芽宇宙没有起更多作用的自然神论者。上帝的创造活动仅限于一次行动。

[18]　F.M. Cornford, *Microcosmographia Academica*, Cambridge University Press (1908), p.28.

[19]　N. Rescher, *The Riddle of Existence*, University Press of America, Lanham (1984), p.2.

[20]　J.D. Barrow, *Impossibility*, Oxford University Press (1998).

[21]　N. Malcolm, *Ludwig Wittgenstein: A Memoir*, Oxford University Press (1958), p.20.

[22]　M. Heidegger, *Introduction to Metaphysics*, Yale University Press, New Haven (1959); L. Wittgenstein, *Tractatus Logico-Philosophicus*, London (1922), section 6.44.

[23]　H. Bergson, *Creative Evolution*, transl. A. Mitchell, Modern Library, NY (1941), p.299. 这类期望能"无中生有"的集合论基础还出现在以下几本书最后一章的讨论中：C. Misner, K. Thorne & J.A. Wheeler, *Gravitation*, W.H. Freeman, San Francisco (1972)，以及 P. Atkins, *The Creation*, W.H. Freeman, San Francisco (1981).

[24]　例如，在欧几里得几何学中，一个三角形的三个内角和为180°，但在非欧几

———————————

① 菲洛波努斯，6世纪希腊基督教哲学家、神学家和文学研究家。

何中则不等于 180°。

[25]　A. Hodges，*The Enigma of Intelligence*，Unwin，London (1985)，p.154.

[26]　J.D. Barrow，*Impossibility*，Oxford University Press (1998).

[27]　R. Penrose，*The Emperor's New Mind*，Oxford University Press (1989).

[28]　这个特征是：存在一些算术陈述，其真伪是不能用算术规则和公理证明的。更深入的讨论见 J.D. Barrow，*Impossibility*，Oxford University Press (1998).

[29]　N. Rescher，*The Riddle of Existence*，University Press of America，Lanham (1984)，p.3.

[30]　T. Joseph，"Unified Field Theory"，*New York Times*，6 April 1978.

[31]　爱因斯坦认为，在物理学理论中，无穷大和奇点都是不可接受的。他在普林斯顿的助手伯格曼（Peter Bergman）写道："爱因斯坦似乎始终认为，经典场论中的奇点是不可容忍的。从经典场论的观点来看，它们之所以不可容忍是因为奇点区域代表了自然定律的失效。我认为，人们可以将这个论据换个说法，将之说成是一个包含奇点，并且是不可避免地包含奇点的理论自身携带了自我毁灭的种子。"载于 H. Woolf，*Some Strangeness in the Proportion*，Addison Wesley，MA (1980)，p.156.

[32]　数学思想综述参阅下书的第一章：S.W. Hawking & R. Penrose，*The Nature of Space and Time*，Princeton University press (1996)。叙述性的解释参阅 J.D. Barrow & J. Silk，*The Left Hand of Creation* (2nd edn.)，Penguin，London and Oxford University Press，New York (1993).

[33]　已经发现的宇宙微波背景辐射足以满足这个要求。

[34]　众所周知，"未出现密度或温度等物理量无穷大"的不完全宇宙史是存在的。但是，尽管怀疑这些例子在某种方式下是爱因斯坦方程的非典型解，但一般而言，我们并不能证明这一点。原先的彭罗斯定理是对物质云坍缩情况（像膨胀宇宙倒过来进行）的证明。随后，霍金和彭罗斯证明了，这个定理的一种改述可应用于宇宙学。更详细的内容，请参阅 S.W. Hawking & G.F.R. Ellis，*The Large Scale Structure of Space-time*，Cambridge University Press (1973).

[35]　J.Earman，*Bangs*，*Crunches*，*Whimpers*，*and Shrieks: singularities and acausalities in relativistic spacetimes*，Oxford University Press (1995).

[36]　如果把兰姆达力解释为爱因斯坦方程中的真空能，那么它就像一种表现出引力排斥的物质形态，因为它的压力 p 和密度 ρ 满足关系式 $p = -\rho c^2$。无论物质是否满足较弱的条件 $3p < -\rho c^2$，引力排斥都会产生。奇点定理假定 $3p > -\rho c^2$。

[37]　M. Eliade，*The Myth of the Eternal Return*；J.D. Barrow & F.J. Tipler，*The Anthropic Cosmological Principle*，Oxford University Press (1986).

[38]　很可能，这两个奇点在结构上是很不相同的。宇宙在膨胀阶段的演化过程中，不规则性倾向于增长。这些不规则性在收缩阶段甚至将进一步放大，而最终的奇点将是极不规则的。

[39]　这里最大的假设是，在宇宙反弹时任何违反热力学第二定律的东西都不可能出现（当然，任何这种"定律"都是适用的）。

[40]　托尔曼（R.C. Tolman）首先在下面两篇文章中指出了这一点："On the problem of the entropy of the universe as a whole"，*Physical Review*，37，pp.1639—1771 (1931) 和 "On the theoretical requirements for a periodic behaviour of the universe"，*Physical Review*，38，p.1758 (1931)。一篇详细的再分析文章：J.D. Barrow & M. Dąbrowski，"Oscillating Universes"，*Mon. Not. Roy. Astron. Soc.*，275，pp.850—862 (1995)。

[41]　E.R. Harrison，*Cosmology: the science of the universe*，Cambridge University Press (1981)，pp.299—300.

[42]　A. Swinburne，"The Garden of Proserpine"，*Collected Poetical Works*，p.83.

[43]　F. Dyson，"Life in an open universe"，*Review of Modern Physics*，51，p.447 (1979).

[44]　J.D. Barrow & F.J. Tipler，*The Anthropic Cosmological Principle*，Oxford University Press (1986)，chap. 10.

[45]　处理一个给定数量的信息所需的最小绝对能量由热力学第二定律决定。如果 ΔI 是所处理信息的比特数，则第二定律要求 $\Delta I \leq \Delta E/kT\ln 2 = \Delta E/T$（尔格/

开）（1.05×10^{16}），其中 T 为开氏温度，k 为玻尔兹曼常量，ΔE 为消耗的自由能。如果温度处于绝对零度之上（按热力学第三定律的要求，$T > 0$），那么每处理 1 比特信息都必须让耗能量达到最小。这个不等式由布里渊（Brillouin）引入。

[46] S.R.L. Clark，*How to Live Forever*，Routledge (1995).

[47] *The Anthropic Cosmological Principle*，同上，p.668.

[48] 现有观测表明，在我们的宇宙中并不是这种情况。似乎宇宙将永远局部膨胀下去，而且如果永恒暴胀的设想是真实的，那么宇宙也将继续整体膨胀。马古埃乔（João Magueijo）、比恩（Rachel Bean）和我（"Can the Universe escape eternal inflation？"，*Mon. Not. Roy. Astron. Soc.*，316，L41—44[2000]）发现了宇宙避免加速膨胀的一种方式。如果宇宙包含一个标量场，那它将在一个势能景观中下落，后者正在陡峭下降，但有一个 U 形小缝隙，具有一个局部极小谷，那么，该标量场能够通过这个极小谷，并产生一个短暂的暴胀时期。标量场将努力攀上斜坡，然后沿斜坡继续下降。在发生这种情况时，膨胀将阻止加速，变成通常的减速膨胀，即大部分宇宙史所经历的状态。具有这种形状的势能景观已在高能时的弦理论中获得证明。阿尔伯莱克特（A. Albrecht）和斯科迪司（C. Skordis）建议将它们用于宇宙学（*Phys. Rev. Lett.*，84，pp.2076—2079[2000]），但他们预计，这将导致永不止息的暴胀状态。

[49] 这种情况必须至少在约 300 亿年以后才会发生。请注意，我们在未来可能会遇到无兰姆达能量衰退的奇点，即使膨胀似乎会永远持续下去。很可能会有一束以光速向我们飞来的引力激波，毫无预兆地袭击我们。

图片版权

　　因本书出版时作者已经去世，本书中文版的图片版权均按照英文原版图片版权的说明处理，若有疑问，欢迎与本出版社联系。